公路工程造价

主　编　胡　嘉
副主编　韩志永
参　编　王丽萍　桂靛蓝　林　林
主　审　刘正发

北京理工大学出版社
BEIJING INSTITUTE OF TECHNOLOGY PRESS

内 容 提 要

本书根据高等院校交通土建类相关专业的课程标准编写而成。全书从实用角度出发，以真实的公路工程项目为载体，系统介绍了以公路工程建设程序为主线的公路工程造价基础知识、造价编制和造价控制等内容。全书共分为4个学习情境，主要包括公路工程造价基础知识、设计阶段造价、招标投标阶段造价、施工阶段造价等。

本书可作为高等院校交通土建类相关专业的教材，也可作为公路工程相关技术及管理人员的培训教材或自学用书。

图书在版编目（CIP）数据

公路工程造价 / 胡嘉主编. —北京：北京理工大学出版社，2020.11

ISBN 978-7-5682-9300-6

Ⅰ.①公…　Ⅱ.①胡…　Ⅲ.①道路工程－工程造价－高等学校－教材　Ⅳ.①U415.13

中国版本图书馆CIP数据核字（2020）第240634号

出版发行 / 北京理工大学出版社有限责任公司
社　　址 / 北京市海淀区中关村南大街5号
邮　　编 / 100081
电　　话 / （010）68914775（总编室）
（010）82562903（教材售后服务热线）
（010）68948351（其他图书服务热线）
网　　址 / http://www.bitpress.com.cn
经　　销 / 全国各地新华书店
印　　刷 / 天津久佳雅创印刷有限公司
开　　本 / 787毫米 × 1092毫米　1/16
印　　张 / 11
字　　数 / 239千字
版　　次 / 2020年11月第1版　2020年11月第1次印刷
定　　价 / 55.00元

责任编辑 / 孟祥雪
文案编辑 / 孟祥雪
责任校对 / 周瑞红
责任印制 / 边心超

前　言

公路工程产品的特殊性决定了公路工程投资是巨大的，而且工程造价管理中的费用核算需要多方协作完成，如何有效控制公路工程建设成本，是公路工程造价管理的重点。公路工程决策、公路工程设计、公路工程投标、公路工程实施等均会对公路工程造价产生影响。公路工程管理除考虑进度、质量之外，公路工程费用同样是主要因素之一。

在学习本课程之前，学生需要学习道路工程制图、工程测量、路基施工技术、路面施工技术、桥梁施工技术、隧道施工技术、公路勘测设计等知识。本书编写遵照公路工程建设程序，将贯穿公路基本建设全过程的公路工程造价基础知识设定为学习情境1，根据岗位职业技能要求，将以设计、招标投标、施工三阶段为重点的公路工程造价编制及公路工程造价控制知识等分别设定为学习情境2、3、4。

本书主要供高等院校交通土建类相关专业的教学使用，也可作为公路工程相关技术及管理人员的培训教材或自学用书。其目标是让学生在掌握公路工程造价的基本知识、基本理论的基础上，运用国家现行公路基本建设项目编制办法、公路工程定额、施工招标文件等，培养学生编制公路工程造价文件的能力，并能熟练操作软件平台，促进学生处理实际工程问题能力的提高。在内容组织上，除了传统的纸质教材，另配有教学视频、电子课件等数字化教学资源，以帮助学生更好地掌握并应用相关知识。

本书共分4个学习情境，由胡嘉担任主编，由韩志永担任副主编，王丽萍参与了本书部分章节的编写，桂靛蓝、林林参与本书数字化教学资源的制作。具体编写分工如下：胡嘉编写学习情境2、学习情境4的4.4部分及附录，韩志永编写学习情境3、学习情境4的4.1、4.2和4.3部分，王丽萍编写学习情境1，桂靛蓝参与学习情境1的微课教学视频制作，林林负责学习情境2的实践教学资料制作。全书由刘正发主审。

由于编写时间仓促，加之编者水平有限，书中难免存在不妥之处，敬请读者提出宝贵意见。

编　者

目 录

学习情境1　公路工程造价基础知识

本学习情境介绍了公路工程造价的含义、工程计价及公路工程造价的特点、公路工程建设程序、各阶段造价文件及不同造价之间的区别和联系、计价依据及造价信息管理等基础知识，这是学习本书后续内容的必要准备。

1.1　公路工程造价概述

1.1.1　公路工程造价的含义

微课：公路工程造价的构成及控制

一般情况下，工程造价有两种含义：一是指建设工程费用或称投资额；二是指工程价格或称合同价、承包价。其是指某项工程建设所消耗的全部费用总和，包括固定资产投资和铺底流动资金。

工程造价的这两种含义是从不同的角度做出的分析。对建设工程的投资者来说，就是项目投资，是为“购买”项目付出的价格，也是投资者在作为市场供给主体“出售”项目时定价的基础。对承包人而言，工程造价是他们作为市场供给主体出售和劳务的价格总和，或特指某范围的工程造价，如建筑安装工程造价。

而在这里所学的公路工程造价，主要是指公路工程交通基本建设、养护项目从筹备到竣工验收交付使用所需的全部费用。也就是建设一条公路、一座独立大桥或是一个隧道等项目，使其达到设计要求所花费的全部费用。

1.1.2　工程计价的特点

工程项目作为一个商品与其他普通商品在工程计价上既有共同特点，也有其自身的技术经济特点，分别表现为计价的单件性、多次性、组合性及计价方法的多样性和依据的复杂性。

1. 单件性

产品的个体差别决定了每项工程都必须单独计算造价。就公路工程项目而言，每一项都有其专门用途，如构成公路整体的路基、路面、桥梁、涵洞及沿线设施等，各有不同的形态和结构。加上工程结构物都是固定在地表，其结构、造型必须要适应工程所在地的气候、地质、水文等自然客观条件，因而，表现在实物形态上是千差万别的。在建设这些不同的实物形态的工程时，必须采取不同的工艺、设备和建筑材料，所以，其消耗物化的劳动和活劳动也必定是不同的，再加上各地区的社会发展不同造成构成价格和费用的各种价值要素的差异，最终导致工程造价各不相同。这就只能根据各个建设工程项目的具体设计资料和当地的实际情况单独计算工程造价。

2. 多次性

工程建设是一个长期的过程，而所建的工程项目一般规模大、建设周期长、技术复杂、受建设所在地的自然条件影响大，消耗的人力、物力和财力巨大，还要考虑投入使用后的经济效益等因素，一旦决策失误，将造成不可挽回的巨大损失。为了适应造价控制和管理的要求，满足建设各阶段的不同需要，必须在不同建设阶段进行多次计价。

(1)在项目决策阶段前期编制项目建议书投资估算，作为项目可行性研究时进行经济评价的依据。项目建议书经批准后方可进入可行性研究报告阶段。

(2)在可行性研究报告阶段编制可行性研究报告投资估算，作为该研究进行经济评价的依据。可行性研究报告经批准后，其投资估算就成为决策、筹资和控制造价的主要依据。

(3)对于一般的建设项目，按两阶段设计，在初步设计阶段编制初步设计概算，概算经批准后是确定建设项目投资的最高限额，是签订建设项目总承包合同的依据。

(4)对于投资规模庞大、技术复杂的建设项目，按三阶段设计，在技术设计阶段编制技术设计修正概算，修正概算经批准后是确定该建设项目投资的最高限额，也是签订该项目总承包合同的依据。

(5)施工图设计阶段是设计的核心阶段。该阶段编制的施工图预算经批准后，是签订建筑安装工程承包合同，办理工程价款结算的依据，也是实行建筑安装工程造价包干的依据。实行招标的工程，其建筑安装工程费用是编制标底的基础。

(6)实行建筑安装工程及设备采购招标的建设项目，一般都要编制标底或招标控制价，编制标底或招标控制价也是一次计价的。

(7)施工单位为参加投标，首先要根据招标文件和现场情况编制施工预算，作为本企业控制成本的依据，然后再根据市场情况编制有竞争性的投标报价。

以上是建设单位、施工单位在不同阶段对建设项目做出的预期工程造价计算，建设单位确定中标单位后，按照合同条款的约定签订合同价，在施工过程中根据工程变更和市场物价变动的情况来确定结算价，这里出现的结算价是建设项目各分部分项工程的实际造价。

工程竣工通过验收合格后，建设单位根据各分部分项工程的结算价编制的竣工决算才是整个建设项目的实际造价。

一个建设项目各个阶段的计价是相互衔接，由粗到细、由浅到深、由预期到实际的发展过程。前者是后者的依据；后者是前者的修正和补充。

由此可见，多次性计价是逐步深化、逐步细化和逐步接近实际造价的过程。

3. 组合性

建设工程规模大，工程结构复杂，根据建设工程单件性计价的特点，不可能简单直接地计算出整个建设工程的造价，必须将整个建设工程分解，分解到合理的最小工程结构部位，直至对计量和计价都相对准确的程度。例如，将公路建设工程分解为路基工程、路面工程、桥梁工程等，对路基工程再分解为土方工程、石方工程等，对土方工程再分解为挖方工程、填方工程等，对挖方工程再分解为机械开挖、人力开挖等，机械开挖再分解为挖掘机开挖或推土机推开挖等，如确定采用推土机推开挖，就可以通过推土机推挖土方的工程定额得到推挖 1 m^3 土方所需推土机机械台班消耗量，再按推土机的每台班单价计算出所需要的费用。各项工程都可以这样分解，然后再将各部位的费用按设计确定的数量加以组合就可确定全部工程所需要的费用。任何规模庞大、技术复杂的工程都可以采用这种方法计算其全部造价。

4. 多样性

多次计价的计价依据各不同，其精确度要求也不同，因而，计价方法有多样性特点。计算和确定概(预)算造价有两种基本方法，即单价法和实物量法。公路项目预算造价采用的是实物量法。建设项目投资估算的方法有设备系数法、生产能力指数估算法等。不同的方法各有利弊，适应条件也不同，计价时要加以选择。

5. 复杂性

计价依据的复杂性主要表现为影响造价的因素多。其计价依据复杂、种类繁多，主要可分为以下 7 类：

(1)确定设备和工程数量的依据。其包括项目建议书、可行性研究报告、设计文件等。

(2)计算人工、材料、机械等实物消耗的依据。其包括投资估算指标、概算定额、预算定额等。

(3)计算工程单价的价格依据。其包括人工单价、材料价格、运杂费、机械台班费等。

(4)计算设备购置费的依据。其包括设备原价、设备运杂费、进口设备关税等。

(5)计算其他工程费、间接费和工程建设其他费用依据。主要是相关的费用定额和指标及当地的征地拆迁补偿政策等。

(6)政府规定的税收和有关收费标准。

(7)物价指数和工程造价指数。

计价依据的复杂性不仅使计算过程复杂，而且要求计价人员熟悉项目建设相关的法律法规及造价编制的各类依据，并加以正确运用。

1.1.3 公路工程造价的特点

微课：公路工程造价的特点

公路工程造价具有大额性、个别性、差异性、动态性、层次性及兼容性等特点。

(1)大额性。一个公路工程项目少则数十万元、数百万元，如改建、扩建项目估价；多则数亿元、数十亿元，如新建高速公路工程项目估值；特大的公路工程项目造价更可达到数百亿元、数千亿元。公路工程造价的大额性关系到有关方面的重大经济利益，同时，也会对宏观经济产生重大影响。这就决定了公路工程造价的重要地位，也体现了公路工程造价管理的重要性。

(2)个别性、差异性。任何一个公路工程都有特定的用途、规模和功能，因此，对每一项工程的结构、造型、空间分割、设备配置等都有具体的要求，所以，工程内容和实物形态都有个别性、差异性。公路工程项目的个别性、差异性也决定了公路工程造价的个别性及差异性。

(3)动态性。任何一项公路工程项目从决策到竣工交付使用，要经过几年甚至十几年之久，在这段时间将会出现不少变数，如工程变更，设备材料价格、工资标准，以及费率、利率、汇率等发生变化，这些变化将会引起造价的变动。所以，在整个建设期，公路工程造价处于不确定状态，直到竣工决算后才能确定其最终实际造价。

(4)层次性。工程项目的层次性决定了其造价的层次性。

(5)兼容性。其表现在工程造价的含义及造价构成因素的广泛性和复杂性上。

1.2 公路建设全过程造价

1.2.1 公路基本建设程序

公路基本建设是指固定资产的建筑、添置、安装，是国民经济各部门为了扩大再生产而进行的增加固定资产的建设工作。一般情况，就是通过勘察、设计、施工及有关的经济活动来实现的。

公路基本建设的程序是：根据国民经济长远规划及布局所确定的公路网建设规划，提出项目建议书；通过调查，进行可行性研究，编制可行性研究报告；在经批准之后进行初步测量及编制初步设计文件；这些文件经批准后，就可列入国家年度基本建设计划，并进行定线测量和技术设计，编制施工图设计文件；设计文件经批准后组织施工；完工后，进行交工、竣工验收，最后交付使用。

1. 提出项目建议书

项目建议书是在经济规划、运输规划和道路规划的基础上产生的技术政策性文件，是按项目或年度列出的待建项目。其既是进行各项前期准备工作的依据，又是可行性研究的基础。项目建议书的主要内容有以下几项：

(1)工程项目建设的依据和意义；

(2)路线走向及主要控制点位置；

(3)路线的技术标准；

(4)分期修建原则，修建期限；

(5)环境要求及与其他运输方式的关系；

(6)土地占用情况及投资估算。

2. 可行性研究

公路建设项目可行性研究是公路建设项目前期工作的重要组成部分，是建设项目决策的主要依据。2010 年 4 月交通运输部颁发的《公路建设项目可行性研究报告编制办法》中规定“本办法适用于各类公路建设项目(含长大桥梁、隧道等独立工程建设项目)，小型公路建设项目可适当简化。”对于实行核准制或备案制的项目，其项目申请报告或资金申请报告的相关内容可参照执行。

公路建设项目可行性研究报告的主要内容应包括项目影响区域经济社会及交通运输的现状与发展、交通量预测、建设的必要性、技术标准、建设条件、建设方案及规模、投资估算及资金筹措、经济评价、实施安排、土地利用评价、工程环境影响分析、节能评价、社会评价等。特殊复杂的重大项目还应进行风险分析。

可行性研究按工作阶段，可分为预可行性研究和工程可行性研究。公路建设项目预可行性研究，要求通过实地踏勘和调查，重点研究项目建设的必要性和建设时机，初步确定建设项目的通道或走廊带，并对项目的建设规模、技术标准、建设资金、经济效益等进行必要的分析论证，编制研究报告，作为项目建议书的依据。公路建设项目工程可行性研究，要求进行充分的调查研究，通过必要的测量和地质勘察，对可能的建设方案从技术、经济、安全、环境等方面进行综合比选论证，研究确定项目起点、终点，提出推荐方案，明确建设规模，确定技术标准，估算项目投资，分析投资效益，编制研究报告。工程可行性研究报告一经批准，即初步设计应遵循的依据。根据 2016 年 11 月施行的《公路工程造价管理暂行办法》规定，初步设计概算的静态投资部分不得超过经审批或者核准的投资估算的静态投资部分的 110%。

3. 勘察设计招标投标

为了确保工程建设的质量、控制工期、降低成本、提高投资效益，在市场经济的环境下，建设单位采用招标投标的方式选择工程设计单位。一般来说，建设单位可通过报刊、广播、网络等方式发布勘察设计招标广告。勘察设计单位结合自身情况组织投标小组，购买招标文件，根据招标要求，研究投标策略，编写投标书。建设单位通过招标投标环节确定勘察设计单位，与之签订合同。

4. 工程设计

工程设计是勘察设计单位对工程对象进行构思，并进行计算、验算，编制设计文件的过程。设计文件是安排建设项目、控制投资、编制招标文件、组织施工和竣工验收的重要依据。设计文件的编制必须坚持精心设计，认真贯彻国家有关方针政策，严格执行基本建设程序的规定。

根据基本建设项目的性质和设计内容不同，工程设计一般可分为“一阶段设计”“两阶段设计”和“三阶段设计”三种类型。如何选择工程设计类型，具体见表 1-1。

表 1-1　工程设计类型选择组合

设计类型＼设计特点	设计内容	适用场合	设计依据	应提交的成果
一阶段设计	施工图设计	技术简单、方案明确的小型建设项目	批复的可行性研究报告、测设合同和定测、详勘资料编制	施工图设计文件和施工图预算
两阶段设计	初步设计、施工图设计	一般工程项目(如高速公路、一级公路必须采用两阶段设计)	施工图设计应根据批复的初步设计、测设合同和定测、详勘(含补充定测、详勘)资料编制	初步设计文件和工程概算文件、施工图设计文件和施工图预算
三阶段设计	初步设计、技术设计、施工图设计	技术复杂、基础资料缺乏和不足的建设项目或建设项目中的特大桥、长隧道、大型地质灾害治理等	技术设计应根据批复的初步设计、测设合同和定测、详勘资料编制；施工图设计应根据批复的技术设计、测设合同和补充定测、补充详勘资料编制	初步设计文件和工程概算文件、技术设计文件和修正概算文件、施工图设计文件和施工图预算

(1)初步设计。初步设计应根据批复的可行性研究报告、测设合同和初测、初勘资料编制。

初步设计的目的是基本确定设计方案。必须根据批复的可行性研究报告、测设合同的要求，拟定修建原则，选定设计方案，拟定施工方案，计算工程数量及主要材料数量，编制设计概算，提供文字说明及图表资料。经审查批复后的初步设计文件，则为订购主要材料、机具、设备，安排重大科研试验项目，联系征用土地、拆迁，进行施工准备，编制施工图设计文件和控制建设项目投资等的依据。

采用三阶段设计时，经审查批复的初步设计为编制技术设计文件的依据。

初步设计在选定方案时，应对路线的走向、控制点和方案进行现场核查，征求沿线地方政府、建设单位及规划、土地、环保等相关部门的意见，基本落实路线布设方案。对建设条件复杂地段的路线、路基、路面、特大桥、大桥、特长及长隧道、互通式立体交叉、服务设施，一般应选择两个或两个以上的方案进行同深度、同精度的测设工作和方案比选，提出推荐方案。初步设计的主要内容见表 1-2。

表 1-2　初步设计的主要内容

序号	主要内容
1	选定路线设计方案，基本确定路线位置
2	基本查明沿线地质、水文、气候、地震、矿产、文物等情况

续表

序号	主要内容
3	基本查明沿线筑路材料的质量、储量、供应量及运输条件，并进行原材料、混合料的试验
4	基本确定路基标准横断面和高填深挖路基、特殊路基的设计方案及沿线路基取土、弃土方案
5	基本确定排水系统与支挡、防护工程的方案、位置、长度、结构形式和尺寸
6	基本确定路面设计方案、路面结构类型及主要尺寸
7	基本确定特大、大、中桥桥位设计方案、结构类型及主要尺寸
8	基本确定小桥、涵洞等的位置、结构类型及主要尺寸
9	基本确定隧道位置、设计方案、结构类型及主要尺寸
10	基本确定路线交叉的位置、形式、结构类型及主要尺寸
11	基本确定交通工程及沿线设施各项工程的位置、形式、类型及主要尺寸
12	基本确定改(扩)建工程施工期间的交通组织方案
13	基本确定环境保护措施与景观设计方案
14	基本确定改路、改渠等其他工程的位置、结构形式及主要尺寸
15	基本确定占用土地、拆迁建筑物及管线等设施的数量
16	提出需要试验、研究的项目
17	初步拟定施工方案及工期安排
18	论证确定分期修建的工程实施方案
19	计算各项工程数量
20	计算人工及主要材料、机具、设备的数量
21	编制设计概算

(2)技术设计。技术设计阶段应根据初步设计批复意见、测设合同的要求，对重大、复杂的技术问题通过科学试验、专题研究，加深勘探调查及分析比较，解决初步设计中未解决的问题，落实技术方案，计算工程数量，提出修正的施工方案，修正设计概算，批准后则为编制施工图设计的依据。

(3)施工图设计。一阶段施工图设计应根据可行性研究报告批复意见、测设合同的要求，拟定修建原则，确定设计方案和工程数量，提出文字说明和图表资料及施工组织计划，编制施工图预算，满足审批的要求，适应施工的需要。

两阶段(或三阶段)施工图设计阶段应根据初步设计(或技术设计)批复意见、测设合同，进一步对所审定的修建原则、设计方案、技术决定加以具体和深化，最终确定各项工程数量，提出文字说明和适应施工需要的图表资料及施工组织计划，并编制施工图预算。施工图设计的主要内容见表 1-3。

表 1-3　施工图设计的主要内容

序号	主要内容
1	确定路线具体位置
2	确定路基标准横断面和高填深挖路基、特殊路基横断面，绘制路基超高、加宽设计图，计算土石方数量并进行调配，确定路基取土、弃土的位置，绘制取土坑、弃土场设计图
3	确定路基路面排水系统和支挡、防护工程的结构类型及尺寸，绘制相应布置图和结构设计图
4	确定高填深挖、陡坡路堤及特殊路基设计的结构形式及尺寸，并绘制设计图
5	确定各路段的路面结构类型、路面混合料类型，并绘制路面结构图
6	确定特大、大、中桥的位置、孔数及孔径、结构类型及各部尺寸，绘制结构设计图
7	确定小桥、涵洞、漫水桥及过水路面等的位置、孔数及孔径、结构类型及各部尺寸，绘制布置图。特殊设计的应绘制特殊设计详图
8	确定隧道及其附属设施的形式及尺寸，绘制布置图和设计详图
9	确定路线交叉形式，结构类型及各部尺寸，绘制布置图和设计详图
10	确定交通工程及沿线设施的各项工程的位置、类型及各部尺寸，绘制布置图和设计详图
11	确定改(扩)建工程施工期间的交通组织设计详图
12	确定环境保护与景观工程的位置、类型及数量，绘制布置图和设计详图
13	确定改路、改渠(河)等其他工程的位置、结构形式及尺寸，绘制相应的布置图和设计详图
14	落实沿线筑路材料的质量、储藏量、供应量及运距，绘制筑路材料运输示意图
15	确定征用土地、拆迁建筑物及电力、电信等的数量
16	计算各项工程数量
17	提出施工组织计划
18	提出人工数量及主要材料、机具、设备的规格与数量
19	编制施工图预算

5. 列入年度基本建设计划

建设项目的初步设计和概算报上级审查批准后，才能列入国家基本建设年度计划，这是国家对基本建设实行统一管理的手段。年度计划是年度建设工作的指令性文件，一经确定，如果需要增加投资额或是调整项目，必须上报原审批机关批准。

项目列入国家年度基本建设计划后，建设单位根据国家发展计划委员会颁发的年度基本建设计划控制数字，按照初步设计文件编制本单位的年度基本建设计划。建设单位年度基本建设计划报经上级批准后，再编制物资、劳动力、财务计划。这些计划分别经主管机关平衡后，作为国家安排生产、宏观调控物质和财政拨款或贷款的依据，并通过招标或其他方式落实施工、监理等相关单位。

6. 工程建设招标投标

工程建设招标投标制是国际上广泛采用的分派建设任务的主要方式。用行政手段分配建设任务或建设单位自行寻找相关企业的方式已不适应当前市场经济和过程建设的实际需要，我国绝大多数建设项目参与单位来自工程建设招标投标中。

招标投标是市场经济中的一种竞争方式，是建设市场的一种交易行为。公路工程招标投标是以建设单位为唯一买主来设定包括拟建项目标段的规模、公路等级、工程范围、主要工程数量等内容为“标的”，昭告邀请若干买主通过秘密竞标，从中选择优胜者与之签订合同，确定工程合同价款的过程。

工程项目实行招标投标制有利于提高工程质量，缩短工期，降低工程成本，提高投资效益，简化工程结算手续，利用有限的资金加快公路建设的速度。

7. 施工准备

为了保证施工的顺利进行，在施工准备阶段，建设单位、勘测设计单位、施工单位、监理单位和建设银行均应在自己的职责范围内，针对施工的要求充分做好各项准备工作。

(1)建设单位应根据计划要求的建设进度，组建基本建设项目的专门管理机构，办理登记及拆迁，做好施工沿线有关单位和部门的协调工作，抓紧配套工程项目的落实，提供技术资料，落实材料、设备的供应。同时，建设单位也要向住房城乡建设主管部门及时申报施工许可。

(2)勘测设计单位应按照技术资料供应协议，按时提供各种图纸资料，做好施工图纸的会审及移交工作。设计单位在业主(或监理)的主持下，将路线勘测时所设置的导线控制点、水准控制点及其他重要点位的桩位及相关技术资料逐一交给施工单位。

(3)施工招标投标中中标并签订工程承包合同的施工单位，应组织机具、人员进场，进行施工测量，修筑便道及生产、生活等临时设施，建立实验室，组织材料物资采购并做好加工、运输、供应、储备工作，做好施工图纸的接收工作，熟悉图纸的要求，编制实施性施工组织设计和施工预算，按实际情况配备项目所需要的技术标准、规范、规程及有关技术参考资料，进行开工前的技术培训和学习，提出开工报告。

(4)监理招标投标中中标并签订监理合同的监理单位，应组织监理机构，建立监理组织体系，熟悉施工设计文件和合同文件；组织监理人员和设备进场，建立中心实验室；根据工程监理规划规定的程序和合同条款，对施工单位的各项准备工作进行检查、验收及审批合格后，签发开工令。

(5)建设银行应会同建设单位、设计单位、施工单位做好图纸的会审，严格按计划要求进行财政拨款或贷款，做好建设资金的调拨计划。

8. 工程施工

在开工报告批准后，施工单位即可正式施工。在施工过程中，施工单位应遵照合理的施工程序，按照设计、施工规范及进度要求，确保工程质量，安全施工。坚持施工过程组织原则，加强施工管理，大力推广应用新技术、新工艺、新方法、新设备和新材料，努力缩短工期，降低造价，做好施工记录，建立技术档案。

9. 竣工验收

建设项目的竣工验收是基本建设全过程中的最后一个环节，是一项十分细致和严肃的工作，必须按照原交通部颁发的《公路工程竣(交)工验收办法》的要求进行。建设单位负责组织公路工程各合同段的设计、监理、施工等单位参加交工验收。竣工验收包括两部分内容：一是工程技术验收；二是工程资金决算，是对工程质量、数量、期限、生产能力、建设规模、使用条件的审查，应对建设单位和施工单位编制的固定资产移交清单、隐蔽工程说明和竣工决算等进行细致检查。

当全部基本建设工程经过验收合格，完全符合设计要求后，应立即移交给生产部门正式使用。迅速办理固定资产交付使用的转账手续，加强固定资产的管理。竣工决算上报财政部门批准核销。在验收时，对遗留问题、存在问题要明确责任，确定处理措施和期限。

10. 项目后评价

公路通车运营一段时间后，需要对该项目进行后评价。采用系统工程的方法，对建设项目决策、设计、施工直至通常运营的各阶段工作及其变化的成因，进行全面的跟踪、调查、分析和评价。

1.2.2 公路建设全过程造价

微课：公路工程概(预)算的作用、编制依据及组成文件

微课：公路工程基本建设各阶段造价文件

1. 各阶段造价文件

公路工程建设周期长，少则几年，多则十几年，在这样一个较长的时间内，存在许许多多影响工程造价的不确定因素，如工程变更、设备材料价格、工资标准，以及费率、利率、汇率等发生变化都会影响到造价的变动。因此，公路工程造价在整个建设期内处于不确定状态，为了对公路基本建设工程进行全面有效的经济管理，公路基本建设从项目建议书到工程竣工验收的各阶段都必须编制相应的工程造价文件。

公路工程造价的编制是泛指根据编制阶段、编制依据及编制目的等不同，对投资估算、设计概算、施工图预算、标底、报价、施工预算、工程结算和竣工决算等造价文件的编审工作，这些不同造价文件的投资额则要根据其主要内容要求，由不同测算工作来完成，并构成一个完整的公路基本建设投资额测算体系。

(1)投资估算。投资估算是指在投资前期(规划、项目建议书、可行性研究)阶段，由建设单位或其委托的咨询机构根据项目建议、《公路工程建设项目投资估算编制办法》(JTG 3820—2018)、《公路工程估算指标》(JTG/T 3821—2018)和类似工程的有关资料，对拟建工程所需投资的预先测算和确定的过程。其是项目建议书和可行性报告的主要组成部分，是建设项目经济评价中支出费用的关键部分。

根据前期工作内容，公路工程投资估算可分为两类：一类是项目建议书投资估算；另一类是工程可行性研究报告投资估算。投资估算是决策、筹资和控制造价的主要依据。

投资估算对建设项目具有以下重要的作用：

1)决定拟建项目是否继续进行的重要依据之一；

2)审批项目建议书和可行性研究报告的依据；

3)控制项目建设投资的依据。

(2)概算。在公路基本建设初步设计或修正设计阶段，概算是按照国家有关政策和规定，依据设计文件及相关资料具体计算其全部建设费用的文件。概算按照设计阶段来分，可分为初步设计概算和修正设计概算两种。两者的作用、编制依据、编制程序和编制方法基本一致。

1)初步设计概算是在初步设计阶段，由设计单位根据设计图纸、概算定额、各类费用定额、编制办法及有关文件编制的计算工程投资额等资料，计算和确定建设项目从筹建至竣工验收的全部建设费用的经济文件。其是初步设计文件的重要组成部分，应控制在批准的建设项目可行性研究报告投资估算允许幅度范围之内，概算经批准后是基本建设项目投资的最高限额。

2)修正设计概算是在批准的初步设计概算文件基础上，对初步设计所规定的技术方案和施工方案做出进一步的修改，补充必要的资料，是以提出的修正工程量为依据来编制的经济文件。其是三阶段设计中的第二阶段即技术设计阶段才会出现的，是技术设计阶段文件的重要组成部分，是根据建设项目技术设计，按照国家颁布的《公路工程概算定额》(JTG/T 3831—2018)和《公路工程建设项目概算预算编制办法》(JTG 3830—2018)及有关文件编制的计算工程项目修正投资额的文件。

(3)施工图预算。施工图预算是在施工图设计阶段中出现的，是施工图设计文件的重要组成部分。其由设计单位在施工图完成后，根据施工图设计、《公路工程预算定额》(JTG/T 3832—2018)、《公路工程建设项目概算预算编制办法》及该地区人工、材料、机械等预算价格，编制反映工程造价的经济文件。施工图预算相对于进行施工图招标的工程项目，是编制工程标底的依据。该预算应该控制在已经审批的概算或是修正概算的范围之内。

(4)招标投标价格。按照国家相关规定，在施工图预算及相应的工作准备做好，经批准后，就可进行招标投标工作。学习招标投标价格之前，应先了解招标投标制度，该制度是目前我国分派建设任务的主要方式，是建设市场的一种交易行为。其是由唯一的买主设定包括拟建项目标段的规模、公路等级、工程范围、主要工程数量等内容的“标的”，招请若干卖主通过秘密报价进行竞争，从中选出优胜者，并与之签订合同的一个过程。

招标投标价格发生在工程招标投标阶段。其包括建设单位编制的招标标底、投标单位编制的投标报价及最终确定的合同价。

标底是建设单位在招标时，依据招标文件的要求，估算出完成该项目工程的预算价格，是建筑产品在建设市场交易中的一种预期价格。其是衡量投标人报价水平高低的基本指标，在招标投标工作中起着关键的作用。标底一般是以设计概算或施工图预算为基础编制的，以其中的建筑安装工程量为主，且不能超过经批准的概算或施工图预算。标底的编制过程是对招标项目所需工程费用的自我测算过程。通过标底编制可以促使发包人事先加强工程项目的成本调查和成本预测，做到各项费用心中有数，为做好评标工作并为在施工过程中的投资控制工作打好基础。

投标报价是由投标单位根据招标文件及相关定额和招标项目所在地区的自然、经济和社会条件、施工组织方案以及投标单位自身条件等，计算完成招标工程所需要各项费用的经济文件。其是投标文件中最重要的组成部分，也是投标工作的关键和核心，还是决定能否中标的主要依据。报价的高低，直接影响中标率和投标单位自身的盈亏。因此，合理确定报价，是施工企业在投标竞争中获胜的前提条件。中标单位的报价，将直接成为工程承包合同价的主要基础，并对将来的施工过程起到严格的制约作用，承包单位和建设单位均不能随意更改该价格。

投标报价的费用组成和计算方法与概、预算类似，但其编制体系和要求均不同于概、预算，尤其在目前招标投标工作中，一般采用的是单价合同，因此，报价时的费用分摊与概、预算的费用计算方式有很大差别。

总的来看，投标报价和概、预算的区别主要体现在两个方面：一方面是概、预算文件必须按国家有关规定进行编制，特别是各种费用的计算，必须按规定的费率进行，不能随意修改，而报价则可以根据投标单位的实际情况进行，更能体现投标单位的实际水平；另一方面是概、预算经设计单位编制完成后，必须经过建设单位或其主管部门审查批准后才能作为建设单位与施工单位结算工程价款的依据，而报价则可以根据投标单位对工程和招标文件的理解程度，在预算造价的基础上上下浮动，无须送建设单位审核。因此，投标报价比概、预算更复杂，也比概、预算更灵活。

(5)合同价。合同价是指“承发包双方在施工合同中约定的，包括暂列金额、暂估价、计日工的合同总金额”，是工程承发包双方以合同形式确定的交易价格，反映的是形成合同价格的条件和签订合同价格的依据，是业主与中标承包方签订的合同中的工程数量清单及其造价，也是合同文件的组成部分，招标投标的结果。

在招标投标活动中，合同价应该为投标人的中标价，以及评标委员会对投标人投标报价经过系统的比较和评审后确定的价格，即签约的合同价。

合同价格构成，对于不同类型的合同(如总价、单价、成本加酬金合同等)有不同的合同价格构成形式，以单价合同为例，我国目前实施的单价合同按照《公路工程标准施工招标文件》(2018年版)要求编制，是全费用单价。其是以工程技术、法律、经济、管理等有机结合起来的合同文件为依据，特点是固定单价，工程量按照实际计量进行计算。单价合同的合同价格是在工程量清单汇总表中的投标总价金额。

(6)施工预算。施工预算是指施工企业在工程实施阶段，根据施工定额(或劳动定额、材料消耗定额、机械台班使用定额)、工程施工组织设计、施工方案和降低工程成本技术措施等资料，计算和确定完成一个单位工程中所需的人工、材料、机械台班消耗量及其相应费用的经济文件。

(7)工程结算。工程结算是指承包商在工程实施过程中，依据承包合同中关于付款条件的规定和完成的工程量，并按照规定的程序向建设单位收取工程价款的一项经济活动。工程结算是该工程的实际价格，是支付工程价款的依据。

工程结算按要求、作用和时间的不同可分为期中结算和竣工结算两种。

1)期中结算是工程还未完工，建设单位根据监理工程师签认的某一时期内“中间计量认证书”中合格工程量及相应单价确定承包商(施工单位)应获得的工程款项，以及工程变更、工程索赔、价格调整等承包商应获得的其他款项，作为期中支付(进度款)的依据。

2)竣工结算是工程竣工后，业主与承包方之间对于承包工程内容进行的建筑安装工程费的结算，是根据合同条款，有关造价法规及施工阶段发生的工程变更、价格调整等实际变动情况，对原合同协议价格进行调整修正总结的技术经济文件，也是期中结算的最终汇总。

竣工结算是在公路工程项目建筑安装工程费用部分中多次计价，经过投资决策阶段估算价，设计阶段的设计概算价、预算价，招标投标阶段的标底价、合同价之后最后一次准确、合理确定的造价，是前几个阶段预计造价的实际修正结果。公路工程项目竣工结算要根据路面、隧道、路基中的中小桥、大桥、特大桥，互通立交、交通工程及安全设施等不同的技术施工特点和路线长度划分不同的标段(合同)，分不同的承包商负责施工，每个合同的结算造价按照各自的工程内容进行计算，整个项目竣工结算是所有工程标段的竣工结算费用之和。

公路工程结算的实质就是根据完成的合格工程量或工作量进行合理计价并办理支付的过程。其包括计量、计价、支付等工作内容，是业主、监理工程师、承包商共同参与完成的工作。

(8)竣工决算。竣工决算是指在公路工程竣工验收交付使用阶段，由建设单位编制的建设项目从筹建到竣工验收、交付使用全过程中实际支付的全部建设费用。竣工决算是整个建设工程的最终价格，是作为建设单位财务部门汇总固定资产的主要依据。

竣工决算是工程项目完工以后，由建设单位以工程结算及其他有关工程资料为基础，按一定的格式和要求进行编写的。其全面反映了竣工项目从筹建到交付使用全过程中各项资金的使用情况和设计概算的执行结果，也是公路建设成果和财务情况的总结性文件。

2. 不同造价文件之间的区别

(1)编制阶段不同。

1)投资估算是在项目建议书和可行性研究阶段编制的；

2)概算是在初步设计(或技术设计)阶段编制的；

3)施工图预算是在施工图设计阶段编制的；

4)招标投标价格是在工程招标投标阶段编制的；

5)施工预算是施工企业在工程实施阶段编制的；

6)工程结算是承包商在工程实施过程中编制的；

7)工程竣工决算是在工程竣工验收支付使用阶段编制的。

(2)编制依据、编制范围不同。

1)投资估算是依据《公路工程估算指标》(JTG/T 3821—2018)、《公路工程建设项目投资估算编制办法》(JTG 3820—2018)编制的。

①项目建议书是在项目立项阶段，通过初步踏勘和调查研究，提出建设项目的技术标

准，修建公路的长度(公路公里)或独立大桥的桥面面积(平方米)，并以《公路工程估算指标》(JTG/T 3821—2018)中的“综合指标”和《公路工程建设项目投资估算编制办法》(JTG 3820—2018)，进行投资估算的编制。

②可行性研究报告是在项目决策阶段，通过必要的测量、地质钻探和深入调查研究，提出不同的建设方案，路基土石方(立方米)、路基排水及防护(立方米)、路面结构形式及厚度(平方米)、桥梁类型(平方米)、涵洞(道)、交叉工程等各项主要设计数量和占用土地、拆迁建筑物、构筑物的数量，按《公路工程估算指标》(JTG/T 3821—2018)中的“分项指标”和《公路工程建设项目投资估算编制办法》(JTG 3820—2018)编制投资估算。

2)概算是依据国家发布的有关法律、法规文件、批准的可行性研究报告工程规模及投资估算，《公路工程概算定额》(JTG/T 3831—2018)及《公路工程建设项目概算预算编制办法》(JTG 3830—2018)，初步设计图，有关部门发布的人工、材料、设备、机械台班等现行市场造价信息等资料编制的。

3)预算依据国家发布的有关法律、法规文件、批准的概算文件，施工图设计，有关部门发布的人工、材料、设备、机械台班等现行市场造价信息等资料编制的。

(3)编制的主要作用不同。

1)投资估算是项目决策、筹资和控制造价的主要依据；

2)设计概算是工程项目投资控制的最高限额；

3)施工图预算是进行工程价款结算的依据；

4)施工预算是企业内部的一本经济账；

5)工程结算是该工程实际支付工程价款的依据；

6)竣工决算是作为建设单位财务部门汇总固定资产的主要依据。

3. 基本建设各阶段工程造价的联系

工程造价管理的基本内容包括工程造价的确定与控制两个方面。不但要合理确定工程造价，更要有效控制工程造价。要求造价管理人员在工程建设的各个阶段，采取一定的措施，将工程造价控制在计划的造价限额内，及时纠正发生的偏差，以保证工程取得较好的投资效益。造价文件之间的关系是投资估算决策、筹资和控制造价的主要依据；也是国家确定和控制公路基本建设投资的最高限额。建设项目的总概算一经批准，其后几个阶段的造价均不能随意突破，概算不能超过投资估算的10%；施工图预算应控制在设计概算确定的造价之内，不得超过设计概算；标底一般是以设计概算或施工图预算为基础编制，以其中的建筑安装工程量为主，且不能超过经批准的概算或施工图预算；中标单位的报价，将直接成为工程承包合同价的主要基础，并对将来的施工过程起着严格的制约作用，承包单位和建设单位均不能随意更改价格；竣工决算是整个建设工程的最终价格，是作为建设单位财务部门汇总固定资产的主要依据。

微课：公路工程基本建设各阶段造价的联系

1.3 公路造价的计价依据

公路工程造价的合理确定是指在公路建设过程的各个阶段，依据现行的计价标准、批准的设计方案或设计图纸等资料、政府或有关部门的规定，采用科学计算方法，合理、准确地计算工程的投资估算、设计概算、承包合同价、结算价与竣工决算。因此，影响公路造价的因素很多，既有各类相关资料，又有相关人员作用。

计价依据是指用以计算工程造价的基础资料的总称。除包括定额、指标、费率、基础单价外，还包括工程量数据及政府主管部门颁发的各种有关经济法规政策、计价办法等。

1.3.1 定额

1. 定额的概念与作用

微课：定额概述

定额是指在正常的施工条件下，完成单位合格产品或一定量工作所消耗的人力、机械、材料及资金等数量的标准。简单来说，定额就是规定的额度或限度，也就是一个标准。

正常的施工条件是指生产过程按生产工艺和施工验收规范操作，施工条件完善，劳动组成合理，机械运转正常，材料储备合理。在这种条件下，对完成的单位合格产品或一定量的工作进行定员、定质、定量，即劳动工作天数、材料用量、机械台班用量和资金用量，同时规定工作内容和安全要求等条件。

定额不仅仅是规定量和价，而且还规定了其工作内容和质量标准。

定额是标准，也是算工、算料、算机械台班消耗量的依据，还是随着现代化大生产的出现和管理科学的产生而产生的。其反映了一定时期社会生产力水平，所以，定额不是一成不变的，而是随着生产力水平的变化而变化的。

定额在管理中的作用表现在以下几个方面：

(1)定额是节约社会劳动和提高生产效率的工具；

(2)定额是国家对工程建设项目进行宏观调控和管理的手段；

(3)定额有利于市场竞争；

(4)定额是对市场行为的规范；

(5)定额有利于完善市场信息系统；

(6)定额有利于推广先进的施工技术和工艺。

2. 定额的特点

(1)科学性。工程建设定额的科学性，首先表现在用科学的态度制订定额，尊重客观实际，力求定额水平合理；其次表现在制订定额的技术方法上，利用现代科学管理的成就，形成一套系统的、完整的、在实践中行之有效的方法；最后表现在定额制订和贯彻的一体化上，制订是为了提供贯彻的依据，贯彻是为了实现管理的目标，也是对定额的信息反馈。

(2)系统性。工程建设定额的系统性是由工程建设的特点决定的。按照系统论的观点，工程建设是庞大的实体系统。工程建设定额是为这个实体系统服务的，因此，工程建设本身的多种类、多层次就决定了以它为服务对象的工程建设定额的多种类、多层次。工程的建设都有严格的项目划分，如建设项目、单项工程、单位工程、分部分项工程；在计划和实施过程中有严密的逻辑阶段，如规划、可行性研究、设计、施工、竣工交付使用，以及投入使用后的维修。与此相适应必然形成工程建设定额的多种类、多层次。

(3)统一性。定额的统一性，主要是由国家对经济发展有计划的宏观调控职能决定的。为了使国民经济按照既定的目标发展，就需要借助于某种标准、定额、参数等对工程建设进行规划、组织、调节及控制。

公路工程定额的统一性按照其影响力和执行范围来看，有全国统一定额、行业统一定额和地区统一定额等，层次清楚，分工明确；按照定额的制订、颁布和贯彻使用来看，有统一的程序、统一的原则、统一的要求和统一的用途。

(4)指导性。定额的指导性的客观基础是定额的科学性。只有科学地定额，才能正确地指导客观的交易行为。工程定额的指导性体现在两个方面：一方面，工程定额作为国家各地区和行业颁布的指导性依据，可以规范建设市场的交易行为，在具体的建设产品定价过程中也可以起到相应的参考性作用，同时统一定额还可以作为政府投资项目定价及造价控制的重要依据；另一方面，在工程建设实行招标投标的管理模式下，体现交易双方自主定价的特点，投标人报价的主要依据是企业定额，但企业定额的编制和完善仍然离不开统一定额的指导。

(5)稳定性和时效性。工程建设定额反映了一定时期的技术水平和管理水平，因而，在一段时期内都表现出稳定的状态。根据具体情况不同，稳定的时间有长有短，一般为5～10年。保持定额的稳定性是维护定额的指导性的前提，也是有效贯彻定额所必要的。

但是，工程建设定额的稳定性是相对的。任何一种工程建设定额都只能反映一定时期的生产力水平，当生产力向前发展时，定额就会与已经发展过的生产力不相适应。这样，它原有的作用就会逐步减弱以致消失，需要重新编制或修订。

所以，工程定额具有稳定性特点的同时，也具有显著的时效性。从一段时期看，定额是稳定的；从长时间看，定额却是变动的。

随着新工艺、新材料和新技术的不断涌现，定额应该及时补充新内容。补充定额就是随着设计、施工技术的发展，在现行定额不能满足需要的情况下，为了补充缺项所编制的定额。例如，各省、自治区、直辖市交通厅可编制公路工程概算、预算补充定额，公路工程机械台班费用补充定额。补充定额只能在指定的范围内使用，并可以作为以后修订定额的基础。

3. 定额的分类

定额是一个综合概念。其包括许多种类定额，由于具体的生产条件各异，根据编制单位、使用范围、使用对象和组织生产的目的及专业等的不同，可编制出不同的定额。

微课：定额的分类

不同专业有不同的定额，如公路工程定额、建筑安装工程定额、给水排水工程定额、铁路工程定额、水运工程定额、水利水电工程定额等。

(1)按定额编制单位和使用范围分类。公路工程定额按定额编制单位和使用范围可分为全国统一定额、行业统一定额、地方统一定额及企业定额四种。

1)全国统一定额，是由国家住房城乡建设主管部门，综合全国工程建设技术和施工组织管理的情况编制并在全国范围内执行的定额，如《全国统一安装/工程预算定额》。

2)行业统一定额，是考虑到各行业部门专业工程技术特点及施工生产和管理水平编制的，一般是只在本行业和相同专业性质的范围内使用的专业定额，如矿井建设工程定额、铁路建设工程定额、公路建设工程定额等。

3)地方统一定额，包括省、自治区、直辖市定额。地方统一定额主要是考虑地区性特点和全国统一定额水平做适当调整补充编制的。各地区不同的气候条件、经济技术条件、物质资源条件和交通运输条件等构成对定额项目、内容和水平的影响，是该地方统一定额存在的客观依据。

4)企业定额，是指由施工企业考虑本企业具体情况，参照国家、部门或地区定额的水平制订的定额。企业定额只在企业内部使用，是企业能力的一个标志。企业定额水平，一般应高于国家现行定额，以满足生产技术发展、企业管理和市场竞争的需要。

(2)按生产因素分类。公路工程定额按生产要素可分为劳动消耗定额、机械消耗定额及材料消耗定额三种。

1)劳动消耗定额，简称劳动定额，是指完成一定的单位合格产品(如工程实体或是劳务)规定活劳动消耗的数量标准。为了便于综合与核算，劳动定额大多采用工作时间消耗量来计算劳动消耗的数量。所以，劳动定额的主要表现形式是时间定额，同时也表现为产量定额。

2)机械消耗定额，简称机械定额。因为于我国机械消耗定额是以一台机械一个工作班为计量单位的，所以又称为机械台班定额。机械消耗定额是指为完成一定单位合格产品(即工程实体或劳务)所规定的施工机械消耗的数量标准。机械消耗定额的主要表现形式是机械时间定额，同时也表现为产量定额。

3)材料消耗定额，简称材料定额，是指完成一定合格产品所需消耗材料的数量标准。材料是指工程建设中使用的原材料、成品、半成品、构配件、燃料及水、电等动力资源的统称。

(3)按定额用途分类。公路工程定额按用途可分为施工定额、预算定额、概算定额及估算指标。

1)施工定额，是施工企业(建筑安装企业)组织生产和加强管理，在企业内部使用的一种定额，属于企业生产定额的性质。其由劳动定额、机械定额和材料定额三个相对独立的部分组成。为了适应组织生产和管理的需要，施工定额的项目划分得很细，是工程建设定额中分项最细、定额子目最多的一种定额，也是工程建设定额中的基础性定额，是编制预算定额的基础。

2)预算定额，是在编制施工图预算时，计算工程造价和计算工程中劳动、机械台班、材料需要量时使用的一种定额。预算定额是一种计价性的定额。在工程委托承包的情况下，其是确定工程造价的主要依据；在招标承包的情况下，其是编制标底(或招标控制价)的主要依据，也是承包人确定投标报价的参考依据之一。所以，预算定额在工程建设定额中占有很重要的地位。从编制程序看，预算定额是概算定额的编制基础。

3)概算定额，是编制设计概算时，计算和确定工程概算造价、劳动、机械台班、材料需要量所使用的定额。概算定额的项目划分粗细程度与初步设计的深度相适应。其一般是在预算定额的基础上经综合扩大而编制的。概算定额是控制项目投资的重要依据，在工程建设的投资管理中具有重要的作用。从编制程序看，概算定额是投资估算指标的编制基础。

4)估算指标，是在项目建议书和可行性研究报告阶段编制投资估算、计算投资需要量时使用的一种定额。其非常概略，往往以独立的单项工程或完整的工程项目为计算对象。估算指标的概略程度与可行性研究阶段的工作深度相适应。其主要作用是为项目决策和投资控制提供依据。投资估算指标虽然往往根据以往的预、决算资料和价格变动等资料编制，但其编制基础仍然离不开预算定额和概算定额。

4. 现行定额

我国现行公路工程定额主要有以下几项：

(1)《公路工程估算指标》(JTG/T 3821—2018)。

(2)《公路工程概算定额》(JTG/T 3831—2018)。

(3)《公路工程预算定额》(JTG/T 3832—2018)。

(4)《公路工程机械台班费用定额》(JTG/T 3833—2018)。

5. 定额运用

微课：定额的运用

(1)运用定额的基本步骤如下：

1)根据给定的条件，如题目已知条件或是项目表，依次按目、节确定欲查定额的项目名称，再据此在目录中找到其所在页码，并找到所需定额表。但要注意核查定额的工作内容、作业方式是否与施工组织设计相符。

2)查到定额表后再进行以下工作：

①检查定额表以“工程内容”与给定的条件是否有出入，若无出入，则可以在表中找到相应的细目，并进一步确定子目(栏号)；

②检查定额表的计量单位与给定的条件取定的计量单位是否一致，是否符合规定的工程量计算规则；

③检查定额的总说明、章说明、节说明及表下方的注是否与所查子目的定额有关，若有关，则采取相应措施；

④根据给定的条件，检查子目中有无要抽换的定额，是否允许抽换，若应抽换，则进行具体抽换计算；

⑤依次按子目序号确定各项定额值，可直接引用的就直接抄录，需要计算的则在计算后抄录。

3)重新按上述步骤复核。

4)该项目的细目定额检查完成后，再检查该项目的另外细目定额，依次完成后，再检查另一项目的定额。

微课：公路工程预算定额的组成(上)

微课：公路工程预算定额的组成(下)

(2)案例。

【例 1-1】 某桥的草袋围堰，装草袋土的运距为 220 m，围堰高为 2.0 m，试确定该工程的预算定额。

解： 由题意查预算定额第四章桥涵工程第二节围堰、筑岛及沉井定额表栏[4—2—2—5]及该表节定额说明 2. 和第一章路基工程第一节路基土、石方工程人工挖运土、石方定额表栏[1—1—6—4]。

计算定额值分别为

人工：21.4＋57.2÷1 000×(220－50)÷10×5.9＝27.14(工日)。

塑料编织袋：950 个。

土量：(57.2 m^3)不计价。

基价：3 652＋57.2÷1 000×(220－50)÷10×5.9×106.28＝4 261.75(元)。

1.3.2 工程造价信息管理

工程造价信息是指一切有关工程造价的特征、状态及其变动的消息的组合。从广义上说，所有对工程造价的确定和控制过程起作用的资料都可以称为工程造价信息。

微课：公路工程造价信息管理

1. 工程造价信息的运用

工程造价信息可以帮助政府工程造价主管部门及相关单位，了解工程建设市场动态，预测工程造价变化趋势，决定政府的工程造价政策和工程承发包价格。具体来说，工程造价信息可运用在以下几个方面：

(1)进行投资效益分析；

(2)用作编制投资估算的重要依据；

(3)作为技术经济分析的基础资料；

(4)用作编制各类定额的基础资料；

(5)用以测定调价系数、编制造价指数；

(6)用来研究同类工程造价的变化规律；

(7)用作确定招标控制价和投标报价的参考资料；

(8)用作编制初步设计概算和审查施工图预算的重要依据；

(9)作为编制固定资产投资计划的参考，用作建设成本分析。

2. 工程造价信息的特点

工程造价信息具有区域性、多样性、专业性、系统性、动态性、季节性等特点。

(1)区域性。部分建筑信息的交换和流通是限制在一定的区域内的。工程建设所用建筑材料用量多、体积大、产地远离消费地点，导致其运输量大，费用也较高。但不少建筑材料本身的价值或生产价格并不高，而所需要的运输费用却很高，这就在客观上要求尽可能就近选用建筑材料。

(2)多样性。目前，各种市场均未达到规范化要求，要使工程造价管理的信息资料满足实际建设的需求，在信息的内容和形式上应具有多样性。

(3)专业性。工程造价信息的专业性集中反映在建设工程的专业化上，如公路、水利、机电、市政、矿业等，所需的信息各有其专业特殊性。

(4)系统性。工程造价信息是由若干具有特定内容和同类性质的、在一定时间和空间内形成的一连串信息所组成的。一切工程造价的管理活动和变化总是在一定条件下受各种因素的制约和影响。工程造价管理工作也同样是多种因素相互作用的结果，并且从多方面反映出来，因而，从工程造价信息源发出来的信息都不是孤立紊乱的，而是大量的、系统的。

(5)动态性。工程造价信息具有动态性，与其他信息一样必须及时更新。因此，需要经常不断地收集和补充新的工程造价信息，进行信息更新，真实反映工程造价的动态变化。

(6)季节性。由于建筑生产受自然条件影响大，施工内容的安排必须充分考虑季节因素，这使得工程造价的信息也不能完全避免季节性的影响。

3. 工程造价信息的分类

(1)按形式划分，可分为文件式工程造价信息和非文件式工程造价信息；

(2)按传递方向划分，可分为横向传递的工程造价信息和纵向传递的工程造价信息；

(3)按反映面划分，可分为宏观工程造价信息和微观工程造价信息；

(4)按时态划分，可分为过去的工程造价信息、现在的工程造价信息和未来的工程造价信息；

(5)按稳定程度划分，可分为固定工程造价信息和流动工程造价信息。

4. 工程造价信息的主要内容

工程造价信息既包括各种定额资料、标准规范、政策文件等法令性和规范性的内容，也包括能体现信息动态性变化特征，并且在工程价格的市场机制中起重要作用的其他内容，如价格信息、造价指数和已完工程信息。

(1)价格信息。价格信息包括各种建筑材料、人工工资、施工机械等的最新市场价格。这些信息是比较初级的，一般没有经过系统的加工处理，是比较原始的数据。

1)材料价格信息。在材料价格信息的发布中，应包含材料类别、规格、单价、供货地区、供货单位及发布日期等信息。

2)人工价格信息。建筑工种人工价格信息的发布是在引导建筑劳务合同双方合理确定建筑工人工资水平的基础上，为建筑业企业合理支付工人劳动报酬，调解、处理建筑工人劳动工资纠纷提供依据，也为工程招标投标中评定成本提供依据。

3)机械价格信息。机械价格信息包括设备市场价格信息和设备租赁市场价格信息两部分。相对而言，后者对于工程计价更为重要，发布的机械价格信息应包括机械种类规格型号、供货厂商名称、租赁单价发布日期等内容。

(2)造价指数。造价指数是反映一定时期价格变化对工程造价影响程度的一种指标。其是调整工程造价价差的依据。该指数反映了报告期与基期相比的价格变动趋势，利用它可以分析价格变动趋势及其原因，估计工程造价变化对宏观经济的影响。另外，工程造价指数还是工程承发包双方进行工程估价和结算的重要依据。

(3)已完工程信息。已完工程信息是指已完或在建工程的各种造价信息，可以为拟建工程造价或在建工程造价提供依据。此信息也称为工程造价资料。这类信息内容包括已竣工和在建工程的投资估算、设计概算、施工图预算、招标投标价格、工程结算、竣工决算、单位工程施工成本，以及新材料、新结构、新设备、新施工工艺等建筑安装工程分部分项的单价分析等资料。

工程造价资料可作以下几种分类：

1)按照不同公路等级进行划分，并分别列出其包含的单项工程和单位工程。

2)按照不同阶段进行划分，一般可分为项目可行性研究投资估算、初步设计概算、施工图预算、工程量清单和报价、工程结算及竣工决算等。

3)按照组成特点划分，可分为建设项目、单项工程和单位工程造价资料，同时，也包括有关新材料、新工艺、新设备、新技术的分部分项工程造价资料。

(4)工程造价资料收集。收集工程造价资料内容时应包括“量”(如主要工程量、材料量、设备量等)和“价”，还应包括对造价确定有重要影响的技术经济条件，如工程概况、建设条件等。

1)建设项目和单项工程造价资料。

①对造价有主要影响的技术经济条件，如项目建设标准、建设工期、建设地点等；

②主要的工程量、主要的材料量和主要设备的名称型号、规格、数量等；

③投资估算、概算、预算、竣工决算及造价指数等。

2)单位工程造价资料。单位工程造价资料包括工程的内容、结构特征、主要工程量、主要材料的用量和单价、人工工日和人工费及相应的造价。

3)其他资料。其他资料主要包括有关新材料、新工艺、新设备、新技术分部分项工程的人工工日，主要材料用量，机械台班用量等。

(5)工程造价资料管理。

1)建立造价资料积累制度。由于不同地区、不同阶段的造价工作主要依据单位和个人所积累的工程造价资料，因此全面系统地积累和利用这些工程造价资料，建立稳定的造价资料积累制度，对于加强工程造价管理、合理确定和有效控制工程造价具有十分重要的意义。另外，工程造价资料积累的工作量非常大，牵涉面也非常广，需要依靠各级政府有关部门和行业组织进行组织管理才能有序地实现。

2)建立资料数据库和实现网络化管理。要提高工程造价资料的适用性和可靠性，需要通过积极推广使用计算机建立工程造价资料数据库，开发通用的工程造价资料管理程序，搭建可靠的信息管理平台，以实现网络化管理。

3)公开公路工程造价相关信息。交通运输主管部门应当按照国家有关规定，及时公开公路工程造价相关信息，并接受社会监督。同时，对公路工程造价信息及公路工程建设项目造价执行情况进行动态跟踪、分析评估，为造价依据的调整和造价监督提供有力支撑。

习　题

微课：公路工程造价基础知识练习

1. 根据交通运输部颁发的《公路工程基本建设管理办法》，公路工程基本建设程序首先编制的是(　　)。

A. 年度基本建设计划　　B. 项目环境影响报告

C. 项目建议书　　D. 设计任务书

2. (　　)银行直接参与了公路工程基本建设。

A. 招商　　B. 工商

C. 中国　　D. 建设

3. 在国家规定的基本建设程序中，各个步骤次序(　　)交叉。

A. 可以颠倒，但是不能　　B. 不能颠倒，但是可以

C. 不能颠倒，也不能　　D. 可以颠倒，也可以

4. 建设工程造价有两种含义，从业主和承包商的角度可以分别理解为(　　)。

A. 建设工程固定资产投资和建设工程承发包价格

B. 建设工程总投资和建设工程承发包价格

C. 建设工程总投资和建设工程固定资产投资

D. 建设工程动态投资和建设工程静态投资

5. 工程造价的计价特征有(　　)性。

A. 单件　　B. 大额　　C. 组合　　D. 兼容

E. 多次

6. 公路建设项目按(　　)可分为筹建设计施工、竣工等项目。

A. 建设程序　　B. 建设阶段　　C. 建设性质　　D. 建设规模

7. 业主向国家或主管部门提出，要求建设某项目的文件指(　　)。

A. 可行性研究报告　　B. 设计任务书

C. 项目建议书　　D. 技术说明书

8. 可行性研究报告属于项目的(　　)。

A. 计划阶段　　B. 准备阶段　　C. 决策阶段　　D. 实施阶段

9. 工程竣工结算应遵循的程序是，当竣工验收合格后由(　　)编制竣工结算报告。

A. 业主　　B. 承包商　　C. 工程师　　D. 设计单位

10. 下列属于工程造价计价依据的是(　　)。

A. 工程量　　B. 施工组织设计

C. 有关的政策法规　　D. 工程量计算规则

11. 定额是在正常的生产(施工)技术和组织条件下为完成(　　)所规定的人力、机械、材料资金等消耗量的标准。

A. 单位合格产品　B. 规定产品　C. 合格工程　D. 分项工程

12. 工程建设定额是一种(　　)。

A. 技术定额　B. 经济定额　C. 技术经济定额　D. 基本定额

13. 定额按所消耗的物质内容可分为(　　)。

A. 预算定额　B. 劳动定额　C. 材料定额　D. 施工定额

14. 定额按使用要求可分为(　　)。

A. 施工定额　B. 预算定额　C. 估算指标　D. 材料定额

E. 机械定额

15. 施工定额的性质是企业定额，则表明(　　)。

A. 赋予施工企业自主编制定额和确定定额水平的权利

B. 施工定额是企业研发的技术产(商)品

C. 同一资质等级的施工定额应该相同

D. 企业应根据国家计价定额编制施工定额

16. 任务设计：造价文件种类(表 1-4)。

表 1-4　任务设计

<table>
<tr><td>学习情境 1</td><td>公路工程造价基础知识</td><td>任务</td><td>公路建设全过程造价</td><td>内容</td><td>造价文件种类</td></tr>
<tr><td>任务设计</td><td colspan="5">参考资料：
1. 教材
2. 补充资料
具体要求：
1. 学生能准确说出造价文件与各个建设阶段的关系
2. 学生应知道各个造价文件的主要编制依据
提交成果：
学生独立完成以下表格：
<table><tr><td>建设阶段</td><td>造价文件名称</td><td>主要编制依据</td></tr><tr><td></td><td></td><td></td></tr><tr><td></td><td></td><td></td></tr><tr><td></td><td></td><td></td></tr><tr><td></td><td></td><td></td></tr><tr><td></td><td></td><td></td></tr><tr><td></td><td></td><td></td></tr><tr><td></td><td></td><td></td></tr></table></td></tr>
</table>

学习情境2　设计阶段造价

本学习情境介绍施工图预算的费用组成、编制依据、编制程序和设计阶段造价控制等设计阶段造价基础知识，以及如何进行图纸工程量的核算和运用造价软件编制预算文件。重点是培养学生的造价编制能力和图纸工程量的分析与核算能力。

2.1　施工图预算费用组成

1. 费用标准和计算方法

施工图预算的费用主要由建筑安装工程费、土地使用及拆迁补偿费、工程建设其他费、预备费、建设期贷款利息构成，具体内容如图2-1所示。

(1)建筑安装工程费。建筑安装工程费包括直接费、设备购置费、措施费、企业管理费、规费、利润、税金和专项费用。建筑安装工程费除专项费用外，其他均按“价税分离”计价规则计算，各项费用均以不含增值税可抵扣进项税额的价格(费率)进行计算，具体要素价格适用增值税税率执行财税部门的相关规定。定额建筑安装工程费包括定额直接费、定额设备购置费的40%、措施费、企业管理费、规费、利润、税金和专项费用，定额直接费包括定额人工费、定额材料费、定额施工机械使用费。

定额人工费、定额材料费、定额施工机械使用费以及定额设备购置费均按《公路工程预算定额》(JTG/T 3832—2018)附录四“定额人工材料、设备单价表”及《公路工程机械台班费用定额》(JTG/T 3833—2018)中规定的人工、材料、设备、机械的相应基价计算的定额费用。

1)直接费。直接费是指施工过程中耗费的构成工程实体和有助于工程形成的各项费用。其包括人工费、材料费、施工机械使用费。

①人工费。人工费是指列入概、预算定额的直接从事建筑安装工程施工的生产工人开支的各项费用。其包括以下内容：

a. 计时工资或计件工资：按计时工资标准和工作时间或对已做工作按计件单支付给个人的劳动报酬。

b. 津贴、补贴：为了补偿职工特殊或额外的劳动消耗和因其他特殊原因支付给个人的津贴，以及为了保证职工工资水平不受物价影响支付给个人的物价补贴。如流动施工津贴、特殊地区施工津贴、高温(寒)作业临时津贴、高空津贴等。

c. 特殊情况下支付的工资：根据国家法律、法规和政策规定，因病、工伤、产假、计划生育假、婚丧假、事假、探亲假、定期休假、停工学习、执行国家或社会义务等原因，按计时工资标准或计件工资标准的一定比例支付的工资。

人工费以概、预算定额人工工日数乘以综合工日单价计算。人工费标准按照本地区公路建设项目的人工工资统计情况以及公路建设劳动市场情况进行综合分析、确定人工工日单价。人工工日单价由省级交通运输主管部门制定发布，并适时进行动态调整。人工工日单价仅作为编制概、预算的依据，不作为施工企业实发工资的依据。

- 概(预)算总金额
  - 建筑安装工程费
    - 直接费
      - 人工费
      - 材料费
      - 施工机械使用费
    - 设备购置费
    - 措施费
      - 冬期施工增加费
      - 雨期施工增加费
      - 夜间施工增加费
      - 特殊地区施工增加费
        - 高原地区施工增加费
        - 风沙地区施工增加费
        - 沿海地区施工增加费
      - 行车干扰施工增加费
      - 施工辅助费
      - 工地转移费
      - 辅助生产间接费
    - 企业管理费
      - 基本费用
      - 主副食运费补贴
      - 职工探亲路费
      - 职工取暖补贴
      - 财务费用
    - 规费
      - 养老保险费
      - 失业保险费
      - 医疗保险费
      - 工伤保险费
      - 住房公积金
    - 利润
    - 税金
    - 专项费用
      - 施工场地建设费
      - 安全生产费
  - 土地使用及拆迁补偿费

图 2-1　概、预算费用的组成

微课：施工图预算费用组成(一)

微课：施工图预算费用组成(二)

微课：施工图预算费用组成(三)

微课：施工图预算费用组成(四)

微课：施工图预算费用组成(五)

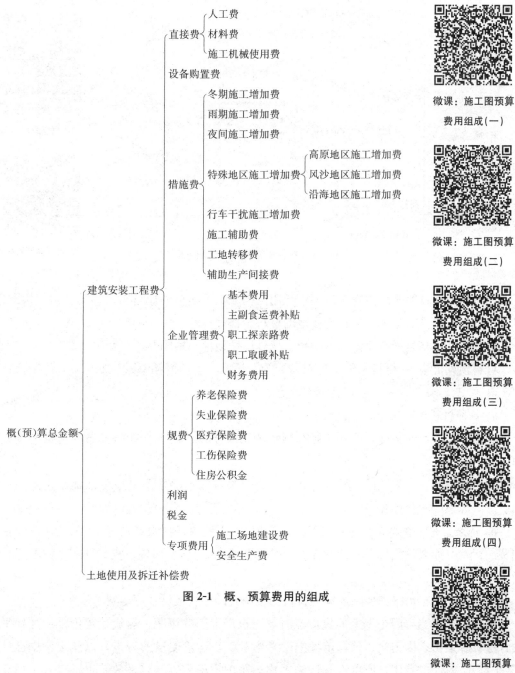

- 概(预)算总金额
  - 工程建设其他费
    - 建设项目管理费
      - 建设单位(业主)管理费
      - 建设项目信息化费
      - 工程监理费
      - 设计文件审查费
      - 竣(交)工验收试验检测费
    - 研究试验费
    - 建设项目前期工作费
    - 专项评价(估)费
    - 联合试运转费
    - 生产准备费
      - 工器具购置费
      - 办公和生活用家具购置费
      - 生产人员培训费
      - 应急保通设备购置费
    - 工程保通管理费
    - 工程保险费
    - 其他相关费用
  - 预备费
    - 基本预备费
    - 价差预备费
  - 建设期贷款利息

图 2-1　概、预算费用的组成(续)

微课：施工图预算费用组成(六)

微课：施工图预算费用组成(七)

微课：案例解析

②材料费。材料费是指施工过程中耗用的构成工程实体的原材料、辅助材料、构配件、零件、半成品或成品等，按工程所在地的材料价格计算的费用。

材料预算价格由材料原价、运杂费、场外运输损耗、采购及保管费组成。

材料预算价格＝(材料原价＋运杂费)×(1＋场外运输损耗率)×(1＋采购及保管费费率)－包装品回收价值

a. 各种材料原价按下列规定计算：

a)外购材料：外购材料价格参照本行政区域内交通运输主管部门发布的价格和按调查的市场价格进行综合取定。

b)自采材料：自采的砂、石、黏土等自采材料，按定额中开采单价加辅助生产间接费和矿产资源税(如有)计算。

b. 运杂费是指材料自供应地点至工地仓库(施工地点存放材料的地方)的费用，包括装卸费、运费，如果发生，还应计囤存费及其他杂费(如过磅、标签、支撑加固、路桥通行等费用)。

a)通过铁路、水路和公路运输的材料，按调查的市场运价计算运费。

b)一种材料当有两个以上的供应点时，应根据不同的运距、运量、运价采用加权平均的方法计算运费。因为概、预算定额中已考虑了工地运输便道的特点，以及定额中已计入了“工地小搬运”的费用，所以汽车运输平均运距中不得乘以调整系数，也不得在工地仓库或堆料场之外再加场内运距或二次倒运的运距。

c)有容器或包装的材料及长大轻浮材料，应按规定的毛质量计算。桶装沥青、汽油、柴油按每吨摊销一个旧汽油桶计算包装费(不计回收)。

c. 场外运输损耗是指有些材料在正常的运输过程中发生的损耗。

d. 采购及保管费。

a)材料采购及保管费是指在组织采购、保管过程中，所需的各项费用及工地仓库的材料储存损耗。

b)材料采购及保管费，以材料的原价加运杂费及场外运输损耗的合计数为基数，乘以采购及保管费费率计算。

c)钢材的采购及保管费费率为 0.75%，燃料、爆破材料为 3.26%，其余材料为 2.06%。商品水泥混凝土、沥青混合料和各类稳定土混合料、外购的构件、成品及半成品的预算价格计算方法与材料相同。商品水泥混凝土、沥青混合料和各类稳定土混合料不计采购及保管费，外购的构件、成品及半成品的采购及保管费费率为 0.42%。

【例 2-1】 原木供应价为 1 010.00 元/m^3，从市区用汽车运输至工地，运距为 15 km，社会运输，运价为 0.80 元/m^3 · km，装卸费及其他附加费为 5.2 元/m^3，采购及保管费费率为 2.06%，场外运输损耗为 0。计算原木预算单价。

解： 材料预算价格＝(材料原价＋运杂费)×(1＋场外运输损耗率)×(1＋采购及保管费费率)－包装品回收价值

＝(1 010.00＋0.80×15＋5.2)×(1＋2.06%)

＝1 048.36(元/m^3)

③施工机械使用费。施工机械使用费是指列入概、预算定额的工程机械和工程仪器仪表台班数量，按相应的施工机械台班费用定额计算的费用等。

a. 工程机械使用费。机械台班预算价格应按《公路工程机械台班费用定额》(JTG/T 3833—2018)计算，机械台班单价由不变费用和可变费用组成。不变费用包括折旧费、检修费、维护费、安拆辅助费等；可变费用包括机上人员人工费、动力燃料费、车船税。可变费用中的人工工日数及动力燃料消耗量，应以机械台班费用定额中的数值为准。台班人工费工日单价同生产工人人工费单价。动力燃料费用则按材料费的计算规定计算。

b. 工程仪器仪表使用费是指机电工程施工作业所发生的仪器仪表使用费，以施工仪器仪表台班耗用量乘以施工仪器仪表台班单价计算。

a)工程仪器仪表台班预算价格应按《公路工程机械台班费用定额》(JTG/T 3833—2018)计算。台班人工费工日单价同生产工人人工费单价。动力燃料费用则按材料费的计算规定计算。

b)当工程用电为自行发电时，电动机械每千瓦 · 时(度)电的单价可由下列公式计算：

$$A=0.15K/N \tag{2-1}$$

式中 A——每千瓦 · 时电单价(元)；

K——发电机组的台班单价(元)；

N——发电机组的总功率(kW)。

2)设备购置费。设备购置费是指为满足公路初期运营、管理需要购置的构成固定资产标准的设备和虽低于固定资产标准但属于设计明确列入清单的设备的费用，包括渡口设备，隧道照明、消防、通风的动力设备，公路收费、监控、通信、路网运行监测、供配电及照明设备等。

①设备购置费应列出计划购置的清单(包括设备的规格、型号、数量)，以设备预算价计入。

②设备购置费包括设备原价、运杂费、运输保险费、采购及保管费，各种税费按编制期有关部门规定计算。

③需要安装的设备按建筑安装工程费的有关规定计算设备的安装工程费。设备材料的划分标准见《公路工程建设项目概算预算编制办法》(JTG 3830—2018)附录C。

3)措施费。措施费包括冬期施工增加费、雨期施工增加费、夜间施工增加费、特殊地区施工增加费、行车干扰施工增加费、施工辅助费、工地转移费、辅助生产间接费。

①冬期施工增加费。冬期施工增加费是指按照公路工程施工及验收规范所规定的冬期施工要求，为保证工程质量和安全生产所需采取的防寒保温设施，工效降低和机械作业效率降低，以及技术操作过程的改变等所增加的有关费用。

a. 冬期施工增加费的内容包括以下几项：

a)因冬期施工所需增加的一切人工、机械与材料的支出。

b)施工机械所需修建的暖棚(包括拆、移)，增加其他保温设备购置费用。

c)因施工组织设计确定，需增加的一切保温、加温等有关支出。

d)清除工作地点的冰雪等与冬期施工有关的其他各项费用。

b. 全国冬期施工气温区划分表见《公路工程建设项目概算预算编制办法》(JTG 3830—2018)附录D。

c. 冬期施工增加费的计算方法，是根据各类工程的特点，规定各气温区的取费标准。为了简化计算手续，采用全年平均摊销的方法，即无论是否在冬期施工，均按规定的取费标准计取冬期施工增加费。

d. 一条路线穿过两个以上气温区时，可分段计算或按各区的工程量比例求得全线的平均增加率，计算冬期施工增加费。

e. 冬期施工增加费以各类工程的定额人工费和定额施工机械使用费之和为基础，按工程所在地的气温区选用规定的费率计算。

②雨期施工增加费。雨期施工增加费是指雨期施工为保证工程质量和安全生产所需采取的防雨、排水、防潮和防护措施，工效降低和机械作业率降低，以及技术操作过程的改变等，所需增加的有关费用。

a. 雨期施工增加费的内容包括以下几项：

a)因雨期施工所需增加的工、料、机费用的支出，包括工作效率的降低及易被雨水冲毁的工程所增加的清理坍塌基坑和堵塞排水沟、填补路基边坡冲沟等工作内容。

b)路基土方工程的开挖和运输，因雨期施工(非土壤中水影响)而引起的黏附工具、降低工效所增加的费用。

c)因防止雨水必须采取的挖临时排水沟、防止基坑坍塌所需的支撑、挡板等防护措施费用。

d)材料因受潮、受湿的耗损费用。

e)增加防雨、防潮设备的费用。

f)因河水高涨致使工作困难等其他有关雨期施工所需增加的费用。

b. 全国雨期施工雨量区及雨期划分见《公路工程建设项目概算预算编制办法》(JTG 3830—2018)附录E。

c. 雨期施工增加费的计算方法，是将全国划分为若干雨量区和雨期，并根据各类工程的特点规定各雨量区和雨期的取费标准。为了简化计算手续，采用全年平均摊销的方法，即无论是否在雨期施工，均按规定的取费标准计取雨期施工增加费。

d. 雨期施工增加费以各类工程的定额人工费和定额施工机械使用费之和为基数，按工程所在地的雨量区、雨期选用规定的费率计算。

③夜间施工增加费。夜间施工增加费是指根据设计、施工技术规范和合理的施工组织要求，必须在夜间施工或必须昼夜连续施工而发生的夜班补助费、夜间施工降效、施工照明设备摊销及照明用电等费用。夜间施工增加费以夜间施工工程项目的定额人工费与定额施工机械使用费之和为基数，按规定的费率计算。

④特殊地区施工增加费。特殊地区施工增加费包括高原地区施工增加费、风沙地区施工增加费和沿海地区施工增加费三项。

a. 高原地区施工增加费是指在海拔高度 2 000 m 以上地区施工，由于受气候、气压的影响，致使人工、机械效率降低而增加的费用。

a)一条路线通过两个以上(含两个)不同的海拔分区时，应分别计算高原地区施工增加费或按工程量比例求得平均的增加率，计算全线高原地区施工增加费。

b)高原地区施工增加费以各类工程的定额人工费与定额施工机械使用费之和为基数，按规定的费率计算。

b. 风沙地区施工增加费是指在沙漠地区施工时，由于受风沙影响，按照施工及验收规范的要求，为保证工程质量和安全生产而增加的有关费用。其内容包括防风、防沙及气候影响的措施费，人工、机械效率降低增加的费用，以及积沙、风蚀的清理修复等费用。

a)全国风沙地区公路施工区划分见《公路工程建设项目概算预算编制办法》(JTG 3830—2018)附录F。当地气象资料及自然特征与《公路工程建设项目概算预算编制办法》(JTG 3830—2018)附录F中的风沙地区划分有较大出入时，由项目所在地省级交通运输主管部门按当地气象资料和自然特征及上述划分标准确定工程所在地的风沙区划。

b)一条路线穿过两个以上不同风沙区时，按路线长度经过不同的风沙区加权计算项目全线风沙地区施工增加费。

c)风沙地区施工增加费以各类工程的定额人工费和定额施工机械使用费之和为基数，根据工程所在地的风沙区划及类别，按规定的费率计算。

c. 沿海地区施工增加费是指工程项目在沿海地区施工受海风、海浪和潮汐的影响，致使人工、机械效率降低等所需增加的费用。本项费用由沿海各省级交通运输主管部门制定具体的适用范围(地区)。沿海地区施工增加费以各类工程的定额人工费和定额施工机械使用费之和为基数，按规定的费率计算。

⑤行车干扰施工增加费。行车干扰施工增加费是指由于边施工边维持通车，受行车干扰的影响，致使人工、机械效率降低而增加的费用。该费用以受行车影响部分的工程项目的定额人工费和定额施工机械使用费之和为基数，按规定的费率计算。

⑥施工辅助费。施工辅助费包括生产工具用具使用费、检验试验费和工程定位复测、工程点交、场地清理等费用。施工辅助费以各类工程的定额直接费为基数，按规定的费率计算。

a. 生产工具用具使用费是指施工所需不属于固定资产的生产工具，检验、试验用具及仪器、仪表等的购置、摊销和维修费，以及支付给生产工人自备工具的补贴费。

b. 检验试验费是指施工企业对建筑材料、构件和建筑安装工程进行一般鉴定、检查所发生的费用。其包括自设实验室进行试验所耗用的材料和化学药品的费用，以及技术革新和研究试验费，不包括新结构、新材料的试验费和建设单位要求对具有出厂合格证明的材料进行检验、对构件破坏性试验及其他特殊要求检验的费用。

c. 高填方和软基沉降监测、高边坡稳定监测、桥梁施工监测、隧道施工监控量测、超前地质预报等施工监控费包含在施工辅助费中，不得另行计算。

⑦工地转移费。工地转移费是指施工企业迁至新工地的搬迁费用。

a. 工地转移费内容包括以下几项：

a)施工单位职工及随职工迁移的家属向新工地转移的车费、家具行李运费、途中住宿费、行程补助费、杂费等。

b)公物、工具、施工设备器材、施工机械的运杂费，以及外租机械的往返费及施工机械、设备、公物、工具的转移费等。

c)非固定工人进退场的费用。

b. 工地转移费以各类工程的定额人工费和定额施工机械使用费之和为基数，按规定的费率计算。

c. 高速公路、一级公路及独立大桥、独立隧道项目转移距离按省会城市至工地的里程计算；二级及二级以下公路项目转移距离按地级城市所在地至工地的里程计算。

d. 工地转移里程数在表列里程之间时，费率可内插计算。工地转移距离在 50 km 以内的工程按 50 km 计算。

⑧辅助生产间接费。辅助生产间接费是指由施工单位自行开采加工的砂、石等自采材料及施工单位自办的人工、机械装卸和运输的间接费。

a. 辅助生产间接费按定额人工费的 3%计。该项费用并入材料预算单价内构成材料费，不直接出现在概(预)算中。

b. 高原地区施工单位的辅助生产，可按高原地区施工增加费费率，以定额人工费与施工机械费之和为基数计算高原地区施工增加费(其中，人工采集、加工材料，人工装卸、运输材料按土方费率计算；机械采集、加工材料按石方费率计算；机械装运材料按运输费率计算）。辅助生产高原地区施工增加费不作为辅助生产间接费的计算基数。

4)企业管理费。企业管理费由基本费用、主副食运费补贴、职工探亲路费、职工取暖补贴和财务费用五项组成。

①基本费用。基本费用是指建筑安装企业组织施工生产和经营管理所需的费用。

a. 基本费用包括以下几项：

a)管理人员工资：管理人员的基本工资、绩效工资、津贴补贴及特殊情况下支付的工资，以及缴纳的养老、医疗、失业、工伤保险费和住房公积金等。

b)办公费：企业管理办公用的文具、纸张、账表、印刷、通信、网络、书报、办公软件、会议、水电、烧水和集体取暖降温(包括现场临时宿舍取暖降温)用煤(电、气)等费用。

c)差旅交通费：职工因公出差、调动工作的差旅费、住勤补助费，市内交通费和误餐补助费，劳动力招募费，职工退休、退职一次性路费，工伤人员就医路费及管理部门使用的交通工具的油料、燃料等费用。

d)固定资产使用费：管理部门及附属生产单位使用的属于固定资产的房屋、设备等的折旧、大修、维修或租赁费。

e)工具用具使用费：企业管理使用的不属于固定资产的工具、器具、家具、交通工具和检验、试验、测绘、消防用具等的购置、维修和摊销费。

f)劳动保险费：企业支付的离退休职工的异地安家补助费、职工退职金、6个月以上的病假人员工资、职工死亡丧葬补助费、抚恤费、按规定支付给离休干部的各项经费。

g)职工福利费：按国家规定标准计提的职工福利费。

h)劳动保护费：企业按国家有关部门规定标准发放的劳动保护用品的购置费及修理费、防暑降温费、在有碍身体健康环境中施工的保健费用等。

i)工会经费：企业根据《中华人民共和国工会法》的规定按全部职工工资总额比例计提的工会经费。

j)职工教育经费：按职工工资总额的规定比例计提，企业为职工进行专业技术和职业技能培训，专业技术人员继续教育、职工职业技能鉴定、职业资格认定，以及根据需要对职工进行各类文化教育所发生的费用，不含职工安全教育、培训费用。

k)保险费：企业财产保险、管理用及生产用车辆等保险费用与人身意外伤害险的费用。

l)工程排污费：施工现场按规定缴纳的排污费用。

m)税金：企业按规定缴纳的城市维护建设税、教育费附加、地方教育附加、房产税、车船使用税、土地使用税、印花税等。

n)其他：上述项目以外的其他必要的费用支出，包括技术转让费、技术开发费、竣(交)工文件编制费、招标投标费、业务招待费、绿化费、广告费、公证费、定额测定费、法律顾问费、审计费、咨询费，以及施工标准化、规范化、精细化管理等费用。

b. 基本费用以各类工程的定额直接费为基数，按规定的费率计算。

②主副食运费补贴。主副食运费补贴是指施工企业在远离城镇乡村的野外施工购买生

活必需品所需增加的费用。该费用以各类工程的定额直接费为基数，按规定的费率计算。

③职工探亲路费。职工探亲路费是指按照有关规定发放给施工企业职工在探亲期间发生的往返交通费和途中住宿费等费用。该费用以各类工程的定额直接费为基数，按规定的费率计算。

④职工取暖补贴。职工取暖补贴是指按规定发放给施工企业职工的冬季取暖费和为职工在施工现场设置的临时取暖设施的费用。该费用以各类工程的定额直接费为基数，按工程所在地的气温区选用规定的费率计算。

⑤财务费用。财务费用是指施工企业为筹集资金提供投标担保、预付款担保、履约担保、职工工资支付担保等所发生的各种费用。其包括企业经营期间发生的短期贷款利息净支出、汇兑净损失、调剂外汇手续费、金融机构手续费，以及企业筹集资金发生的其他财务费用。财务费用以各类工程的定额直接费为基数，按规定的费率计算。

5)规费。规费是指按法律、法规、规章、规程规定施工企业必须缴纳的费用。

①养老保险费：施工企业按规定标准为职工缴纳的基本养老保险费。

②失业保险费：施工企业按规定标准为职工缴纳的失业保险费。

③医疗保险费：施工企业按规定标准为职工缴纳的医疗保险费(含生育保险费)。

④工伤保险费：施工企业按规定标准为职工缴纳的工伤保险费。

⑤住房公积金：施工企业按规定标准为职工缴纳的住房公积金。

各项规费以各类工程的人工费之和为基数，按国家或工程所在地法律、法规、规章、规程规定的标准计算。

6)利润。利润是指施工企业完成所承包工程获得的盈利，按定额直接费及措施费、企业管理费之和的7.42%计算。

7)税金。税金是指国家税法规定应计入建筑安装工程造价的增值税销项税额。

$$税金=(直接费+设备购置费+措施费+企业管理费+规费+利润)\times 10\% \quad (2\text{-}2)$$

8)专项费用。专项费用包括施工场地建设费和安全生产费。

①施工场地建设费。施工场地建设费包括以下几项：

a. 按照工地建设标准化要求进行承包人驻地、工地实验室建设，钢筋集中加工、混合料集中拌制、构件集中预制等所需的办公、生活居住房屋(包括职工家属房屋及探亲房屋)、公用房屋(如广播室、文体活动室、医疗室等)和生产用房屋(如仓库、加工厂、加工棚、发电站、变电站、空压机站、停机棚、值班室等)等费用。

b. 包括场区平整(山岭重丘区的土石方工程除外)、场地硬化、排水、绿化、标志、污水处理设施、围墙隔离设施等的费用；不包括钢筋加工的机械设备、混合料拌合设备及安拆、预制构件台座、预应力张拉设备、起重与养护设备，以及概、预算定额中临时工程的费用。

c. 包括以上范围内的各种临时工作便道(包括汽车、人力车道)、人行便道，工地临时用水、用电的水管支线和电线支线，临时构筑物(如水井、水塔等)、其他小型临时设施等的搭设或租赁、维修、拆除、清理的费用；但不包括红线范围内贯通便道、进出场的临时道路、保通便道。

d. 工地实验室所发生的属于固定资产的试验设备和仪器等折旧、维修或租赁费用。

e. 施工扬尘污染防治措施费，指裸露的施工场地覆盖防尘网、施工便道和施工场地洒水或喷洒抑尘剂，运输车辆的苫盖和冲洗，环境敏感区设置围挡，防尘标识设置，环境监控与检测等所需要的费用。

f. 文明施工、职工健康生活的费用。

施工场地建设费以施工场地计费基数，按规定的费率，以累进方法计算。施工基数为定额建筑安装工程费扣除专项费用。

②安全生产费。安全生产费包括完善、改造和维护安全设施设备费用，配备、维护、保养应急救援器材、设备费用，开展重大危险源和事故隐患评估与整改费用，安全生产检查、评价、咨询费用，配备和更新现场作业人员安全防护用品支出，安全生产宣传、教育、培训费用，安全设施及特种设备检测检验费用，施工安全风险评估、应急演练等有关工作及其他与安全生产直接相关的费用。

安全生产费按建筑安装工程费乘以安全生产费费率计算，费率按不少于1.5%计取。

(2)土地使用及拆迁补偿费。土地使用及拆迁补偿费包括永久占地费、临时占地费、拆迁补偿费、水土保持补偿费、其他费用。

1)永久占地费。永久占地费包括土地补偿费、征用耕地安置补助费、耕地开垦费、森林植被恢复费、失地农民养老保险费。

①土地补偿费。土地补偿费包括征地补偿费、被征用土地上的青苗补偿费、征用城市郊区的菜地等缴纳的菜地开发建设基金、耕地占用税、用地图编制费及勘界费等。

②征用耕地安置补助费。征用耕地安置补助费是指征用耕地需要安置农业人口的补助费。

③耕地开垦费。耕地开垦费是指公路建设项目占用耕地的，应由建设项目法人(业主)负责补充耕地所发生的费用。没有条件开垦或开垦的耕地不符合要求的，按规定缴纳的耕地开垦费。

公路建设项目发生跨省域补充耕地国家统筹的，应执行《国务院办公厅关于印发跨省域补充耕地国家统筹管理办法和城乡建设用地增减挂钩节余指标跨省域调剂管理办法的通知》(国办发〔2018〕16号)的规定；发生省内跨区域补充耕地的，执行本省相关规定。

④森林植被恢复费。森林植被恢复费是指公路建设项目需要占用、征用林地的，经县级以上林业主管部门审核同意或批准，建设项目法人(业主)单位按照省级人民政府有关规定向县级以上林业主管部门预缴的森林植被恢复费。

⑤失地农民养老保险费。失地农民养老保险费是指根据国家规定为保障依法被征地农民养老而缴纳的保险费用。失地农民养老保险费按项目所在地省级人民政府的相关规定进行计算。

2)临时占地费。临时占地费包括临时征地使用费和复耕费。

①临时征地使用费。临时征地使用费是指为满足施工所需的承包人驻地预制场、拌合

站、仓库、加工厂(棚)、堆料场、取弃土场、进出场便道、便桥等所有的临时用电及其附着物的补偿费用。

②复耕费。复耕费是指临时占用的耕地、鱼塘等，在工程交工后将其恢复到原有标准所发生的费用。

3)拆迁补偿费。拆迁补偿费是指被征用或占用土地上的房屋及附属构筑物，公用设施、文物等的拆除、发掘及迁建补偿费，拆迁管理费等。

4)水土保持补偿费根据国家相关法律、法规规定缴纳。

5)其他费用是指国务院行政主管部门及省级人民政府规定的与征地拆迁相关的费用。

6)土地使用及拆迁补偿费计算方法如下：

①土地使用及拆迁补偿费应根据设计文件确定的建设工程用地和临时用地面积与其附着物的情况，以及实际发生的费用项目，按国家有关规定及工程所在地的省(自治区、直辖市)颁布的有关规定和标准计算。

②森林植被恢复费应根据审批单位批准的建设工程占用林地的类型及面积，按国家有关规定及工程所在地的省(自治区、直辖市)颁布的有关规定和标准计算。

③当与原有的电力电信设施、管线、水利工程、铁路及铁路设施互相干扰时，应与有关部门联系，商定合理的解决方案和补偿金额，也可由这些部门按规定编制费用以确定补偿金额。

④水土保持补偿费按各省(自治区、直辖市)制定的水土保持补偿费收费标准进行计算。

(3)工程建设其他费。工程建设其他费包括建设项目管理费、研究试验费、建设项目前期工作费、专项评价(估)费、联合试运转费、生产准备费、工程保通管理费、工程保险费、其他相关费用。

1)建设项目管理费。建设项目管理费包括建设单位(业主)管理费、建设项目信息化费、工程监理费、设计文件审查费、竣(交)工验收试验检测费。其中建设单位(业主)管理费、建设项目信息化费和工程监理费均为实施建设项目管理的费用，可根据建设单位(业主)、施工单位、监理单位所实际承担的工作内容和工作量统筹使用。

①建设单位(业主)管理费。建设单位(业主)管理费是指建设单位(业主)为进行建设项目的立项、筹建、建设、竣(交)工验收、总结等工作所发生的费用。

a. 建设单位(业主)管理费包括工作人员的工资、工资性津贴、施工现场津贴，社会保险费用(基本养老、基本医疗、失业、工伤保险)、住房公积金、职工福利费、工会经费、劳动保护费，办公费、会议费、差旅交通费、固定资产使用费(包括办公及生活房屋折旧、维修或租赁费，车辆折旧、维修、使用或租赁费，通信设备购置、使用费，测量、试验设备仪器折旧、维修或租赁费，其他设备折旧、维修或租赁费等)、零星固定资产购置费、招募生产工人费，技术图书资料费、职工教育培训经费，招标管理费，合同契约公证费、法律顾问费、咨询费，建设单位的临时设施费、完工清理费、竣(交)工验收费[含其他行业或部门要求的竣工验收费用、建设单位负责的竣(交)工文件编制费]、各种税费(包括房产税、车船使用税、印花税等)，对建设项目前期工作、项目实施及竣工决算等全过程进行审计所发生的审计费用，境内外融资费用(不含建设期贷款利息)、业务招待费及工程质量、安全生产管理费和其他管理性开支。

b. 建设单位(业主)管理费以定额建筑安装工程费为基数，按规定的费率，以累进方法计算。

c. 双洞长度超过 5 000 m 的独立隧道，水深大于 15 m、跨径大于或等于 400 m 的斜拉桥和跨径大于或等于 800 m 的悬索桥等独立特大型桥梁工程的建设单位(业主)管理费，按规定的费率乘以系数 1.3 计算；海上工程[指由于风浪影响，工程施工期(不包括封冻期)全年月平均工作日少于 15 d 的工程]的建设单位(业主)管理费，按规定的费率乘以系数 1.2 计算。

②建设项目信息化费。建设项目信息化费是指建设单位(业主)和各参建单位用于建设项目的质量、安全、进度费用等方面的信息化建设、运维及各种税费等费用，包括建设项目全寿命周期的建筑信息模型(Building Information Modeling)等相关费用。建设项目信息化费以定额建筑安装工程费为基数，按规定的费率，以累进方法计算。

③工程监理费。工程监理费是指建设单位(业主)委托具有监理资格的单位，按施工监理规范进行全面的监督和管理所发生的费用。

a. 工程监理费内容包括工作人员的工资、工资性津贴、施工现场津贴、社会保险费用(基本养老、基本医疗、失业、工伤保险)、住房公积金、职工福利费、工会经费、劳动保护费，办公费、会议费、差旅交通费，办公、试验固定资产使用费(包括办公及生活房屋折旧、维修或租赁费，车辆折旧、维修、使用或租赁费，通信设备购置、使用费，测量、试验、检测设备仪器折旧、维修或租赁费，其他设备折旧、维修或租赁费等)、零星固定资产购置费、招募生产工人费，技术图书资料费、职工教育经费、投标费用，合同契约公证费、法律顾问费、咨询费、业务招待费，财务费用、监理单位的临时设施费、完工清理费、竣(交)工验收费、各种税费、安全生产管理费和其他管理性开支。

b. 工程监理费以定额建筑安装工程费为基数，按规定的费率，以累进方法计算。

④设计文件审查费。设计文件审查费是指在项目审批前，建设单位(业主)为保证勘察设计工作的质量，组织有关专家或委托有资质的单位，对提交的建设项目可行性研究报告和勘察设计文件进行审查所需要的相关费用。设计文件审查费以定额建筑安装工程费为基数，按规定的费率，以累进方法计算。

a. 建设项目若有地质勘察监理，费用在此项目开支。

b. 建设项目若有设计咨询(或称设计监理设计双院制)，其费用在此项目内开支。

⑤竣(交)工验收试验检测费。竣(交)工验收试验检测费是指在公路建设项目竣(交)工验收前，由建设单位(业主)或工程质量监督机构委托有资质的公路工程质量检测单位按照有关规定对建设项目的工程质量进行检测并出具检测试验意见，以及进行桥梁动(静)载试验或其他特殊检测等所需的费用。

a. 竣(交)工验收试验检测费按规定的费率计算，道路工程按主线路基长度计算，桥梁工程以主线桥梁、分离式立交、匝道桥的长度之和进行计算，隧道按单洞长度计算。

b. 道路工程，高速公路、一级公路按四车道计算；二级及二级以下公路按两车道计算，每增加1个车道按规定的费用增加10%。桥梁和隧道按双向四车道计算，每增加1个车道费用增加15%。二级及二级以下公路的桥隧工程，按规定的费用的40%计算。

2)研究试验费。研究试验费是指按项目特点和有关规定，在建设过程中必须进行的研究和试验所需的费用，以及支付科技成果、专利、先进技术的一次性技术转让费。

①研究试验费不包括以下几项：

a. 应由前期工作费用(为建设项目提供或验证设计数据、资料等专题研究)开支的项目。

b. 应由科技三项费用(即新产品试制费、中间试验费和重要科学研究补助费)开支的项目。

c. 应由施工辅助费开支的施工企业对建筑材料、构件和建筑物进行一般鉴定、检查所发生的费用及技术革新研究试验费。

②计算方法：按设计提出的研究试验内容和要求进行编制。

③建设项目前期工作费是指委托勘察设计单位、咨询单位对建设项目进行可行性研究、工程勘察设计，以及设计、监理、施工招标文件及招标标底或造价控制值文件编制时，按规定应支付的费用。

3)建设项目前期工作费。

①建设项目前期工作费包括以下几项：

a. 编制项目建议书(或预可行性研究报告)、可行性研究报告、投资估算，以及相应的勘察、设计等所需的费用。

b. 通过风洞试验、地震动参数、索塔足尺模型试验、桥墩局部冲刷试验、桩基承载力试验等为建设项目提供或验证设计数据所需的专题研究费用。

c. 初步设计和施工图设计的勘察费、设计费、概(预)算编制及调整概算编制费用等。

d. 设计、监理、施工招标及招标标底(造价控制值或清单预算)文件编制费等。

②计算方法：前期工作费以定额建筑安装工程费为基数，按规定的费率，以累进方法计算。

4)专项评价(估)费。专项评价(估)费是指依据国家法律、法规规定进行评价(评估)、咨询，按规定应支付的费用。

①专项评价(估)费包括环境影响评价费、水土保持评估费、地震安全性评价费、地质灾害危险性评价费、压覆重要矿床评估费、文物勘察费、通航论证费、行洪论证(评估)费、使用林地可行性研究报告编制费、用地预审报告编制费、项目风险评估费、节能评估费和社会风险评估费、放射性影响评估费、规划选址意见书编制费等费用。

②计算方法：依据委托合同，或参照类似工程已发生的费用进行计列。

5)联合试运转费。联合试运转费是指建设项目的机电工程，按照有关规定标准，需要进行整套设备带负荷联合试运转所需的全部费用，不包括应由设备安装工程费中开支的调试费用。

①费用包括联合试运转期间所需的材料、燃料和动力的消耗，机械和检测设备使用费，

工具用具和低值易耗品费，参加联合试运转的人员工资及其他费用等。

②计算方法：联合试运转费以定额建筑安装工程费为基数，按0.04%费率计算。

6)生产准备费。生产准备费是指为保证新建、改(扩)建项目交付使用后满足正常的运行、管理发生的工器具购置、办公和生活用家具购置、生产人员培训、应急保通设备购置等费用。

①工器具购置费。工器具购置费是指建设项目交付使用后，为满足初期正常运营必须购置的第一套不构成固定资产的设备、仪器、仪表、工卡模具器具、工作台(框、架、柜)等的费用，不包括构成固定资产的设备、工器具和备品、备件，以及已列入设备费中的专用工具和备品、备件。工器具购置费由设计单位列出计划购置清单(包括规格、型号、数量)，计算方法同设备购置费。

②办公和生活用家具购置费。办公和生活用家具购置费是指新建、改(扩)建工程项目，为保证初期正常生产、使用和管理所购置的办公和生活用家具、用具的费用。包括行政、生产部门的办公室、会议室、资料档案室、阅览室、宿舍及生活福利设施等的家具、用具。办公和生活用家具购置费按规定计算。

③生产人员培训费。生产人员培训费是指为保证生产的正常运行，在工程交工验收交付使用前对运营部门生产人员和管理人员进行培训所需的费用。其包括培训人员的工资、工资性津贴、职工福利费、差旅交通费、劳动保护费、培训及教学实习费等。该费用按设计定员和3 000元/人的标准计算。

④应急保通设备购置费。应急保通设备购置费是指新建、改(扩)建工程项目，为满足初期正常营运，购置保障抢修保通、应急处置，且构成固定资产的设备所需的费用。该费用由设计单位列出计划购置清单，计算方法同设备购置费。

7)工程保通管理费。工程保通管理费是指新建或改(扩)建工程需边施工边维持通车或通航的建设项目，为保证公(铁)路运营安全、船舶航行安全及施工安全而进行交通(公路、航道、铁路)管制、交通(铁路)与船舶疏导所需的和媒体公告等宣传费用及协管人员经费等。工程保通管理费应按设计需要进行列支。

8)工程保险费。工程保险费是指在合同执行期内，施工企业按合同条款要求办理保险的费用。其包括建筑工程一切险和第三方责任险。

①建筑工程一切险是为永久工程、临时工程和设备及已运至施工工地用于永久工程的材料和设备所投的保险。

②第三方责任险是对因实施合同工程而造成的财产(本工程除外)损失或损害，或人员(业主和承包人雇员除外)的死亡或伤残所负责进行的保险。

③工程保险费以建筑安装工程费(不含设备费)为基数，按0.1%费率计算。

9)其他相关费用。其他相关费用指国务院行政主管部门及省级人民政府规定的其他与公路建设相关的费用，按其相关规定计算。

(4)预备费。预备费由基本预备费和价差预备费两部分组成。

1)基本预备费。基本预备费是指在初步设计和概算、施工图设计与施工图预算中难以预料的工程费用。

①基本预备费包括以下几项：

a. 在进行技术设计、施工图设计和施工过程中，在批准的初步设计和概算范围内所增加的工程费用。

b. 在设备订货时，由于规格、型号改变的价差，材料货源变更、运输距离或方式的改变及因规格不同而代换使用等原因发生的价差。

c. 在项目主管部门组织竣（交）工验收时，验收委员会（或小组）为鉴定工程质量必须开挖和修复隐蔽工程的费用。

②基本预备费以建筑安装工程费、土地使用及拆迁补偿费、工程建设其他费之和为基数，按下列费率计算：

a. 设计概算按5%计列。

b. 修正概算按4%计列。

c. 施工图预算按8%计列。

2）价差预备费。价差预备费是指设计文件编制年至工程交工年期间，建筑安装工程费用的人工费、材料费、设备费、施工机械使用费、措施费、企业管理费等由于政策、价格变化可能发生上浮而预留的费用，以及外资贷款汇率变动部分的费用。

①计算方法：价差预备费以建筑安装工程费用总额为基数，按设计文件编制年始至建设项目工程交工年终的年数和年工程造价增涨率计算。其计算公式见式（2-3）。

$$价差预备费=P\times[(1+i)^{n-1}-1] \tag{2-3}$$

式中 P——建筑安装工程费总额（元）；

i——年工程造价增涨率（%）；

n——设计文件编制年至建设项目开工年+建设项目建设期限（年）。

②年工程造价增涨率按有关部门公布的工程投资价格指数计算。

③设计文件编制至工程交工在1年以内的工程，不列此项费用。

（5）建设期贷款利息。建设期贷款利息是指工程项目使用的贷款部分在建设期内应计取的贷款利息。其包括各种金融机构贷款、建设债券和外汇贷款等利息。

利息计算方法是根据不同的资金来源分年度投资计算所需支付的利息。其计算公式见式（2-4）。

$$建设期贷款利息=\sum(上年末付息贷款本息累计+本年度付息贷款额\div 2)\times 年利率 \tag{2-4}$$

2. 费用计算程序及计算方式

公路工程建设项目各项费用计算程序及计算方式见表2-1。

表 2-1　公路工程建设项目各项费用计算程序及计算方式

序号	项目	说明及计算式
(一)	定额直接费	∑人工消耗量×人工基价+∑(材料消耗量×材料基价+机械台班消耗量×机械台班单价)
(二)	定额设备购置费	∑设备购置数量×设备基价
(三)	直接费	∑人工消耗量×人工单价+∑(材料消耗量×材料预算单价+机械台班消耗量×机械台班预算单价)
(四)	设备购置费	∑设备购置数量×预算单价
(五)	措施费	(一)×施工辅助费费率+定额人工费与定额施工机械使用费之和×其余措施费综合费率
(六)	企业管理费	(一)×企业管理费综合费率
(七)	规费	各类工程人工费(含施工机械人工费)×规费综合费率
(八)	利润	[(一)+(五)+(六)]×利润率
(九)	税金	[(三)+(四)+(五)+(六)+(七)+(八)]×10%
(十)	专项费用	
	施工场地建设费	[(一)+(五)+(六)+(七)+(八)+(九)]×累进费率
	安全生产费	建筑安装工程费(不含安全生产费本身)×(≥1.5%)
(十一)	定额建筑安装工程费	(一)+(二)×40%+(五)+(六)+(七)+(八)+(九)+(十)
(十二)	建筑安装工程费	(三)+(四)+(五)+(六)+(七)+(八)+(九)+(十)
(十三)	土地使用及拆迁补偿费	按规定计算
(十四)	工程建设其他费	
	建设项目管理费	
	建设单位(业主)管理费	(十一)×累进费率
	建设项目信息化费	(十一)×累进费率
	工程监理费	(十一)×累进费率
	设计文件审查费	(十一)×累进费率
	竣(交)工验收试验检测费	按规定计算
	研究试验费	
	建设项目前期工作费	(十一)×累进费率
	专项评价(估)费	按规定计算
	联合试运转费	(十一)×累进费率

续表

序号	项目	说明及计算式
	生产准备费	
	工器具购置费	按规定计算
	办公和生活家具购置费	按规定计算
	生产人员培训费	按规定计算
	应急保通设备购置费	
	工程保通管理费	按规定计算
	工程保险费	[(十二)-(四)]×费率
	其他相关费用	
(十五)	预备费	
	基本预备费	[(十二)+(十三)+(十四)]×费率
	价差预备费	(十二)×费率
(十六)	建设期贷款利息	按实际贷款额度及利率计算
(十七)	公路基本造价	(十二)+(十三)+(十四)+(十五)+(十六)

2.2 施工图预算编制

2.2.1 施工图预算编制依据与文件组成

公路工程概、预算的作用和要求虽然不同，但其编制程序和方法基本上是相同的，主要是由编制办法和概、预算定额决定。

1. 施工图预算编制依据

施工图预算编制依据应包括以下内容：

(1)国家发布的有关法律、法规等。

(2)《公路工程建设项目概算预算编制办法》(JTG 3830—2018)、《公路工程预算定额》(JTG/T 3832—2018)、《公路工程机械台班费用定额》(JTG/T 3833—2018)。

微课：施工图预算编制依据

(3)工程所在地省级交通运输主管部门发布的补充规定和定额等。

(4)批准的初步设计文件(或技术设计文件，若有)等有关资料。

(5)施工图设计图纸等设计文件、工程施工方案(含施工组织设计)。

(6)工程所在地的人工、材料与设备、施工机械价格等。

(7)工程施工方案(含施工组织设计)。

(8)有关合同、协议等。

(9)其他有关资料。

2. 施工图预算文件组成

施工图预算文件应由封面、扉页、目录、编制说明及表格文件组成。

(1)封面、扉页和目录。封面和扉页按《公路工程基本建设项目设计文件编制办法》中的规定制作，扉页的次页和目录应有建设项目名称，编制单位，编制、复核人员姓名并加盖执业(从业)资格印章，编制日期及第几页共几页等内容。目录应按预算表的表号顺序编排。

(2)编制说明。编制说明文字力求简明扼要，应包括以下几项内容：

1)建设项目设计文件的依据。

2)编制范围、工程概况等。

3)采用的定额、费用标准，人工、材料与设备、施工机械台班预算单价的依据或来源，新增工艺的单价分析等。

微课：施工图预算文件组成

4)有关的协议书、会议纪要的主要内容。

5)概、预算总金领，人工、钢材、水泥、沥青等的总量。

6)各设计方案的经济比较。

7)项目综合经济技术指标统计，对比分析本阶段与上阶段工程数量、造价的变化情况。

8)其他有关费用计算项及计价依据的说明。

9)采用的公路工程造价软件名称及版本号。

10)其他需要说明的问题。

(3)表格文件。预算文件可按不同的需要分为甲、乙组文件，并应符合下列规定：

1)甲组文件为各项费用计算表，乙组文件为建筑安装工程费各项基础数据计算表。甲、乙组文件应按现行《公路工程基本建设项目设计文件编制办法》中关于设计文件报送份数的要求，随设计文件一并报送，并同时提交可计算的造价电子数据文件和新工艺单价分析的详细资料。

2)乙组文件中的“分项工程预算表”(21-2 表)可只提交电子版，或按需要提交纸质版。

3)概、预算应按一个建设项目[如一条路线或一座独立大(中)桥、隧道]进行编制。当一个建设项目需要分段或分部编制时，应根据需要分别编制但必须汇总编制“总预算汇总表”。

4)甲、乙组文件包括的内容如下：

①甲组文件：

a. 编制说明。

b. 前后阶段费用对比表。

c. 建设项目属性及技术经济信息表(00 表)。

d. 总概(预)算汇总表(01-1 表)。

e. 总概(预)算人工、主要材料、施工机械台班数量汇总表(02-1 表)。

f. 总概(预)算表(01 表)。

g. 人工、主要材料、施工机械台班数量汇总表(02 表)。

h. 建筑安装工程费计算表(03 表)。

i. 综合费率计算表(04 表)。

j. 综合费用计算表(04-1 表)。

k. 设备费计算表(05 表)。

l. 专项费用计算表(06 表)。

m. 土地使用及拆迁补偿费计算表(07 表)。

n. 工程建设其他费计算表(08 表)。

o. 人工、材料、施工机械台班单价汇总表(09 表)。

②乙组文件。

a. 分项工程概(预)算计算数据表(21-1 表)。

b. 分项工程概(预)算表(21-2 表)。

c. 材料预算单价计算表(22 表)。

d. 自采材料料场价格计算表(23-1 表)。

e. 材料自办运输单位运费计算表(23-2 表)。

f. 施工机械台班单价计算表(24 表)。

g. 辅助生产人工、材料、施工机械台班单位数量表(25 表)。

5)各种表格的计算顺序和相互关系如图 2-2 所示。

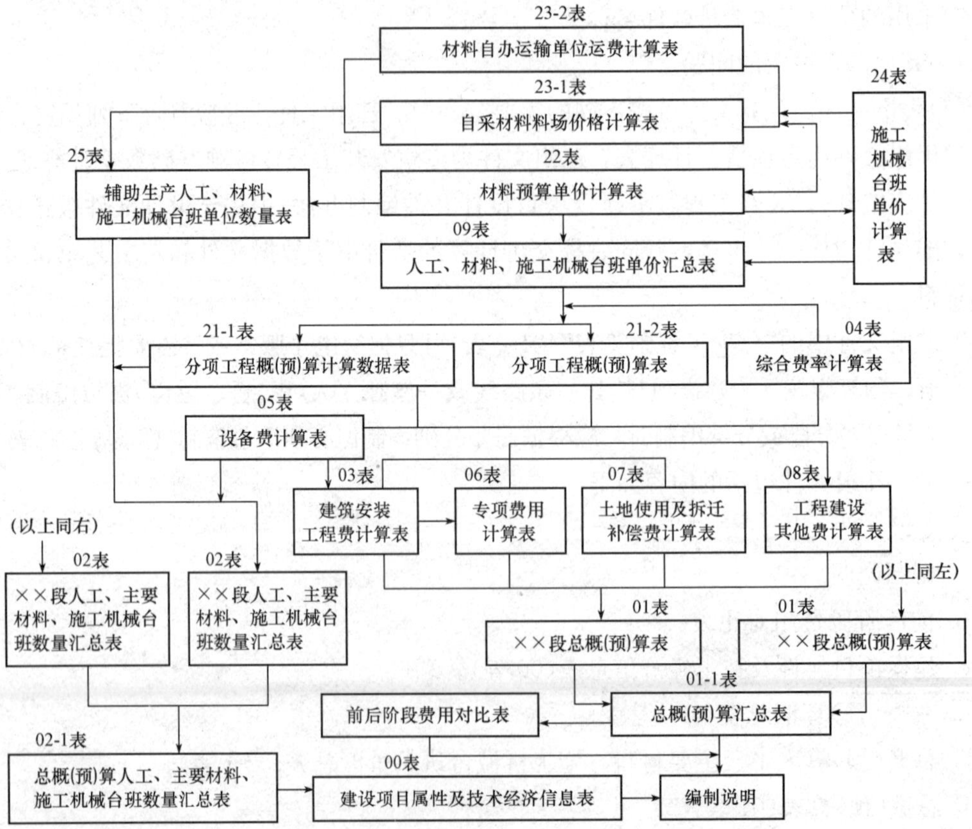

图 2-2　各种表格的计算顺序和相互关系

2.2.2 施工图预算编制流程

施工图预算文件的编制是一项十分严肃的工作，编制质量的高低及各项计算的准确与否直接关系着国家的经济利益。为了确保概、预算文件的编制质量，必须根据工程概、预算内在的规律和国家的有关规定，按一定的步骤进行。

微课：施工图预算编制流程

1. 熟悉设计图纸和资料

编制施工图预算等文件前应对施工图设计内容进行检查和整理，认真阅读和核对设计图纸及有关表格，如工程一览表、工程数量表等，当图纸中所用材料规格或要求不清时，要核对查实。对外业调查资料应进行分析，若有不明确或不全的部分，应另行调查，以保证预算的准确和合理。

2. 准备预算资料

预算资料包括编制办法、定额和有关文件等。在编制预算前，应将有关文件如《公路工程基本建设项目设计文件编制办法》、《公路工程基本建设项目概算预算编制办法》(JTG 3830—2018)，以及地方和中央的有关文件准备好，同时，也应将定额如《公路工程预算定额》(JTG/T 3832—2018)及各类补充定额等准备齐全。

3. 研究分析外业调查资料及施工组织设计文件

(1)预算调查资料分析。预算资料的调查工作是一项关系到预算文件质量的基础工作，一般在公路工程外业勘察时同时进行。调查的内容很广，原则上凡对施工生产有影响的一切因素都必须调查，主要是筑路材料的来源(沿线料场及有无自采材料)，材料运输方式及运距，运费标准，占用工地的补偿费、安置费及拆迁补偿费，沿线可利用房屋及劳动力供应情况等。对这些调查资料应进行分析，若有不明确或不全的部分，应另行调查，以保证预算的准确和合理。

(2)施工组织设计文件的分析。对于相应设计阶段配套的施工组织设计文件(尤其是施工方案)应认真分析其可行性、合理性、经济性。因为施工方案将直接影响概、预算金额的高低和定额的查用，所以编制预算时，重点应对施工方案进行认真分析，例如施工方法是否经济、施工机械是否根据施工方法进行选配等。

施工组织设计是建设项目实施的指导性文件，分析研究，慎重考虑其对工程造价的影响，是施工图预算编制程序中的一个关键环节。当前公路建设多实行招标承包施工，高等级公路规模大，投资多，招标工程应考虑承包商的施工能力和工期安排，一个标段一般以10～25 km为宜。标段的划分还需要考虑市、县行政区划的分界点。因为一般征地拆迁都是由当地政府包干，有关的政策都要通过当地政府才能实施，施工中出现的矛盾和纠纷都得依靠当地政府出面协调解决，所以发挥地方的积极性是不可忽视的一个因素。路线中的特大桥梁、技术复杂的大型桥梁、大型的互通式立体交叉，根据需要可以单独编制施工图预算作为一个标段，以便于实行专业化施工，以及施工管理和保证施工工期。互通式立体交叉无论是否单独编制施工图预算，习惯将交叉范围内的主线工程编入互通式立体交叉内，也就是将主线的加(减)速车道起、终点范围主线工程列入互通式立体交叉。

4. 分项

公路工程施工图预算是以分项工程概、预算表为基础计算和汇总来的，所以，工程分项是概、预算工作中的一项重要基础工作。一般公路工程分项时必须满足以下三个方面的要求：

(1)按照概、预算项目表的要求分项，这是基本要求，概、预算项目表实质上是将一个复杂的建设项目分解成许多分项工程的一种科学划分方法。

(2)符合定额项目表的要求。定额项目表示定额的主题内容，分项后的分项工程必须能够在定额项目表中直接查询。

(3)符合费率的要求。措施费是按不同工程类别确定的费率定额，因此，所分的项目应满足其要求。

5. 计算工程量

在编制概、预算时，应对各分项工程量按工程量计算原则进行计算。一是对设计中已有的工程量进行核对；二是对设计文件中缺少或未列的工程量进行补充计算，计算时应注意计算单位和计算规则与定额的计量单位及计算规则一致。

6. 查定额

预算定额就是以分项工程为对象，统一规定完成一定计量单位分项工程所需的人工、材料、机械台班消耗数量。分项工程是按照选用的施工方法，所使用的材料、结构构件规格等因素划分。经较为简单的施工过程就能完成，以适当的计量单位就可以计算工程量及其单价的建筑安装工程产品，是建设项目最基本的组成要素。

7. 编制人工、材料、机械台班预算价格

编制人工、材料、机械台班预算价格应按概、预算编制办法所规定的计算表格的内容和要求，完成下列各项计算工作：

(1)人工费单价的分析取定。

(2)机械台班单价计算。

(3)自采材料料场单价计算。

(4)材料预算单价计算。

(5)人工、材料、机械台班单价汇总。

(6)辅助生产人工、材料、机械台班单位数量计算。

人工预算单价依据各省补充文件规定计算，材料预算单价依据编制办法和当地市场价格综合计算，施工机械预算单价依据编制办法和《公路工程机械台班费用定额》(JTG/T 3833—2018)计算。

8. 确定各种费率的取费标准，各项费用计算

各项费用计算先后顺序和计算方法如图 2-1 所示。

9. 编写预算说明

预算表格编制完成后，必须编制概、预算说明，主要说明预算编制依据，工程总造价的货币和实物量指标，以及其他与预算有关但不能在表格中反映的事项。

2.2.3 施工图预算编制实例

工程造价是工程项目投资及建筑工程市场竞争的重要因素。随着经济体制由计划经济向市场经济的转化，公路、桥梁工程概算、预算、估算已日益被重视，各企业对编制概算、预算、估算人才的需要和培养也非常迫切。利用该软件不仅能将概、预算编制人员从大量烦琐的计算、抄写、校核工作中解放出来，而且又能快速、准确、完整、高质量地将概预算文件编制出来。在现代化管理的当今世界，时间就是效益，利用这种现代化的工具和工作方法显得尤为重要。

公路造价软件系统随着我国现行的交通运输部颁定额及各省、市、自治区的有关补充规定进行设计和更新。设计依据主要有以下几项：

(1)《公路工程概算定额》(JTG/T 3831—2018)、《公路工程预算定额》(JTG/T 3832—2018)。

(2)《公路工程基本建设项目概算预算编制办法》(JTG 3830—2018)。

(3)《公路工程估算指标》(JTG/T 3821—2018)、《公路工程建设项目投资估算编制办法》(JTG 3820—2018)。

(4)《公路工程机械台班费用定额》(JTG/T 3833—2018)。

(5)软件开发时已充分考虑到我国各省、市、自治区的实际情况，各省、市、自治区交通厅(局)公布的《公路基本建设工程概算、预算编制办法的补充规定》，编制人员可结合本省、市、自治区的规定将概、预算数据输入程序中随时修改、使用。

(6)随着科学技术的不断进步，新工艺、新技术的施工方法被广泛地应用于工程中，编制人员可以将相应的各种补充定额输入程序中并可成为估算指标概算定额和预算定额的部分，可一起使用。

公路工程造价软件众多，如同望 WECOST、纵横等公路造价软件系统，但其编制流程大致相同，如图 2-3 所示。

微课：概预算软件操作流程

实践操作案例：

第一步，新建项目文件和造价文件。

需要编制哪个项目的造价文件，则需要先建立这样的建设项目文件。建设项目文件名称一般以建设项目的名称命名。造价文件一般以编制范围命名。

打开软件后分别新建“建设项目”“造价文件”，在对话框里输入相应内容，并在右侧的“基本信息”栏内填写属性值。

第二步，确定费率。

工程费率主要是指公路工程的措施费、企业管理费、规费等，详见《公路工程建设项目概算预算编制办法》(JTG 3830—2018)。

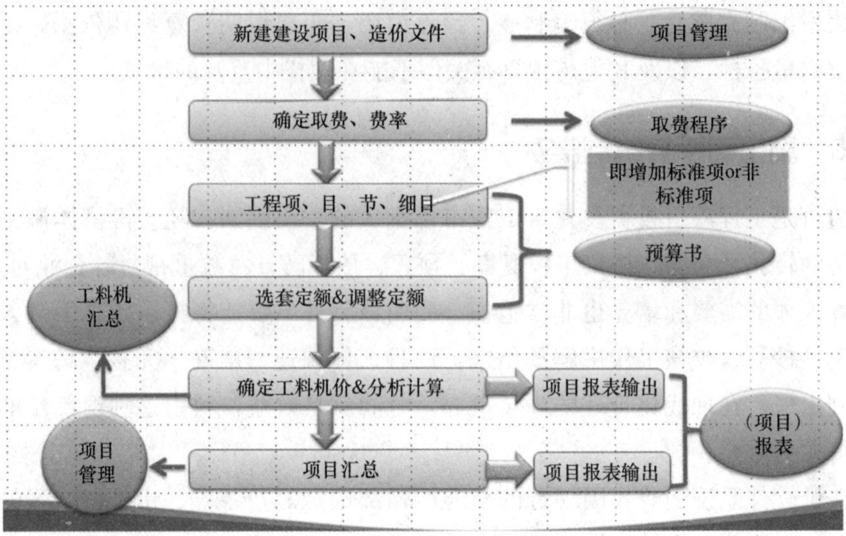

图 2-3 公路工程造价软件编制流程

单击主窗口中的“取费程序”按钮，根据标准的“工程参数”取用默认的费率。

第三步，建立项目表(项目表建立完成后，应输入各项目的工程量)。

即划分该造价文件的项目组成结构，一般按部颁标准项目表进行划分，根据工程项目的规模不同，项目表的划分可粗可细。

(1)单击“预算书”按钮，在界面右侧的“标准项模板”中选择项目即可。需要添加哪个项目，只需要双击该项目名称，也可通过单击鼠标右键菜单中的“选择”按钮添加。

(2)对于标准项目表中没有的项目，可以通过单击鼠标右键菜单中的“增加”按钮逐个补充。

看结构层次是否正确，如需要调整次序，即提升到上一级或下降到下一级，或前后位置改变，可以选中需要调整的项目，再单击工具栏上(或单击鼠标右键)的→(升级)、←(降级)、↑(上移)、↓(下移)方向按钮来调整。如要删除某项目，直接按鼠标菜单中的“删除”即可。

第四步，套定额、输入定额工程量、定额调整及数量乘单价(计算第一部分建筑安装工程费)。

单击界面右侧的“定额库”按钮，在相应章中找到需要选择的定额后，双击定额名称就选中了该定额，也可通过单击鼠标右键菜单中的“选择”按钮添加，还可以通过直接输入定额号、复制定额等操作完成。

选择定额后在界面右下方有“定额调整”图标，可根据需要调整定额。

定额工程量为所选定额中的工程量，当“分项单位”不等于“定额单位”时，请手动输入定额工程量。

第五步，确定工料机预算单价。

(1)单击屏幕“工料机汇总”，可切换到工料机预算单价状态。

(2)人工预算单价：直接在“预算单价”栏中输入。

(3)材料预算价。材料预算价是指材料运达工地中心仓库的出库价格。其由原价、运费、场外运输损耗费、采购及保管费组成。材料预算价＝(原价＋运费)×(1＋场外运输损耗率)×(1＋采购及保管费费率)。其中，运费＝(运距×运价＋装卸费＋杂费)×单位重×毛重系数。原价又称供应价、购买价、出厂价。对自采材料而言，称为料场价。

(1)当已知材料预算单价时，材料预算单价也可直接在“预算单价”栏中输入。

(2)当不能直接知道材料预算单价时，需要通过计算得到。

第六步，计算其他费用(输入计算公式或数量单价)。

例如，土地补偿费 50×60 000(亩×单价)。

第七步，报表输出。

单击主窗口中的“报表”按钮，想打哪个报表，只需要选中该报表，再单击“打印”按钮即可。还可对报表进行格式设置。

2.3　设计阶段造价控制手段

微课：设计阶段造价控制手段

如何合理确定和有效控制工程造价，是公路工程项目建设的一大难题，在公路建设的各阶段，都应采取不同的措施和手段进行造价控制，最为重要的环节在设计阶段，即概、预算编制阶段。

1. 概、预算的重要性

(1)概、预算的联系。概算可分为初步设计概算和技术设计修正概算两种。初步设计概算是在初步设计阶段，由设计单位根据设计图纸、概算定额、编制办法等资料，计算和确定建设项目从筹建至竣工验收的全部建设费用的经济文件；技术设计修正概算是在批准的初步设计概算文件基础上，对初步设计所规定的技术方案和施工方案做出进一步的修改，补充必要的资料，以提出的修正工程量为依据来编制的经济文件。施工图预算是由设计单位在施工图完成后，根据施工图设计、预算定额、编制办法、地区人工、材料、机械等预算价格编制的反映工程造价的经济文件。

(2)概、预算对投资的影响。设计概算是设计文件的重要组成部分，是国家确定和控制公路基本建设投资的最高限额。建设项目的总概算一经批准，其随后几个阶段的造价不能随意突破；施工图预算是考核施工图设计经济合理性的依据，对于进行施工图招标的工程项目，其也是编制工程标底的依据。施工图预算应控制在设计概算确定的造价之内，不得超过设计概算。有资料显示：初步设计阶段影响工程造价的可能性为70%左右；施工图设计阶段影响工程造价的可能性为30%左右；而在施工阶段，影响工程投资的可能性在20%以下。由此可以看出，控制工程造价的关键在于设计阶段。只有在设计阶段进行优化和有效的调整，才能控制工程造价，从而达到节约投资的目的。

(3)设计文件中常出现的问题。初步设计深度不够，某些设计文件粗糙，工程数量不对应等，通常导致预算超概算，最终无法控制项目的总投资。所以，只有在设计阶段(无论是几阶段设计)把好设计质量关，才能编制出合适的造价，才有利于在实施过程中更有效地控制工程的费用。

2. 设计阶段控制造价的主要措施

(1)限额设计。限额设计就是按照批准的设计任务书和投资估算来控制初步设计，按照批准的初步设计总概算控制施工图设计，同时，各专业在保证达到使用功能的前提下，按分配的投资限额控制设计，严格控制技术和施工图设计的不合理变更，保证总投资额不被突破。限额设计并不是一味地考虑节约投资，也绝不是简单地将投资砍一刀，而是包含了尊重科学，尊重实际，实事求是，精心设计和保证设计科学性的实际内容。投资分解和工程量控制是实行限额设计的有效途径和主要方法。

(2)团队合作。设计是集体劳动的成果，组建一个优秀的设计团队是很重要的。公路工程结构复杂，项目多，无论是路基、路面、桥涵、隧道、交叉，都需要具备很强的专业知识和技能，只有将各个部分的设计都做到细致，才能保证整个设计的完整性。概、预算是最终反映造价的直接成果，但在做概、预算的过程中，概、预算设计人员需要与各块体设计人员进行密切的联系，有疑问及时沟通和解决，这样才能保证设计文件的质量，造价才能更准确。团结协作，才能做出好的设计成果。

(3)提高设计质量。为了避免施工阶段不必要的修改，避免费用的增加，从而增加工程造价，应将设计尽量做得详细、做到能满足施工的深度。有的业主往往为了赶工期、压低设计费，设计阶段的造价没有控制好，方案估算、设计概算没有或者不符合规定、质量不高，结果在施工阶段为造价控制带来困难。设计质量对整个工程建设的效益是至关重要的，促进施工质量的提高，加快施工进度，对降低工程成本也是大有益处。

(4)设计变更管理。设计变更不可避免，但要加强对设计变更的管理。设计变更包含设计工作本身的漏项、错误或其他原因的修改和补充原设计的技术资料，以及建设单位提出的变更要求。设计变更是工程变更的一部分，关系到进度、质量和投资控制，设计变更应尽可能提前，变更发现得越早损失越小；反之越大。

2.4 图纸工程量的核算

2.4.1 核算的内容及程序

图纸工程量的核算，一是对设计中已有的工程量进行核对；二是对设计文件中缺少或未列的工程量进行补充计算，计算时应注意计算单位和计算规则与定额的计量单位及计算规则一致。

1. 熟悉图纸

设计图纸是计算工程量的主要依据，全面熟悉设计图纸资料，是快、准、全地编制概、预算的前提条件。对于概、预算的编制，无论采用手工，或是应用计算机软件操作，熟悉设计图纸资料，核对主要工程量，都是必需的。施工图预算所需要熟悉的图纸资料是施工图设计图纸资料。

在核对施工图设计图纸主要工程量的时候应该注意以下事项：

(1)按照《公路工程基本建设项目设计文件编制办法》规定，对建设项目所必需的图表资料进行清点，避免漏项；

(2)核对设计图表所反映的工程量是否一致，图表的文字说明是否存在矛盾，若有矛盾，应与设计人员沟通，及时纠正；

(3)核对各种设计工程量的分部分项工程名称、计量单位是否与定额标准相符，若不相符，应当调整、统一；

(4)对造价影响较大的关键工程的工程量，必要时应进行复核。

2. 列项

概、预算项目应按项目表的序列及内容编制。当实际出现的工程和费用项目与项目表的内容不完全相符时，第一、二、三、四、五部分和“项”的序号、内容应保留不变，项目表中的“项”以下的分项在引用时应保持序号、内容不变，缺少的分项内容可随需要就近增加，并按项目表的顺序以实际出现的级别依次排列，不保留缺少的“项”以下的项目序号。

概、预算项目表详细内容见《公路工程建设项目概算预算编制办法》(JTG 3830—2018)附录B。

第一部分　建筑安装工程费

第一项　临时工程

第二项　路基工程

第三项　路面工程

第四项　桥梁涵洞工程

第五项　隧道工程

第六项　交叉工程

第七项　交通工程及沿线设施

第八项　绿化及环境保护工程

第九项　其他工程

第十项　专项费用

1. 施工场地建设费

2. 安全生产费

第二部分　土地使用及拆迁补偿费

第三部分　工程建设其他费

第四部分　预备费

第五部分　建设期贷款利息

分项编号由部(1位数)、项(2位数)、目(2位数)、节(2位数)、细目(2位数)组成，以部、项、目、节、细目等依次逐层展开，概、预算分项编号详见《公路工程建设项目概算预算编制办法》(JTG 3830—2018)附录 B。

3. 工程量的摘取

在熟悉施工图设计图纸和核对工程量的基础上，已经确定了建设项目的路线项目表，接下来的工作，就是如何正确从设计图表中摘取作为计价基础资料的工程量，这也是编制施工图预算的关键。

正确摘取工程量，做到不重复、不漏项，才能保证编制质量。

施工图预算的计价工程量的摘取是由预算定额项目决定的。预算定额中的工程量计算规则，是指按分部分项工程界定的预算定额标准单位所包含的施工工艺内容，也就是从施工图设计图表资料上去摘取工程量的规则。例如，预算定额中的人工开挖普通土，是以天然密实体积为计量单位，包括挖、装、卸及一定范围内的运输的全部工序。若是填方，预算定额中是以压实方为标准，在摘取工程量时要以压实方计量，如果设计图表是天然密实方，则需要换算成压实方。

以下分别就路基、路面、桥涵、沿线设施等工程介绍主要工程量的计算和摘取。

(1)路基工程。

1)路基土石方按施工难易分类，应按照土石类别分别计算工程量。

2)土石方体积计算，要考虑天然密实方与压实方之间的换算系数，并且要熟悉相互之间的换算关系。

$$设计断面方=挖方(天然密实方)+填方(压实方) \tag{2-5}$$

$$\begin{aligned}计价方&=挖方(天然密实方)+填方(压实方)-利用方(压实方)\\&=挖方(天然密实方)+借方(压实方)\end{aligned} \tag{2-6}$$

$$借方=填方(压实方)-利用方(压实方) \tag{2-7}$$

$$弃方=挖方(天然密实方)-利用方(天然密实方) \tag{2-8}$$

3)其他应计入路基土、石方中的工程数量。

①清除表土数量按施工组织设计并入路基填方数量内计算。

②零填方地段的基底压实、耕地填前夯(压)实后，回填至原地面高程所需的土、石方数量并入路基填方数量内计算。

③因路基沉陷需增加填筑的土、石方数量并入路基填方数量内计算。

④为保证路基边缘的压实度须加宽填筑时，所需的土石方数量，应由设计根据具体情况计算加宽填筑数量，这部分数量应并入路基填方数量内。

⑤人工挖运土方、人工开炸石方、机械打眼开炸石方等定额中已包括开挖边沟的工、料、机消耗数量，因此，开挖边沟的工程数量不再单独计量，并入到路基土、石方数量内计算。

4)抛坍爆破的工程数量，按抛坍爆破设计计算；抛坍爆破的石方清运工程量应按设计数量乘以(1－抛坍率)计算。

5)袋装砂井及塑料排水板处理软土地基，其工程量为设计深度，砂及砂袋不单独计量，不计预留长度。

6)土工布的铺设面积按设计图所示尺寸，以净面积计算锚固沟外边缘所保卫的面积，包括锚固沟的底面积和侧面积。不计入按规范要求的搭接卷边部分。

7)粉喷桩、振冲碎石桩的工程量均为设计桩长。

8)整修边坡的工程量，按公路路基长度计算。

9)挖截水沟、排水沟的工程量为设计水沟断面积乘以水沟长度与水沟圬工体积之和。

10)零填及挖方地段路基基底压实面积等于路槽底面宽度和长度的乘积。

路基工程是公路的基础，在摘取路基工程量时，应注意以下事项：

1)路基土、石方的开挖工作，是按工作难易程度，将土壤和岩石分为松土、普通土、硬土、软石、次坚石、坚石六类。而土石方的运输和压实则只分为土方和石方两项，并均以 m^3 为计量单位。所以，应注意按土石类别或土方和石方分别摘取工程量，以利于套用定额进行计价。

2)路基土、石方的开挖、装卸、运输是按天然密实体积(m^3)计算，填方则是按压(夯)实后的体积(m^3)计算。当移挖作填或借土填筑路堤时，应考虑定额中所规定的压实系数因素，即采用天然密实方为计量单位的定额乘以规定的压实系数进行计价。

3)施工机具存在一个经济运距的问题，如推土机推移土石方的经济距离：中型推土机一般为 50～100 m，若超过经济运距是很不经济的；而汽车的运距若小于 500 m，也难以发挥汽车运输的优势。所以，为了合理确定路基土石方的运输费用，同时考虑到公路路基土、石方的施工又是以推土机为主的情况下，在摘取土石方的增运数量时，应考虑不同机械类型及其经济运距，从路基土石方数量计算表上按不同运距摘取其数量和运量，进行统计和汇总并计算出平均运距，以此作为土石方运输计价的依据。

4)路基排水及防护工程，是构成路基工程费用的一个项目，在编制施工图预算时，除挖基、排水应按实计价外，还应按不同结构形式和部位进行计价。如石砌挡土墙可分为片石、块石等，还可分为基础、墙身等不同部位。

5)软土地基处理的工程量摘取，注意当采用砂石或碎石等材料作为垫层时，要核查设计图表资料是否已扣减相应的路基填方数量，以免重复计价。

6)在取定填方数量时，要根据建设工程的实际情况，结合施工计划的安排，如填土最佳含水量要求、在干旱季节施工的质量等，据以确定需要洒水的数量。

7)在公路建设中，通常在计算路基土石方数量时，不扣除涵洞和通道所占路基土石方的体积。而高等级公路一般修建这类工程较多，相对而言，就显得突出，故应结合建设工程的实际情况，适当扣减路基填方数量。

【例 2-2】 ××高速公路路基土、石方工程，计有挖土方 3 000 000 m^3，其中松土 500 000 m^3，普通土 1 500 000 m^3，硬土 1 000 000 m^3。利用开挖土方作填方用计天然密实方松土 300 000 m^3，普通土 1 000 000 m^3，硬土 500 000 m^3。开炸石方计 1 000 000 m^3，利用开炸石方作填方用计天然密实方 300 000 m^3，填方计压实方 4 000 000 m^3。

问题： 1. 计算路基设计断面方数量；

2. 计算计价方数量；

3. 计算利用方数量(压实方)；

4. 计算借方数量(压实方)；

5. 计算弃方数量。

解题思路：本案例主要考核关于土、石方数量的几个概念性的问题，以及相互之间的关系，天然密实方与压实方之间的关系等。

解：

1. 路基设计断面方数量：3 000 000＋1 000 000＋4 000 000＝8 000 000(m^3)。

2. 计价方数量：8 000 000－(300 000÷1.23＋1 000 000÷1.16＋500 000÷1.09＋300 000÷0.92)＝6 109 226(m^3)。

3. 利用方数量：300 000÷1.23＋1 000 000÷1.16＋500 000÷1.09＋300 000÷0.92＝1 890 774(m^3)。

4. 借方数量：4 000 000－1 890 774＝2 109 226(m^3)。

5. 弃方数量：3 000 000＋1 000 000－(300 000＋1 000 000＋500 000＋300 000)＝1 900 000 (m^3)。

(2)路面工程。路面工程数量计算的内容主要包括垫层、底基层、基层、沥青混凝土面层、水泥混凝土面层、其他面层、透层、黏层、路面排水、路面其他工程。

在《公路工程预算定额》(JTG/T 3832—2018)中，对路面工程量的计算方法，已做了说明。具体计量时主要应注意以下问题：

1)路面实体的计量单位：路面工程量除沥青混合料路面以路面实体体积即按路面设计面积乘以压实厚度计算，以 m^3 为计量单位外，基于路面均以顶面面积计算，以 m^2 为计量单位。

2)根据设计要求，泥结碎石及级配碎、砾石路面，应加铺磨耗层及保护层，编制预算时要单独计量。

3)预算定额对路面压实厚度的规定如下：

①各类稳定土基层压实厚度在 15 cm 以内；

②级配碎石、级配砾石路面压实厚度在 15 cm 以内；

③填隙碎石一层的压实厚度在 12 cm 以内；

④垫层和其他种类的基层压实厚度在 20 cm 以内；

⑤面层的压实厚度在 15 cm 以内。

当路面实际设计厚度超过定额规定厚度，且采用分层拌和、碾压时，拖拉机、平地机、压路机台班定额数量应加倍计算，每 1 000 m^2 增加 3.0 工日。

在路面工程中，除沥青混合料路面以实体为计量单位外，其余均以路面设计面积计算，不过其中有些计价资料要根据建设工程的实际情况和施工组织设计的要求摘取，它们在设计图表资料上是不反映的。因此在摘取工程量时，还应注意以下有关问题：

1)首先要了解开挖的路槽废方，在计算路基土石方数量时，是否做了综合平衡调配，原则上不应产生在某一地段一面进行借土填筑路堤，一面又产生大量废方需远运处理的不合理现象。若路槽废方确需远运处理，则应确定弃土场的地点及其平均运距。其次应根据路基横断面和沿线路基土石方成分确定挖路槽的土石面积，不应以路基土石方的比例作为划分的依据。

2)要根据施工组织设计或标段划分，结合该地区现有拌合设备的生产能力，综合考虑临时用地、材料和混合料的运输费用等，合理确定拌合站的地点和面积、需要安拆的拌合设备的型号，并据此计算出混合料的平均运距。

3)手册中的水泥、石灰稳定类基层定额，其水泥或石灰与其他材料是按某一标准的配合比编制的，但考虑到各地水文、地质、气候等情况差异大，建设工程的技术要求不同，其配合比就可能不同。因此，特规定了材料消耗量的换算公式，故在摘取工程量时要注意设计配合比是否与定额规定一致，以便进行调整。

当配合比不同时，有关材料的换算公式：

$$C_i=[C_d+B_d\times(H-H_0)]\times L_i/L_d \tag{2-9}$$

式中 C_i——按设计配合比换算后的材料数量；

C_d——定额中基本压实厚度的材料数量；

B_d——定额中压实厚度每增减 1 cm 的材料数量；

H_1——设计的压实厚度；

H_0——定额的基本压实厚度；

L_i——设计配合比的材料百分率；

L_d——定额中标明的材料百分率。

4)在预算定额中，有透层、黏层定额，一般在完工的基层上应洒布透层油，再进行沥青混合料的铺筑工程。当在旧沥青路面上或水泥混凝土路面上时应洒布黏层油，在摘取工程量时，不要漏计这些工程内容。

5)编制预算时，还应结合当地砂石料的情况，按实计列泥结碎石及级配碎、砾石路面的磨耗层和保护层工程量。

6)要了解桥梁、涵洞、通道、隧道等工程，凡已计列了桥面铺状的，是否已扣除了桥梁等所占的长度和面积，以免重复计价。

(3)桥涵工程。

1)桥涵结构物均按其实体体积(不包括其中空心部分的体积)计算工程数量。

2)计算钢筋混凝土体积时，其工程量不扣除钢筋所占的体积。

3)桥涵基础工程的工程量计算方法：

①基坑开挖工程量应按基坑容积计算，基坑深度为坑的顶面中心高程至底面的数值。

②基坑挡土板的支挡面积应按坑内需支挡的实际侧面积计算。

③草土、草(麻)袋、竹笼围堰筑岛高度为平均施工水深加 50 cm，长度按围堰中心长度计算。套箱围堰的工程量为套箱金属结构的质量，套箱整体下沉时的悬吊平台的钢结构及

套箱内支撑的钢结构不得作为套箱工程量进行计算。木笼钢丝围堰实体为木笼所包围的体积。

④沉井制作的工程量：对于重力式沉井为设计图纸井壁及隔壁混凝土数量；钢丝网水泥薄壁沉井为刃脚及骨架钢材的重量，但不包括钢丝网的重量；钢壳沉井的工程量为钢材的总质量。

⑤沉井浮运、接高、定位落床定额工程量为沉井刃脚外缘所包围的面积，分节施工的沉井接高的工程量即各节沉井接高工程量之和。

⑥沉井下沉的工程量按沉井刃脚外缘所包围的面积乘刃脚下沉入土深度计算。沉井下沉按土、石所在的不同深度分别采用不同下沉深度的定额计算。定额中的下沉深度是指沉井顶面到作业面的高度。定额中已综合溢流(翻砂)的数量，不得另加工程量。

⑦灌注桩成孔的工程量按设计入土深度计算，孔深是指护筒顶至柱底的深度。灌注桩工作平台的工程量按施工组织设计需要的面积计算。

⑧钢护筒的工程量按护筒的设计质量计算，其中干处埋设计按护筒设计质量的周转摊销量计入定额，不再另行计算；水中埋设按护筒全部设计质量计入定额，可根据设计确定的回收量按规定计算回收金额。设计质量为加工后的成品质量，包括加劲肋及连接用法兰盘等全部钢材的质量。当设计提供不出钢护筒的质量时，可参考表 2-2 的质量进行计算，桩径不同时可内插计算。

表 2-2　护筒质量参考表

桩径/cm	100	120	150	200	250	300	350
护筒单价质量/($kg \cdot m^{-1}$)	267.0	390.0	568.0	919.0	1 504.0	1 961.0	2 576.0

⑨人工挖孔的工程量按护筒(护壁)外缘所包围的面积乘设计孔深计算。

⑩浇筑水下混凝土工程量按设计桩径横断面面积乘设计桩长计算，不得将挖孔因素计入工程量。

4)桥涵工程的上部构造工程量计算方法。

①预制构件的工程量为构件的实体体积(不包括空心部分)。但预应力构件的工程量为构件预制体积与构件端头封锚混凝土的数量之和。

②安装的工程量为安装构件的体积。

③构件安装时为现浇混凝土和砂浆的数量之和。

④预应力钢绞线、预应力精轧螺纹粗钢筋及配锥形锚的预应力钢丝的工程量为锚固长度与工作长度的重量之和。

⑤涵洞拱盔支架、板涵支架以 m^2 为计量单位，支架的水平投影面积数量，即涵洞长度乘以净跨径；桥梁拱盔以 m^2 为计量单位，拱盔的立面积即指起拱线以上的弓形侧面面积。其工程量按公式计算：

$$F=K\times(\text{净跨径})^2 \tag{2-10}$$

K 值按表 2-3 中规定选用。

表 2-3　K 值

拱矢度	1/2	1/2.5	1/3	1/3.5	1/4	1/4.5	1/5	1/5.5	1/6	1/6.5	1/7	1/7.5	1/8	1/9	1/10
K	0.393	0.289	0.241	0.203	0.172	0.154	0.138	0.125	0.113	0.104	0.096	0.090	0.084	0.076	0.067

⑥桥梁支架的立面积为桥梁净跨径乘以高度，拱桥高度为起拱线以下至地面的高度，梁式桥高度为墩、台帽顶至地面的高度，这里的地面指支架地梁的底面。

⑦大型预制构件平面底座（适用于 T 形梁、I 形梁等），每根梁底座面积的工程量按式(2-11)计算：

$$底座面积=(梁长+2.00\ m)\times(梁宽+1.00\ m) \quad (2\text{-}11)$$

曲面底座适用于梁底为曲面的箱形梁（如 T 形刚构），每块梁底座的工程量按式(2-12)计算：

$$底座面积=构件下弧长\times底座实际修建宽度 \quad (2\text{-}12)$$

⑧蒸汽养生室面积按有效面积计算，其工程量按每一养生室安置两片梁，其梁间距离为 0.8 m，并按长度每端增加 1.5 m，宽度每边增加 1.0 m 计算。

【例 2-3】 某大桥桥梁全长为 1 232 m，上部构造为 13×30 m+7×40 m+20×30 m 先简支后连续预应力混凝土（后张法）T 形结构，其中 30 m 预应力混凝土 T 形梁每孔桥 14 片梁，梁高为 1.8 m，梁顶宽为 1.6 m，梁底宽为 4 cm，40 m 预应力混凝土 T 形梁每孔桥 14 片梁，梁高为 2.1 m，梁宽为 1.6 m，梁底宽为 50 cm，上部构造预制安装总工期按 8 个月计算，每片梁预制周期 8 天。

问题：计算预制梁的数量及底座面积。

解：

需要预制的 30 m 跨 T 形梁的数量：(13+20)×14=462(片)。

需要预制的 40 m 跨 T 形梁的数量：7×14=98(片)。

T 形梁的预制安装总工期为 8 个月，考虑到预制与安装存在一定的时差，本题按 1 个月考虑，因此，预制与安装的工期均按 7 个月计算，每片梁预制需要 8 天，故需要底座数为

30 m 跨底座：462×8÷210=17.6(个)，即底座个数应不少于 18 个。

40 m 跨底座：98×8÷210=3.7(个)，即底座个数应不少于 4 个。

底座面积：18×(30+2)×(1.6+1)+4×(40+2)×(1.6+1)=1 934.4(m^2)。

桥涵工程计价的项目比较多，工程量的摘取工作难度也很大，根据实践经验，按照通常的施工顺序摘取工程量，一般比较准确而迅速，也就是说，从挖基开始摘取工程量，然后按照基础、下部和上部以及相应的辅助工程顺序进行，可以使工作程序系统化，避免漏项或重复的错误。

1)开挖基坑。基坑的开挖工作应按土方、石方、深度、干处或湿处等不同情况分别统

计其数量，并结合施工期内河床水位高低合理确定围堰的类别及其数量，基坑排水台班消耗标准，以及必须采取的技术安全措施等，还应了解如挖基废方需要远运处理，原有地形地貌需要修复的情况，应遵循从实际出发，不留隐患的原则，确定其计价数量，将所需费用计入工程造价内，以免造成水土流失，破坏生态环境。

2)基础工程。基础工程有砌石、混凝土、沉井、打桩和灌注桩等多种结构形式。涵洞的基础多采用砌石，桥梁的基础除砌石和混凝土外，还采用灌注桩。

基础砌石和混凝土圬工，常称为天然地基上的基础。砌石基础应按片石、块石分别进行统计汇总，编制预算时，还应注意划分砂浆强度等级。若设计图表上只有砌体总数，考虑基础外缘和分层砌筑等因素，可分别按80%片石、20%块石计价；编制混凝土基础预算时，应按不同强度等级和是否掺用片石分别进行统计汇总。

钻孔灌注桩基础的施工工艺比较复杂，有些工程量要结合建设工程的实际情况和施工组织设计的要求，通过多方分析论证，才能取得有关计价资料。在摘取工程量时，应注意以下有关要求：

①根据工程的地质情况，选定好钻孔机具的型号，以利于定额和确定相应的辅助工程量。

②当在水中采用围堰筑岛填心进行钻孔施工时，可按灌注桩外边缘3.0 m宽左右确定围堰及筑岛填心的工程量。计算埋设护筒数量时，则应视同为“干处”计价。

③在干处埋设护筒，一般可按每个护筒长2.0 m或按设计数量计算；水中埋设护筒可按设计数量计算，若是钢护筒，应按规定计算回收金额。

④在水中进行钻孔时，应计列灌注桩工作平台、泥浆船及其循环系统(如有需要)。

⑤钻孔的土质定额分为八种，并按不同桩径和钻孔深度划分为多项定额标准，故应按照地质钻探资料，对照定额土质种类的规定，分别确定其钻孔的工程量，因钻孔的计量单位以米计，故其钻孔深度应以地表面与设计桩底的深度为准；当在水中采用围堰筑岛填心施工时，则应以围堰的顶面与设计桩底的深度为准。钻孔废渣若需远运处理，应根据弃置场平均运距另行计价。

⑥一般一座墩台的灌注桩基础，只有两根时，可不设置承台，而设计为系梁，这种系梁工程应按承台定额计价。当在陆地(或采用围堰筑岛填心钻孔)进行承台或系梁施工时，应按实际计算挖基数量及其排水和废方的远运处理。

⑦浇筑水下混凝土的工程量，应按设计桩径断面乘以设计桩长计算，不得将扩孔用量计入工程量。当混凝土拌和需设置拌合船(站)时可根据实际情况取定并计算其费用。

3)下部工程。桥梁的下部构造有砌石、现浇混凝土和预制安装混凝土构件等不同结构形式。

①墩台砌石工程的数量，若施工设计图纸上未具体划分片石、块石，台身可按75%的片石、25%的块石，墩身可按60%的片石、40%的块石，取定其工程量，作为编制预算的依据。

②凡是墩台镶面、拱石、帽石、栏杆等采用浆砌混凝土预制块编制预算时，预制块的

预制数量以设计砌体乘以 0.92 的系数作为预制块的计价依据。

③桥台上的路面应归入路面工程内计价。

④编制现浇混凝土方柱式墩(高 30 m 以内)、空心墩(高 40 m 以内)和索塔的预算时，应以每座墩、塔基数确定提升模架和施工电梯的数量，作为计价依据。

4)上部工程。桥梁的上部构造可分为行车道系、桥面铺装和人行道系三个部分，有砌石、现浇混凝土、预制安装混凝土构件、钢桁架和钢索吊桥等不同结构形式。在摘取桥梁工程的计价工程量时，应按行车道、桥面铺装和人行道系的顺序进行，以避免重复和遗漏。

5)涵洞工程。与编制桥梁工程预算相同，要分别按挖地基、基础和上下部工程，以及相应的辅助工程摘取或确定其计价工程量。挖方、废方是否需要处理，也要综合考虑，按实计入工程造价。

6)钢筋工程。桥涵工程的钢筋工程都是与混凝土分开的，其计量单位为吨(t)。定额中的光圆钢筋和带肋钢筋的比例关系，是按一般情况确定的，若与设计图表资料不同，可据实进行调整。编制预算时，应按分部分项工程的要求和光圆钢筋、带肋钢筋分别从设计图表上摘取工程量，作为计价依据。

(4)沿线设施。

1)安全设施计量规则。

①钢筋混凝土防撞护栏中铸铁柱与钢管栏杆按柱与栏杆的总质量计算，预埋螺栓、螺母及垫圈等附件已综合在定额内，不得另行计算。

②波形钢板护栏钢管柱、型钢柱按柱的成品质量计算；波形钢板按波形钢板、端头板(包括端部稳定的锚碇板、夹具、挡板)与撑架的总质量计算，柱帽、固定螺栓、连接螺栓、钢丝绳、螺母及垫圈等附件已综合在定额内，不得另行计算。

③隔离栅中钢管柱按钢管与网框型钢的总质量计算，型钢立柱按柱与斜撑的总质量计算。钢管柱定额中已综合螺栓、螺母、垫圈及柱帽钢板的数量，型钢立柱定额中已综合各种连接件及地锚钢筋的数量，不再另行计算。

④钢板网面积按各网框外边缘所保卫的净面积之和计算。刺钢丝网按刺钢丝的总质量计算；钢丝编织网面积按网高(幅宽)乘以网长计算。

⑤中间带隔离墩上的钢管栏杆与防眩板分别按钢管与钢板的总质量计算。

⑥站台地坪按地坪铺砌的净面积计算，其中路缘石及地坪垫层的数量已综合在定额内，不再另行计算。

2)光缆、电缆敷设计量规则。

①电缆敷设按单根延米计算(如一个架上敷设 3 根各长 100 m 的电缆，工程量应按 300 m 计算，以此类推)。电缆附加及预留的长度是电缆敷设长度的组成部分，应计入电缆工程量之内。电缆进入建筑物预留长度按 2 m 计算，电缆进入沟内或吊架预留长度按 1.5 m 计算，电缆中间接头盒预留长度两端各按 2 m 计算。

②电缆沟盖板、盖按每揭、盖一次以延米计算。又揭又盖，按两次计算。

③用于扩(改)建工程时，所用定额的人工工日乘以 1.35 系数；用于拆除工程时，所用定额的人工工日乘以 0.25 系数。施工单位为配合认证单位验收测试而发生的费用，按定额验证测试子目的工日、仪器仪表台班总用量乘以 0.3 系数计取。

3)监控、收费系统计量规则。

①设备安装定额单位除 LED 显示屏以 m^2 计、系统试运行以系统月计算外，其余均以台或套计。

②计算机系统可靠性、稳定性运行按计算机 24 h 连续计算确定，超过要求时，其费用另行计算。

③收费岛混凝土工程量按岛身、收费亭基础、收费岛敷设穿线钢管水泥混凝土垫层、防撞水泥混凝土基础、配电箱水泥混凝土基础和控制箱水泥混凝土基础体积之和计算。

④收费岛钢筋工程量按收费岛、收费亭基础的钢筋数量之和计算。

⑤设备基础混凝土工程量按设备水泥混凝土基础体积之和计算。

⑥镀锌防撞栏的工程量按镀锌防撞护栏的质量计算。

⑦钢管防撞柱的工程量按钢管防撞柱的质量计算。

⑧配电箱基础预埋 PVC 管的工程量按 PVC 管长度计算。

⑨敷设电线钢套管的工程量按敷设电线钢套管质量计算。

综上所述，计算和摘取编制施工图预算的工程量的工作依据，应包括施工图设计图纸、预算定额、施工组织设计以及计算和摘取工程量的程序和方法，这些组成部分互相联系，在编制施工图预算时，应充分理解和认识它们之间的相互关系，以确保施工图预算的编制质量。编制其他造价文件时也应注意。

2.4.2 实践核算

本节为实践教学，根据教师提供的图纸资料和案例讲解进行工程量的分析和核算。详见附录一(附表 1-1～附表 1-40)。

微课：图纸工程量的核算

习　题

1. 按我国现行规定，公路工程各项费用中的直接费由(　　)组成。

   A. 人工费、施工管理费、施工机械使用费

   B. 人工费、材料费、利润

   C. 人工费、材料费、施工机械使用费

   D. 人工费、材料费、施工管理费

2. 编制公路工程预算时，桥面铺装的路面的项目应采用(　　)的费率计算。

   A. 桥梁　　B. 路面　　C. 运输　　D. 路基

3. 工程监理费的计算基数是(　　)。

A. 间接费　　B. 定额建筑安装工程费

C. 建筑安装工程费　　D. 直接费

4. 在建筑安装工程费中，安全生产宣传支出属于(　　)。

A. 措施费　　B. 直接费　　C. 专项费用　　D. 企业管理费

5. 按我国现行规定，下列属于工程措施费的是(　　)。

A. 材料采购及保管费　　B. 冬、雨期施工增加费

C. 施工机械维修费　　D. 企业管理费

6. 下列费用中，属于工程建设其他费的是(　　)。

A. 办公及生活用家具购置费　　B. 建设单位管理费

C. 价差预备费　　D. 工地转移费

7. 在工程造价中，下列不属于材料预算价格的组成部分的是(　　)。

A. 材料采购及保管费　　B. 材料原价

C. 材料二次搬运费　　D. 材料包装费

8. 下列属于施工场地建设费的是(　　)。

A. 场区平整费用　　B. 施工进出场费

C. 行车干扰费　　D. 施工辅助费

9. 建设单位项目管理费的计算基数应是(　　)。

A. 直接费　　B. 间接费

C. 建筑安装工程费　　D. 定额建筑安装工程费

10.《公路工程机械台班费用定额》(JTG/T 3833—2018)中，下列属于可变费用的是(　　)。

A. 经常性修理费　　B. 机上人工费

C. 安装拆卸及辅助设施费　　D. 大修理费

11. 按我国现行规定，施工现场的排污费用属于(　　)。

A. 措施费　　B. 直接费　　C. 专项费用　　D. 企业管理费

12. 按我国现行规定，住房公积金属于(　　)。

A. 规费　　B. 直接费　　C. 企业管理费　　D. 间接费

13. 按我国现行规定，公路监控设备属于建筑安装工程费中的(　　)。

A. 措施费　　B. 直接费　　C. 设备购置费　　D. 企业管理费

14. 公路工程中施工企业为组织施工生产和经营管理所需的费用，属于(　　)。

A. 其他费用　　B. 直接费　　C. 措施费　　D. 企业管理费

15. 我国公路工程机械消耗定额以(　　)为计量单位。

A. 工时　　B. 台时　　C. 工日　　D. 台班

16. 下列各项费用中，(　　)不属于公路工程机械台班单价的组成部分。

A. 大修理费及经常修理费　　B. 折旧费

C. 机上人工及燃料动力费　　D. 大型机械进退场费

17. 按我国现行规定，措施费取费基数为(　　)。

A. 直接工程费

B. 直接费

C. 人工费与机械使用费之和

D. 定额人工费与定额施工机械使用费之和

18. 按我国现行规定，公路工程企业管理费的取费基数是(　　)。

A. 以各类工程的定额直接费之和为基数

B. 以各类工程的直接费之和为基数

C. 以各类工程的人工费之和为基数

D. 以各类工程的其他工程费之和为基数

19. 下列(　　)应划归人工费之内。

A. 生产工人的基本工资

B. 现场管理人员的工资

C. 现场管理人员的工资性补贴、工资附加费

D. 生产工人的退休路费

20. 下列(　　)不应列入人工费内。

A. 流动施工津贴　　B. 定期休假工资

C. 高空津贴　　D. 退休路费

21. 公路工程中组成材料预算价格的内容不包括(　　)。

A. 运输损耗费　　B. 仓储损耗费　　C. 使用损耗费　　D. 材料保管费

22. 在公路工程造价中，(　　)不属于材料预算价格的组成部分。

A. 材料采购及保管费　　B. 材料原价

C. 材料二次搬运费　　D. 材料包装费

23. 在计算自采材料的预算价格中包括(　　)。

A. 辅助生产间接费　　B. 直接工程费

C. 其他工程费　　D. 间接费

24. 不属于工程建筑安装工程费的是(　　)。

A. 直接费　　B. 利润　　C. 预备费　　D. 税金

25. 下列属于工程建设其他费的内容的是(　　)。

A. 工程保险费　　B. 利润

C. 设备、工具、器具购置费　　D. 建设期贷款利息

26. 工程施工图预算基本预备费费率为(　　)。

A. 3%　　B. 4%　　C. 5%　　D. 7%

27. 下列不属于工程项目管理费的是(　　)。

A. 研究试验费　　B. 养护项目信息化费

C. 工程监理费　　D. 设计文件审查费

28. 下列属于措施费的是(　　)。

A. 施工场地建设费　　B. 安全生产费

C. 施工机械使用费　　D. 施工进出场费

29. 企业管理费不包括(　　)。

A. 基本费用　　B. 主副食运费补贴

C. 项目管理费　　D. 财务费用

30. 永久占地费不包括(　　)。

A. 土地补偿费　　B. 耕地开垦费

C. 失地农民养老保险费　　D. 复耕费

31. 设备购置费属于(　　)。

A. 工程建设其他费　　B. 预备费

C. 日常养护费用　　D. 建筑安装工程费

32. 利润的计算基数是(　　)。

A. 定额建筑安装工程费　　B. 定额直接费+措施费+企业管理费

C. 定额直接费　　D. 建筑安装工程费

33. 各类规费的计算基数为(　　)。

A. 建筑安装工程费　　B. 直接费

C. 定额建筑安装工程费　　D. 各类工程人工费之和

34. 劳动保护费属于(　　)。

A. 人工费　　B. 措施费

C. 企业管理费　　D. 规费

35. 海拔在(　　)m 及以上需要计算高原地区施工增加费。

A. 1 000　　B. 1 500　　C. 2 000　　D. 1 800

36. 工程类别中的路基不包括(　　)。

A. 排水　　B. 拌合设备安装和拆除

C. 绿化和环境保护工程　　D. 交通安全设施中的金属标志

37. 工地转移费不包括(　　)。

A. 工地实验室建设费　　B. 非固定工人进退场费用

C. 施工机械运杂费　　D. 外租机械往返费

38. 工程联合试运转费用属于(　　)。

A. 企业管理费　　B. 措施费

C. 工程建设其他费　　D. 设备费

39. 下列属于研究试验费的是(　　)。

A. 先进技术的一次性技术转让费

B. 为工程提供专题研究的费用

C. 施工企业对建筑材料进行一般鉴定的费用

D. 新产品试制费

40. 工程前期工作费不包括(　　)。

A. 工程施工图预算文件编制费

B. 工程施工招标文件编制费

C. 为养护项目提供或验证设计数据的专题研究费用

D. 设计文件审查费

41. 规费不包括(　　)。

A. 工伤保险费　　B. 住房公积金　　C. 工程保险费　　D. 养老保险费

42. 工程保通费属于(　　)。

A. 建筑安装工程费　　B. 措施费

C. 企业管理费　　D. 工程建设其他费

43. 编制施工图预算的主要依据有哪些?

44. 施工图预算文件组成有哪些?

45. 施工图预算的编制包括哪些流程?

46. 熟悉设计图纸资料应注意哪些问题?

47. 举例说明土石方工程量摘取时应注意的问题。

48. 设计阶段的造价控制应注意哪些问题?

49. 任务设计 1：施工图预算编制(表 2-4)。

50. 任务设计 2：土石方工程量的核算(表 2-4)。

表 2-4　任务设计

学习情境 2	设计阶段造价	任务 1	施工图预算编制	内容	软件操作
任务设计	按下列要求完成施工图预算的软件操作。 第一步，新建项目文件和造价文件。 需要编制哪个项目的造价文件，则需要先建立这样的建设项目文件。建设项目文件名称一般以建设项目的名称命名。造价文件一般以编制范围命名。打开软件后弹出的对话框直接输入这两个文件名即可。 练习 1：编制××新建高速公路 K0＋000～K10＋000 的施工图预算。 第二步，确定费率。 练习 2：项目所在地为贵州贵阳，其中工地转移距离为 100 km，主副食运距为 5 km。 第三步，建立项目表。 即划分该造价文件的项目组成结构，一般按部颁标准项目表进行划分，根据工程项目的规模不同，项目表的划分可粗可细。				

续表

学习情境 2	设计阶段造价	任务 1	施工图预算编制	内容	软件操作
任务设计	练习 3：建立如下项目表 （见下表） 第四步，套定额、输入定额工程量、定额调整及数量乘单价。 练习 4：挖土方：工程量 100 000 m³，挖石方：工程量 100 000 m³，机械自行选择。 第五步，确定工料机预算单价。 练习 5：人工单价标准为 100.75 元/工日。 第六步，报表输出。 单击主窗口中的“报表”图标，想打印哪个报表，只需要选中该报表，再单击“打印”按钮即可。还可对报表进行格式设置。				

分项编号	工程或费用名称	单位	数量
1	第一部分　建筑安装工程费	公路公里	
102	路基工程	km	
LJ02	路基挖方	m^3	
LJ0201	挖土方	m^3	
LJ0202	挖石方	m^3	
LJ03	路基填方	m^3	
LJ0301	利用土方填筑	m^3	
LJ0303	利用石方填筑	m^3	
LJ0304	借石方填筑	m^3	

学习情境 2	设计阶段造价	任务 2	图纸工程量核算	内容	土、石方工程量的核算
任务设计	参考资料：土、石方设计图表 具体要求：核算和提取土、石方数量表中的工程量 提交成果： （见下表）				

m^3

项目	设计方	挖方	填方	借方	弃方	利用方
土方						
石方						

学习情境3　招标投标价格

本学习情境介绍公路工程招标投标的概念、作用、分类、招标标底、投标报价、工程量清单、投标报价技巧等基础理论知识，属于招标投标阶段的工程造价管理。

3.1　招标投标概述

1. 公路工程招标投标的概念

微课：公路工程招投标概述

招标投标是市场经济中的一种竞争方式，是建设市场的一种交易行为。其是由唯一的买主设定包括拟建项目标段的规模、公路等级、工程范围、主要工程数量等内容的“标的”，招请若干个卖主通过秘密报价进行竞争，从中选择优胜者与之签订合同的过程。在市场经济中，建筑产品也是商品，国际上广泛采用招标投标的方式实现工程建设任务的发包与承包。我国的工程建设招标与投标，是在国家法律的保护和监督之下，双方同意基础上的法人之间的经济活动。

工程项目招标与投标，是业主与承包商对未来建筑产品的预计价格进行交易的工程采购方式，实质上是一种期货交易。期货交易的一大特点是其具有风险性。

招标投标行为本质是一种法律行为，招标投标的原则是鼓励竞争，防止垄断。招标投标的目的是适应社会主义市场经济的需要，使建设单位(业主)和承包商进入工程市场，进行公平交易、平等竞争，从而达到确保工程质量、控制工期、降低成本、提高投资效益的目的。

公路工程招标投标可分为公路工程招标和公路工程投标。

(1)公路工程招标是指业主(建设单位)为发包方，根据拟建工程的内容工期、质量和投资额等技术经济要求，邀请有资格和能力的企业或单位参加投标报价，从中择优选取承担可行性研究方案论证、科学试验或勘察、设计、施工等任务的承包单位的过程。

(2)公路工程投标是指经审查获得投标资格的投标人，以同意发包方招标文件所提出的条件为前提，经过广泛的市场调查掌握一定的信息并结合自身情况(能力、经营目标等)，以投标报价的竞争形式获取工程任务的过程。

根据国家颁布的有关法律和法规的要求，已将工程项目采用招标投标的方式选择实施单位作为一项建筑市场的管理制度广泛推行。招标投标制是实现项目法人责任制的重要保证之一。它的推行有利于促使工程建设按建设程序进行，保证建设的科学性、合理性；有利于保证工程质量、缩短工期、节约投资；有利于促进承包企业提高履约率，提高经营管理水平。

参加投标的施工企业在认真掌握招标信息、研究招标文件的基础上，根据招标文件的要求，在规定的期限内向招标单位提交投标文件，提出合理报告，以争取获胜中标。

投标不仅是施工企业之间造价的竞争，还是企业之间实力、信誉、施工技术措施方案、水平、应变能力的竞争。因此，企业通过投标竞争，可促进自身管理水平的提高，使企业在不断改革中提高信誉，达到降低工程造价、确保工程质量、缩短建设工期、提高投资效益的目的。

2. 公路工程招标投标的作用

微课：招标文件

(1)促使工程项目基本建设工作按程序办事，认真做好工程前期准备工作；

(2)有利于提高工程质量；

(3)有利于缩短工期；

(4)有利于降低工程成本；

(5)有利于提高投资效益；

(6)有利于促进企业的技术进步；

(7)简化了工程结算手续；

(8)有利于推进公路商品化，利用有限的资金，加快公路建设的速度。

3. 公路工程招标投标的形式

(1)根据招标目的不同，我国公路工程招标投标目前主要有以下几种形式：

1)全过程招标投标。全过程招标是从项目的可行性研究到交付使用进行一次性招标，业主提供项目投资和使用要求及竣工、交付使用期限，其可行性研究、勘察设计、材料和设备采购、施工安装、职工培训、生产准备和试生产、交付使用都由一个总承包商负责承包，即所谓“交钥匙工程”。

2)设计施工招标投标。即业主只提供勘察资料和设计上的一些大体要求，由设计单位和施工单位组成设计施工联合体(联合体投标是指两个或两个以上法人或其他组织可以组成一个联合体，以一个投标人的身份共同投标。实践中，大型复杂项目，对资金和技术要求比较高，单靠一个投标人的力量是不能顺利完成的，可以联合几家企业集中各自的优势以一个投标人的身份参加投标)进行投标，业主从中选择一家工程造价低，能确保工程质量并符合工程要求的单位承担工程项目的设计和施工。

3)勘察设计招标投标。即通过招标投标选择有相应资质的勘察设计单位，进行工程的勘察、设计、计算等，并为业主提供设计成果资料。勘察和设计是两种不同性质的工作，不少工程项目由勘察单位、设计单位分别进行。

4)监理咨询招标投标。监理招标是通过竞争方式选择有相应资质的工程监理单位，负责对基本建设工程实施“三控两管一协调”等。监理招标的标的物为监理工程。

5)材料、设备采购招标。在工程建设中，材料、设备费占工程总投资很大比重。材料、设备采购招标的标的是所需要的建筑材料、建筑构件、设备等。

6)施工招标投标。施工招标投标是指通过招标投标，选择财务状况好、管理和技术水平高、信誉好的施工单位实施建设工程项目。其“标的物”是向建设单位(业主)交付按设计规定建造的建筑产品。工程施工招标在各类招标中，数量大、范围广、价值高，招标工作的代表性强，本教材主要介绍这类招标。

(2)公路工程项目招标方式。公路工程招标方式有以下三种：

1)公开招标。公开招标也称无限竞争性招标，是指招标人按程序，通过报刊、广播、电视、网络等媒体发布招标广告，邀请具备条件的施工承包商投标竞争，然后从中确定中标者并与之签订施工合同的过程。凡对工程项目有兴趣的承包商，均可购买资格预审文件参与投标。

①公开招标的优点是，招标人可以在较广的范围内选择承包商，投标竞争越激烈，择优率越高，有利于招标人将工程项目交予可靠的承包商实施，并获得有竞争性的商业报价，同时，也可以在较大程度上避免招标过程中的贿标行为。因此，国际上政府采购通常采用这样方式。

②公开招标的缺点是，准备招标、对投标申请者进行资格预审和评标的工作量大，招标时间长，费用高。同时，参加竞争的投标者越多，中标的机会就越小；投标风险越大，损失的费用就越多，而这种费用的损失必然会反映在标价中，最终会由招标人承担。

2)邀请招标。邀请招标也称有限竞争性招标，是指招标人以投标邀请书的形式邀请预先确定的若干家施工单位承包商投标竞争，然后从中确定中标者并与之签订施工合同的过程。

采用邀请招标方式时，邀请对象应以 5～10 家为宜，至少不应少于 3 家，否则就失去了竞争意义。与公开招标方式相比，邀请招标方式的优点是不发布招标公告，不进行资格预审，简化了招标程序，因而，节约了招标费用、缩短了招标时间。而且由于招标人比较了解投标人以往的业绩和履约能力，从而减少了合同履行过程中承包商违约的风险。对于采购标的较小的工程项目，采用邀请招标方式比较有利。另外，有些工程项目的专业性强，有资格承接的潜在投标人较少或者需要在短时间内完成投标任务等，不宜采用公开招标方式的，也应采用邀请招标方式。

邀请招标方式的缺点是，投标竞争的激烈程度较差，有可能会提高中标合同价；也有可能排除某些在技术上或报价上有竞争力的承包商参与投标。

3)议标。议标也称非竞争性招标或称指定性招标。这种方式是业主邀请一家，最多不超过两家承包商来直接协商谈判，实际上是一种合同谈判的形式。其适用于工程造价较低、工期紧、专业性强或军事保密工程。

①议标的优点是可以节省时间，容易达成协议，迅速开展工作。

②议标的缺点是难以获得有竞争力的报价。因为议标缺乏竞争力，所以较少采用。

公路工程招标的组织形式有自行招标和委托招标两种。自行招标是指具有编制招标文件和组织评标能力的招标人，自行办理招标事宜，组织招标投标活动；委托招标是指招标人自行选择具有相应资质的招标代理机构，委托其办理招标事宜，开展招标投标活动；不具有编制招标文件和组织评标能力的招标人，必须委托具有相应资质的招标代理机构办理招标事宜。

4. 公路工程招标合同形式

选定合同形式是十分重要的一项工作，因为通过招标和投标的工作，与中标人签订的承包合同是按所决定的合同形式进行的，而其后的工程施工、竣工等一切工作均是按合同执行和开展的。在施工合同中，计价方式可分为三种，即总价方式、单价方式和成本加酬金方式；按计价方式的不同，合同形式主要有总价合同、单价合同、成本加酬金合同三种。

(1)总价合同是指按双方商定的总价承包工程的合同。总价合同又有固定总价合同和变动总价合同之分。

1)固定总价合同的特点是以图纸和技术规范为依据，明确承包内容后计算出该项工程所需的总费用(总价格)，签约时一次包死。在合同执行过程中，除非业主要求变更原定的承包内容，承包方一般不得要求变更承包总价。这种方式较简便省事，而且该工程实际费用较清晰，管理工作量少，结算简便，所以常为业主所欢迎。对承包人来说，如果设计图纸和说明书详细正确，施工工期不长，估计施工期间的物价变动也不会太大，可以比较精确地估算出造价，不致有太大的风险，也是一种比较简便的承包方式。但如果设计图纸和说明书不够详细，工期较长(一年以上)，未知因数较多，承包人承担应变的风险就大。承包人往往在报价时加大不可预见费用，不利于降低造价，对业主不利。因此，总价承包合同只适用于施工图纸明确、规模小、工期短、技术不太复杂的工程。

2)变动总价合同又称调值总价合同。变动总价合同虽然以总价进行承包，但总承包价款随工程进展中的变更、违约索赔、材料涨价等因素变化而变化合同总价。显而易见，这种承包方式比较客观、合理，但工作不简便，甲、乙双方往往会产生一些矛盾，管理工作量大。因此，变动总价合同一般只适用于公开招标、规模小、工期短、技术不太复杂的工程。

(2)单价合同是指按实际完成的工程数量和承包单价结算工程价款的承包合同。在实际操作中，有只列出工程项目、计量单位、承包单价的合同，也有列出工程项目、计量单位、工程数量(估算的)、承包单价、合价的合同(当前国内外招标投标中用得最多的合同形式)。对于后一种单价合同，业主需要开列出有工程细目的工程量清单，这种承包方式适用于设计已达到一定的深度，能据此估算出分项工程数量近似值的工程，为避免凭运气而使业主或承包人任何一方承担过大的风险，采用这种合同形式是比较合适的。在招标投标中，投标人按工程量清单和承包单价计算出总报价，招标单位也以总报价和单价作为评标、定标的主要依据，并以此签订承包合同。当然，根据合同条款的规定，还有在合同执行期内的结算价调整，但单价在合同执行期内是始终不能变动的。单价合同有利于降低投标报价，也有利于处理变更工程的计价，还有利于减少施工索赔或降低索赔的处理难度等。

(3)成本加酬金合同是指按工程实际发生的成本，加上商定的总管理费和利润来确定工程总造价。这种合同的形式一般适用于开工前对工程内容尚不十分清楚的工程，如边设计边施工的紧急工程，或遭受地震、战火等灾害破坏后的修复工程，以及保密工程或科学研究的工程等。

确定了合同的形式，接下来确定合同数量。合同数量即为工程项目所划分的标段数，工程项目施工是一个复杂的系统工程，影响标段划分的因素有很多。标段划分中应注意的要点如下：

(1)工程特点。如果工程场地集中、工程量不大、技术不太复杂，则由一家承包单位总包易于管理，则一般不分标。但如果工地场面大、工程量大，有特殊技术要求，应考虑划分为若干标段。

(2)承包单位专长的发挥。工程项目是由单项工程、单位工程或专业工程组成的，在考虑划分施工标段时，既要考虑不会产生各承包单位施工的交叉干扰，又要注意各承包单位之间在空间和时间上的衔接。

(3)对工程造价的影响。通常情况下，一项工程由一家施工单位总承包易于管理，同时便于劳动力、材料、设备的调配，因而可得到交底造价。但对于大型、复杂的工程项目，对承包单位的施工能力、施工经验、施工设备等有较高要求。在这种情况下，如果不划分标段，就可能使有资格参加投标的承包单位大大减少。竞争对手减少，必然会导致工程报价的上涨，反而得不到较为合理的报价。

(4)标段划分不宜过小，以免施工成本增加、施工工扰增多、业主和监理的协调管理工作量增加。

(5)注意设计中的设计方案的整体关系性。例如，标段划分不合理，破坏了原设计中的土方调配方案，由此而增大施工的组织协调难度或增加工程造价。

(6)注意标段的工程内容的有序衔接。

5. 公路工程招标标底和投标报价

(1)招标标底的概念及作用。标底是指业主在招标时，依据招标文件的要求，估算出完成该项目工程的预期价格。明标招标时，标底在招标文件中标明；暗标招标时，标底必须严格保密。在招标投标过程中，标底是衡量投标报价是否合理，确定投标单位能否中标的重要依据。还具有招标中防止盲目报价、抑制低价抢标现象的作用；具有控制工程造价、核实投资规模的作用；同时也具有(评标中)判断投标人是否有串通哄抬标价的作用。

微课：招标标底

(2)标底的经济特征。

1)标底编制应遵循价值规律。即标底作为一种价格应反映建设项目的价值。价格与价值相适应是价值规律的要求，是标底科学性的基础。因此，在标底编制过程中，应充分考虑建设项目在施工过程中的社会必要劳动消耗量、机械设备使用量以及材料和其他资源的消耗量。

2)标底编制应服从供求规律。即在编制标底时应考虑建筑物的供求状况对建筑产品价格的影响，力求使标底和建筑产品的市场价格相适应。当建筑市场的需求增大或缩小，需求曲线右移或左移时，相应的市场价格将上升或下降；同样，当建设市场的供给增大或缩小，供给曲线右移或左移时，相应的市场价格将下降或上升。作为标底在编制时，应考虑到建筑物市场供求比例的变化所引起的市场价格的升降，并在底价上做出相应的调整。

3)标底在编制过程中应反映建筑市场当前当地平均先进的劳动生产力水平。即标底在编制过程中应反映竞争规律对建筑产品价格的影响，以图通过标底促进投标竞争和社会生产力水平提高。

(3)标底的编制依据。根据《公路工程标准施工招标文件》规定，标底的编制依据主要有以下几项：

1)招标文件的相应条款。

2)工程施工图纸、工程量计算规则。

3)施工现场地质、水文、地上情况的有关资料。

4)施工方案或施工组织设计。

5)招标时，市场价格和地区预算材料价格及设备的市场价格。

6)经政府批准的取费标准和其他特殊标准规范。

(4)标底的编制方法。标底应按照部颁《公路工程标准施工招标文件》(2018 年版)的工程量清单的细目进行编制。

1)概、预算编制法(定额单价法)。目前编制标底普遍采用的方法是在部颁《公路工程建设项目概算预算编制办法》(JTG 3830—2018)编制的概、预算的基础上加以调整。

2)总价计算法。

3)经验单价比照法。

(5)投标报价的概念。投标报价是指承包商采取投标方式承揽工程项目时，计算和确定承包该工程的投标总价格。承包商通过资格预审，购买到全套招标文件之后，即可根据工程性质、大小，组织一个经验丰富、有较强决策力的班子进行投标报价。

3.2 工程量清单

3.2.1 工程量清单的组成

微课：工程量清单

施工招标文件的组成内容包括投标邀请书、投标人须知、合同条款、技术规范、投标书与投标担保书格式、工程量清单、投标书附表格式、履约单位格式、施工组织设计建议书格式、图纸等。招标文件的组成会因合同类型的不同而有所差别，对总价合同而言，必须有施工图纸但无须工程量清单，而单价合同必须应有工程量清单。

1. 工程量清单的作用及组成

工程量清单是一份与技术规范相对应的文件。其是单价合同的产物，作用表现在以下几个方面：

(1)提供合同中关于工程量的信息，使投标人能统一、有效而精确地编写投标文件；

(2)标有单价的工程量清单是办理中期支付和计算，以及处理工程变更计价的依据。

工程量清单由说明、工程细目(工程量清单)、专项暂定金额汇总表、计日工明细表和工程量清单汇总表五部分组成。说明规定了工程量清单的性质、特点及单价的组成和填写要求等；工程细目(工程量清单)反映了施工项目中各工程细目的数量，其是工程量清单的主要部分。

1)工程量清单(表 3-1～表 3-7)。

表 3-1　工程量清单(一)

清单　第 100 章　总则					
子目号	子目名称	单位	数量	单价	合价
101	通则				
101－1	保险费				
－a	按合同条款规定，提供建筑工程一切险	总额			
－b	按合同条款规定，提供第三者责任险	总额			
102	工程管理				
102－1	竣工文件	总额			
102－2	施工环保费	总额			
102－3	安全生产费	总额			
102－4	信息化系统(暂估价)	总额			
103	临时工程与设施				
103－1	临时道路修建、养护与拆除(包括原道路的养护)	总额			
103－2	临时占地	总额			
103－3	临时供电设施架设、维护与拆除	总额			
103－4	电信设施的提供、维修与拆除	总额			
103－5	临时供水与排污设施	总额			
104	承包人驻地建设				
104－1	承包人驻地建设	总额			
105	施工标准化				
105－1	施工驻地	总额			
105－2	工地实验室	总额			
105－3	拌合站	总额			
105－4	钢筋加工场	总额			
105－5	预制场	总额			
105－6	仓储存放地	总额			
105－7	各场(厂)区、作业区连接道路及施工主便道	总额			
清单第 100 章合计　人民币________					

表 3-2　工程量清单(二)

清单　第 200 章　路基					
子目号	子目名称	单位	数量	单价	合价
202	场地清理				
202—1	清理与掘除				
—a	清理现场	m^2			
—b	砍伐树木	棵			
—c	挖除树根	棵			
202—2	挖除旧路面				
—a	水泥混凝土路面	m^3			
—b	沥青混凝土路面	m^3			
—c	碎石路面	m^3			
202—3	拆除结构物				
—a	钢筋混凝土结构	m^3			
—b	混凝土结构	m^3			
—c	砖、石及其他砌体结构	m^3			
—d	金属结构	kg			
202—4	植物移栽				
—a	移栽乔(灌)木	棵			
—b	移栽草皮	m^2			
203	挖方路基				
203—1	路基挖方				
—a	挖土方	m^3			
—b	挖石方	m^3			
—c	挖除非适用材料(不含淤泥、岩盐、冻土)	m^3			
—d	挖淤泥	m^3			
—e	挖岩盐	m^3			
—f	挖冻土	m^3			
203—2	改河、改渠、改路挖方				
—a	挖土方	m^3			
—b	挖石方	m^3			
	……				
清单第 200 章合计　人民币______					

表 3-3　工程量清单(三)

清单　第 300 章　路面					
子目号	子目名称	单位	数量	单价	合价
302	垫层				
302－1	碎石垫层				
－a	厚…mm	m^2			
302－2	砂砾垫层				
－a	厚…mm	m^2			
302－3	水泥稳定土垫层				
－a	厚…mm	m^2			
302－4	石灰稳定土垫层				
－a	厚…mm	m^2			
303	石灰稳定土底基层、基层				
303－1	石灰稳定土底基层				
－a	厚…mm	m^2			
303－2	搭板、埋板下石灰稳定土底基层	m^3			
303－3	石灰稳定土基层				
－a	厚…mm	m^2			
304	水泥稳定土底基层、基层				
304－1	水泥稳定土底基层				
－a	厚…mm	m^2			
304－2	搭板、埋板下水泥稳定土底基层	m^3			
304－3	水泥稳定土基层				
－a	厚…mm	m^2			
305	石灰粉煤灰稳定土底基层、基层				
305－1	石灰粉煤灰稳定土底基层				
－a	厚…mm	m^2			
	……				
清单第 300 章合计　人民币________					

表 3-4　工程量清单(四)

清单　第 400 章　桥梁、涵洞					
子目号	子目名称	单位	数量	单价	合价
401	通则				
401—1	桥梁荷载试验(暂估价)	总额			
401—2	桥梁施工监控(暂估价)				
401—3	地质钻探及取样试验(暂定工程量)				
—a	ϕ70 mm 直径	m			
—b	ϕ110 mm 直径	m			
403	钢筋				
403—1	基础钢筋(含灌注桩、承台、桩系梁、沉桩、沉井等)				
—a	光圆钢筋(HPB300)	kg			
—b	带肋钢筋(HRB335、HRB400)	kg			
403—2	下部结构钢筋				
—a	光圆钢筋(HPB300)	kg			
—b	带肋钢筋(HRB335、HRB400)	kg			
403—3	上部结构钢筋				
—a	光圆钢筋(HPB300)	kg			
—b	带肋钢筋(HRB335、HRB400)	kg			
403—4	附属结构钢筋				
—a	光圆钢筋(HPB300)	kg			
—b	带肋钢筋(HRB335、HRB400)	kg			
404	基坑开挖及回填				
	……				
清单第 400 章合计　人民币________					

表 3-5　工程量清单(五)

清单　第 500 章　隧道					
子目号	子目名称	单位	数量	单价	合价
502	洞口与明洞工程				
502－1	洞口、明洞开挖				
－a	土方	m^3			
－b	石方	m^3			
502－2	防水与排水	m^3			
－a	石砌截水沟、排水沟	m^3			
－b	现浇混凝土沟槽	m^3			
－c	预制安装混凝土沟槽	m^3			
－d	预制安装混凝土沟槽盖板	m^3			
－e	土工合成材料	m^3			
－f	渗沟	m^3			
－g	钢筋	kg			
502－3	洞口坡面防护				
	……				
503	洞身开挖				
	……				
504	洞身衬砌				
	……				
505	防水与排水				
	……				
506	洞内防火涂料和装饰工程				
	……				
508	监控量测				
	……				
509	特殊地质地段的施工与地质预报				
	……				
510	洞内机电设施预埋件和消防设施				
	……				
清单第 500 章合计　人民币________					

表 3-6　工程量清单(六)

清单　第 600 章　安全设施及预埋管线					
子目号	子目名称	单位	数量	单价	合价
602	护栏				
602－1	混凝土护栏(护墙、立柱)				
－a	现浇混凝土护栏	m^3			
－b	预制安装混凝土护栏	m^3			
－c	现浇混凝土基础	m^3			
－d	钢筋	kg			
602－2	石砌护墙	m^3			
602－3	波形梁钢护栏				
－a	路侧波形梁钢护栏	m			
－b	中央分隔带波形梁钢护栏	m			
－c	波形梁钢护栏端头	个			
	……				
603	隔离栅和防落物网				
	……				
604	道路交通标志				
	……				
605	道路交通标线				
	……				
606	防眩设施				
	……				
607	通信和电力管道与预埋(预留)基础				
	……				
608	收费设施及地下管道				
	……				
清单第 600 章合计　人民币________					

表 3-7 工程量清单(七)

清单 第700章 绿化及环境保护					
子目号	子目名称	单位	数量	单价	合价
702	铺设表土				
702—1	开挖并铺设表土	m^3			
702—2	铺设利用的表土	m^3			
703	撒播草种和铺植草皮				
703—1	撒播草种(含喷播)	m^2			
703—2	撒播草种及花卉、灌木籽(含喷播)	m^2			
703—3	先点播灌木后喷播草种	m^2			
703—4	铺植草皮				
—a	马尼拉草皮	m^2			
—b	美国二号草皮	m^2			
	……				
703—5	三维土工网植草	m^2			
703—6	客土喷播	m^2			
703—7	植生袋	m^2			
703—8	绿地喷灌管道	m			
704	种植乔木、灌木和攀缘植物				
704—1	人工种植乔木				
—a	香樟	棵			
—b	大叶樟	棵			
—c	杜英	棵			
	……				
704—2	人工种植灌木				
—a	夹竹桃	棵			
—b	木芙蓉	棵			
—c	春杜鹃	棵			
	……				
704—3	人工种植攀缘植物	棵			
704—4	人工种植竹类	棵			
706	声屏障				
706—1	吸、隔声板声屏障	m			

续表

清单　第700章　绿化及环境保护					
子目号	子目名称	单位	数量	单价	合价
706－2	吸声砖声屏障	m^3			
706－3	砖墙声屏障	m^3			
清单第700章合计　人民币________					

2)计日工表(表3-8～表3-11)。

表3-8　劳务

编号	子目名称	单位	暂定数量	单价	合价
101	班长	h			
102	普通工	h			
103	焊工	h			
104	电工	h			
105	混凝土	h			
106	木工	h			
107	钢筋工	h			
	……				
劳务小计金额：__________ (计入"计日工汇总表")					

表3-9　材料

编号	子目名称	单位	暂定数量	单价	合价
201	水泥	t			
202	钢筋	t			
203	钢绞线	t			
204	沥青	t			
205	木材	m^3			
206	砂	m^3			
207	碎石	m^3			
208	片石	m^3			
	……				
材料小计金额：__________ (计入"计日工汇总表")					

表 3-10　施工机械

编号	子目名称	单位	暂定数量	单价	合价
301	装载机				
301—1	1.5 m^3 以下	h			
301—2	1.5～2.5 m^3	h			
301—3	2.5 m^3 以上	h			
302	推土机				
302—1	90 kW 以下	h			
302—2	90～180 kW	h			
302—3	180 kW 以上	h			
	……				
施工机械小计金额：＿＿＿＿＿＿ （计入“计日工汇总表”）					

表 3-11　计日工汇总表

名　　称	金额	备注
劳务		
材料		
施工机械		
计日工总计：＿＿＿＿＿＿ （计入“投标报价汇总表”）		

3)暂估价表(表 3-12～表 3-16)。

表 3-12　材料暂估价表

序号	名称	单位	数量	单价	合价	备注

表 3-13　工程设备暂估价表

序号	名称	单位	数量	单价	合价	备注

表 3-14　专业工程暂估价表

序号	专业工程名称	工程内容	金额
小计：			

表 3-15　投标报价汇总表

__________(项目名称)__________标段

序号	章次	科目名称	金额/元
1	100	总则	
2	200	路基	
3	300	路面	
4	400	桥梁、涵洞	
5	500	隧道	
6	600	安全设施及预埋管线	
7	700	绿化及环境保护设施	
8	第 100 章～第 700 章清单合计		
9	已包含在清单合计中的材料、工程设备、专业工程暂估价合计		
10	清单合计减去材料、工程设备、专业工程暂估价合计(即 8－9＝10)		
11	计日工合计		
12	暂列金额(不含计日工总额)①		
13	投标报价(8＋11＋12＝13)		
注：材料、工程设备、专业暂估价已包括在清单合计中，不应重复计入投标报价。 ①暂列金额的设置不宜超过工程量清单第 100 章～第 700 章合计金额的 3％			

表 3-16　工程量清单单价分析表

序号	编码	子目名称	人工费			材料费						机械使用费	其他	管理费	税费	利润	综合单价
			工日	单价	金额	主材				辅材费	金额						
						主材耗量	单位	单价	主材费								

2. 工程量清单说明

中华人民共和国交通运输部《公路工程标准施工招标文件》(2018 年版)第一卷中工程量清单说明如下：

(1)工程量清单是根据招标文件中包括的合同约束力的工程量清单计量规则、图纸以及有关工程量清单的国家标准、行业标准、合同条款中约定的其他规则编制。约定计量规则中没有的子目，其工程量按照有合同约束力的图纸所标示尺寸的理论净量计算。计量采用中华人民共和国法定计量单位。

(2)工程量清单应与招标文件中的投标人须知、通用合同条款、专用合同条款、工程量清单计量规则、技术规范及图纸等文件一起阅读和理解。

(3)工程量清单中所列工程数量是估算的或设计的预计数量，仅作为投标报价的共同基础，不能作为最终结算与支付的依据。实际支付应按实际完成的工程量，由承包人按工程量清单计量规则规定的计量方法，以监理人认可的尺寸、断面计量，按工程量清单的单价和总额价计算支付金额；或根据具体情况，按合同条款相关条款的规定，按监理人确定的单价或总额价计算支付额。

(4)工程量清单各章是按“工程量清单计量规则”“技术规范”的相应章节编号的，因此，工程量清单中各章的工程子目的范围与计量等应与“工程量清单计量规则”“技术规范”相应章节的范围、计量与支付条款结合起来理解或解释。

(5)对作业和材料的一般说明或规定，未重复写入工程量清单内，在给工程量清单各子目标价前，应参阅“技术规范”的有关部分。

(6)工程量清单中所列工程量的变动，丝毫不会降低或影响合同条款的效力，也不免除承包人按规定的标准进行施工和修复缺陷的责任。

(7)图纸中所列的工程量清单表及汇总表仅是提供资料，不是工程量清单的外延。当图纸与工程量清单所列数量不一致时，以工程款清单所列数量作为报价的依据。

3.2.2 清单工程量的统计

1. 清单工程量统计的说明

(1)一般要求。

1)各章节工程子目的工程量清单计量规则应与“技术规范”相应章节的施工规范结合起来理解、解释和应用。

2)所有工程项目，除个别注明者外，均采用我国法定的计量单位，即国际单位及国际单位制导出的辅助单位进行计量。

3)任何工程项目的计量，均应按工程量清单计量规则规定或监理人书面指示进行。

4)按合同提供的材料数量和完成的工程数量所采用的测量与计算方法，应符合工程量清单计量规则的规定。所有这些方法，应得到监理人批准或指示。承包人应提供一切计量设备和条件，并保证其设备精度符合要求。

5)除非监理人另有准许，否则一切计量工作都应在监理人在场的情况下，由承包人测量、记录。有承包人签名的计量记录原本，应提交给监理人审查和保存。

6)工程量应由承包人计算，由监理人审核。工程量计算的副本应提交给监理人并由监理人保存。

7)除合同特殊约定单独计量外，全部必需的模板、脚手架、装备、机具、螺栓、垫圈和钢制件等其他材料，应包括在工程量清单中所列的有关支付项目中，均不单独计量。

8)除监理人另有批准外，凡超过图纸所示的面积或体积，都不予计量与支付。

9)承包人应严格标准计量基础工作和材料采购检验工作。沥青混凝土、沥青碎石、水泥混凝土、高强度等级水泥砂浆的施工现场必须使用电子计量设备称重。因不符合计量规定引发质量问题，所发生的费用由承包人承担。

10)第104节“承包人驻地建设”与第105节“施工标准化”属选择性工程子目，由发包人根据工程项目管理实际情况选择使用或同时使用。

(2)质量。

1)凡是质量计量或以质量作为配合比设计的材料，都应在精确与批准的磅秤上，由称职合格的人员在监理人指定或批准的地点进行称重。

2)称重计量时应满足的条件：监理人在场；有称重记录；载明包装材料、支撑装置、垫块、捆束物等质量的说明书在称重前提交给监理人作为依据。

3)钢筋、钢板或型钢计量时，应按图纸或其他资料标示的尺寸和净长计算。搭接、接头套筒，焊接材料，下脚料和固定、定位架立钢筋等，则不予另行计量。钢筋、钢板或型钢应以千克计量，四舍五入，不计小数。钢筋、钢板或型钢由于理论单位质量与实际单位质量的差异而引起材料质量与数量不相匹配的情况，计量时不予考虑。

4)金属材料的质量不得包括施工需要加放或使用的灰浆、楔块、填缝料、垫衬物、油料、接缝料、焊条、涂敷料等质量。

5)承运按质量计量的材料的货车，应每天在监理人指定的时间和地点称出空车质量，每辆货车还应标示清晰易辨的标记。

6)对有规定标准的项目，如钢筋、金属线、钢板、型钢、管材等，均有规定的规格、质量、界面尺寸等指标，这类指标应视为通常的质量或尺寸；除非引用规范中的允许偏差值加以控制，否则可用制造商的允许偏差。

(3)面积。除非另有规定，计算面积时，其长、宽应按图纸所示尺寸线或按监理人指示计量。对于面积在 1 m^2 以下的固定物(如检查井等)不予扣除。

(4)结构物。

1)结构物应按图纸所示净尺寸线，或根据监理人指示修改的尺寸线计量。

2)水泥混凝土的计量应按监理人认可的并已完成的净尺寸计算，钢筋的体积不扣除，倒角不超过 0.15 m×0.15 m 时不扣除，体积不超过 0.03 m^3 的开孔及开口不扣除，面积不超过 0.15 m×0.15 m 的填角部分也不增加。

3)所有以米计量的结构物(如管涵等)，除非图纸另有表示，否则应按平行于该结构物位置的基面或基础的中心方向计量。

(5)土方。

1)土方体积可采用平均断面积法计算，但与似棱体公式计算结果比较，如果误差超过±5%，监理人可指示采用似棱体公式。

2)各种不同类型的挖方与填方计量，应以图纸所示界线为限，而且应在批准的横断面图上标明。

3)用于填方的土方量，应按压实后的纵断面高程和路床面为准来计量。承包人报价时，应考虑在挖方或运输过程中引起的体积差。

4)在现场钉桩后 56 d 内，承包人应将设计和进场复测的土方横断面图连同土方的面积与体积计算表一并提交监理人批准。所有横断面图都应标有图题框，其大小由监理人指定。一旦横断面图得到最后批准，承包人应交给监理人原版图及三份复制图。

(6)运输车辆体积。

1)用体积计量的材料，应以经监理人批准的车辆装运，并在运到地点进行计量。

2)用于体积运输的车辆，其车厢的形状和尺寸应使其容量能够容易而准确地测定，并应保证精确度。每辆车都应有明显标记。每车所运材料的体积应于事前由监理人与承包人相互达成书面协议。

3)所有车辆都应装载成水平容积高度，车辆到达送货点时，监理人可以要求将其装载物重新整平，对超过定量运送的材料将不支付。运量达不到定量的车辆，应被拒绝或按监理人确定减少的体积接收。根据监理人的指示，承包人应在货物交付点，随机将一车材料刮平，在刮平后如发现货车运送的材料少于定量，从前一车起所有运到材料的计量都按同样比率减为目前的车载量。

(7)质量与体积换算。

1)如承包人提出要求并得到监理人的书面批准，已规定要用立方米计量的材料可以称重，并将此质量换算为立方米计量。

2)将质量计量换算为体积计量的换算系数应由监理人确定，并应在此种计量方法使用之前征得承包人的同意。

(8)沥青和水泥。

1)沥青和水泥应以千克为单位计算。

2)如用货车或其他运输工具装运沥青材料，可以按经过检定的质量或体积计算沥青材料的数量，但要对漏失量或泡沫进行校正。

3)水泥可以以袋作为计量的依据，但一袋的标准应为 50 kg。散装水泥应称重计量。

(9)成套的结构单元。如规定的计量单位是成套的结构物或结构单元(实际上就是按"总额"或称"一次支付"计的工程子目)，该单元应包括所有必需的设备、配件和附属物及相关作业。

(10)标准制品项目。

1)如规定采用标准制品(如护栏、钢丝、钢板、轧制型材、管子等)，而这类项目又是以标准规格(单位质量、截面尺寸等)标识的，则这种标识可以作为计量的标准。

2)除非所采用标准制品的允许误差比规范的允许误差要求更严格；否则，生产厂确立的制造允许误差不予认可。

2. 清单工程量统计及对造价管理的影响

清单工程量是反映投标人的义务量大小及影响造价管理的重要数据。在统计工程量时应根据设计图纸及调查所得的数据，在技术规范的计量与支付方法的基础上进行综合计算。同一工程细目，其计量方法不同，所整理出来的工程量会不同。在工程量的统计计算中，应保证其准确性；否则，会带来下列问题：

(1)工程量的错误一旦被投标人发现，投标人会利用不平衡报价给业主带来损失。

【例 3-1】 某项目工程量清单有土方工程和钢筋工程两个工程细目，其工程量清单见表 3-17。

表 3-17 工程量清单

子目号	子目名称	单位	数量	单价/元	合价/元
202—1	土方	m^3	1 000 000.00		
406—1	钢筋	t	100.00		

表 3-17 中，土方的数量为 1 000 000.00 m^3，钢筋的数量为 1 000.00 t。但是由于工作

人员的疏忽，将钢筋数量统计成了100.00 t，并发给了承包单位。工程量发生错误且被投标人研究招标文件时发现，其后投标人的报价情况见表3-18。

表3-18 投标人发现错误后的报价情况

子目号	子目名称	单位	数量	单价/元	合价/元
202—1	土方	m^3	1 000 000.00	10.00	10 000 000.00
406—1	钢筋	t	100.00	6 000.00	600 000.00
			(1 000.00)		(6 000 000.00)
					10 600 000.00
					16 000 000.00

表3-18中，括号里的数字是合同履行中实际需要发生的数字，即投标人的总报价是10 600 000.00元，而实际上履行中需要发生16 000 000.00万元。但业主(或标底编制单位)编制出来的预期价格(标底)是11 400 000.00元(实际需要发生15 000 000.00元)，其中，土方单价为11.00元/m^3(投标人的土方单价比该价低)，钢筋单价为4 000.00元/t(投标人的报价比该价格要高)，详细情况见表3-19。

表3-19 业主编制的预期价格

子目号	子目名称	单位	数量	单价/元	合价/元
202—1	土方	m^3	1 000 000.00	11.00	11 000 000.00
406—1	钢筋	t	100.00	4 000.00	400 000.00
			(1 000.00)		(4 000 000.00)
					11 400 000.00
					15 000 000.00

由于投标人的报价10 600 000.00元比标底价11 400 000.00元低(低出7%)，这是一个很有竞争力的报价，因此经过投标竞争，投标人获得了该项目的中标资格，与业主签订了合同。但在合同履行中，由于承包合同是单价合同，结算须按合同中的单价结算，因此最终实际需要发生的工程结算金额是16 000 000.00元。而如果不发生工程量错误，15 000 000.00元(表3-19)是可以完成该项目的。

(2)工程量的错误会诱发其他施工索赔。投标人除通过不平衡报价取超额利润外，还有权提出索赔。

(3)工程量的错误还会增加变更工程的处理难度。因为投标人采用了不平衡报价，所以当合同发生工程变更而引起工程量清单中工程量的增减时，因不平衡报价对所增减的工程量计价不适应，会使得监理工程师不得不与业主及投标人协商确定新的单价来对变更工程进行计价，以致合同管理的难度增加。

(4)工程量的错误会造成投资控制和预算控制的困难。由于合同的预算通常是根据投标报价加上适当的预留费确定的，工程量的错误还会造成项目管理中预算控制的困难和增加追加预算的难度。

因此，工程量的准确性应予以保证，其误差最大不能超过5%。

3.3 投标报价技巧和策略

3.3.1 投标报价技巧

投标报价是指承包商采取投标方式承揽工程项目时，计算和确定承包该工程的投标总价格。承包商通过资格预审，购买到全套招标文件之后，即可根据工程性质、大小，组织一个经验丰富、有较强决策力的班子进行投标报价。

公路工程投标中常用单价合同，其投标报价计算主要程序如下：

(1)研究招标文件；

(2)现场考察；

(3)复核工程量；

(4)编制施工规划；

(5)计算工、料、机单价；

(6)计算间接费率；

(7)计算各清单项目的单价的合计价；

(8)考虑上级企业管理费、风险费，预计利润；

(9)确定投标价格。

微课：投标文件

1. 标价的构成

投标报价的费用构成主要有直接费、间接费、利润、税金及不可预见费等，如图3-1所示。

直接费是指在工程施工中直接用于工程实体上的人工、材料、设备和施工机械使用费等费用的总和；间接费是指组织和管理工程施工所需的各项费用，主要由施工管理费和其他间接费组成；利润和税金是指按照国家有关部门的规定，工程施工企业在承担施工任务时应计取的利润，以及按规定应计入工程造价的增值税、城市建设维护税等税金，不可预见费是工程项目的风险费。

2. 工程投标报价的编制

(1)工程投标报价的编制标准。工程报价是投标的关键性工作，也是整个投标工作的核心。其不仅是能否中标的关键，而且对中标后的盈利多少，在很大程度上起着决定性的作用。

- 总标价
  - 直接费
    - 人工费
    - 材料费
    - 施工机械费
  - 待摊费
    - 施工管理费
      - 人员费
      - 差旅费
      - 办公和生活家具费
      - 办公费(日常办公用品、通信、水、电费)
      - 文娱宣教费
      - 试验费、后勤车辆使用费
      - 其他直接费
      - 小型工具费
      - 会议及招待费
    - 临时设施费
    - 保险费
    - 税金
    - 贷款利息
    - 保函手续费
    - 经营业务费
    - 投标费
    - 物价上涨费
    - 计划利润
    - 不可预见费、风险费
  - 分包费＝分包人报价＋主包管理费备用金额(投标人备用金)

图 3-1　工程标价构成

(2)工程投标报价的编制原则。

1)必须贯彻执行国家的有关政策和方针，符合国家的法律、法规和公共利益。

2)认真贯彻等价有偿的原则。

3)工程投标报价的编制必须建立在科学分析和合理计算的基础之上，要较准确地反映工程价格。

(3)影响投标报价计算的主要因素。

1)工程量。工程量是计算报价的重要依据。多数招标单位在招标文件中均附有工程实物量。因此，必须进行全面的或重点的复核工作，核对项目是否齐全、工程做法及用料是否与图纸相符，重点核对工程量是否正确，以求工程量数字的准确性和可靠性。在此基础上再进行套价计算。另一种情况就是标书中根本没给工程量数字，在这种情况下就要组织人员进行详细的工程量计算工作，即使时间很紧迫也必须进行计算；否则，影响编制报价。

2)单价。工程单价是计算标价的又一个重要依据，同时也是构成标价的第二个重要因素。单价的正确与否，直接关系到标价的高低。因此，必须十分重视工程单价的制订或套用。制订的根据：一是国家或地方规定的预算定额、单位估价表及设备价格等；二是人工、

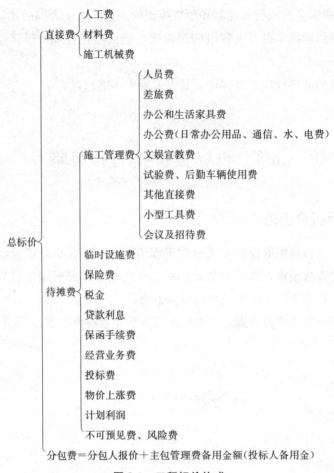

材料、机械使用费的市场价格。

3)其他各类费用的计算。其他各类费用的计算是构成报价的第三个主要因素。这个因素占总报价的比重是很大的，少者占20%～30%，多者占40%～50%。因此，应重视其计算。

为了简化计算，提高工效，可以将所有的各种费用都折算成一定的系数计入报价。计算出直接费后再乘以这个系数，就可以得出总报价了。

工程报价计算出来以后，可用多种方法进行复核和综合分析。认真详细地分析风险、利润、报价让步的最大限度，之后参照各种信息资料及预测的竞争对手情况，最终确定实际报价。

(4)工程投标报价计算的依据。

1)招标文件，包括工程范围、质量、工期要求等。

2)施工图设计图纸和说明书、工程量清单。

3)施工组织设计。

4)现行的国家、地方的概算定额和预算定额、取费标准、税金等。

5)材料预算价格、材差计算的有关规定。

6)工程量计算的规则。

7)施工现场条件。

8)各种资源的市场信息及企业消耗标准或历史数据等。

(5)编制步骤。报价的编制质量及价格高低，是直接影响投标项目是否中标的重要因素。在编制报价之前，应当遵循以下投标步骤：

1)研究招标文件。在通过资格预审后，投标单位就应按招标单位规定的日期和地点购买招标文件，招标文件规定了承包人的职责与权利，以及对工程的各项要求，必须高度重视。因此，购得招标文件后，应组织得力的设计、施工、预算等人员对招标文件进行研究。

2)现场考察。现场考察一般是标前会议的一部分，招标人会组织所有投标人进行现场参观和说明。投标人应准备好现场考察提纲并参加这一活动。

投标者应参加由业主(招标单位)安排的正式现场考察；否则，投标者可能会被拒绝投标。按照国际、国内规定，投标人提出的报价一般被认为是在现场考察的基础上编制的，一旦标书交出，如在投标日期截止后发现问题，投标人就无法因为现场考察不周、情况不了解等缘故提出修改标书，或调整标价给予补偿的要求。另外，编制标书需要许多数据并了解有关情况，也要从现场考察中得出。因此，投标人在报价以前必须认真地进行工程现场考察，全部、细致地了解工地及其周围的政治、经济、地理、法律等情况。如果考察时间不够，参加编标人员在标前会议结束后，一定要再留下几天，重点补充考察，并在当地做材料、物资等调查研究，收集编标用的资料。

现场考察的主要内容有以下几项：

①政治方面(主要指国外承包工程，这里不做详细说明)。

②地理、地貌、气象方面。

a. 项目所在地及附近地形地貌与设计图纸是否相符。

b. 项目所在地的河流水深、地下水情况、水质等。

c. 项目所在地近 20 年的气象，如最高(最低)气温、每月雨量、雨期时间、冰冻深度、降雪量、冬季时间、风向、风速等情况。

d. 当地特大风、雨、雪等情况。

e. 地震灾害等。

f. 自然地理：修筑便道位置、高度、宽度标准，运输条件及水、陆运输等情况。

③法律、法规方面。国内承包工程主要指与承包活动相关的合同法、税收法、劳动法、环境保护法、建筑市场管理法等。

④工程条件。

a. 工程所需当地建筑材料的料源及分布地。

b. 场内外交通运输条件，现场周围道路桥梁通过能力，便道、便桥修建位置、长度和数量。

c. 施工供电、供水条件，外电架设的可能性(包括数量、架支线长度、费用等)。

d. 新建生产、生活用房的场地及可能租赁民房情况、租地单价。

e. 当地劳动力来源、技术水平及工资标准情况。

f. 当地施工机械租赁、修理的能力。

⑤经济方面。

a. 工程所需各种材料，当地市场供应数量、质量、规格、性能是否能满足工程要求及其价格情况。

b. 当地买土地点、数量、运距。

c. 国外承包工程还要了解当地工人工作时间、年法定假日天数，工人假日和冬、雨、夜施工及病假补贴，工人所交所得税及社会保险金。

d. 监理工程师工资标准。

e. 当地各种运输、装卸及汽柴油价格。

f. 当地主副食供应情况和近 3～5 年物价上涨率。

g. 保险费情况。

⑥工程所在地有关健康、安全、环保和治安情况。例如，工程所在地的医疗设施、救护工作、环保要求、废料处理、保安措施等。

⑦其他方面。现场考察需带有业主(或招标单位)发的 1/2 000 比例的平面图，详细标绘施工便道、便桥、现场布置及数量。调查路基范围内拆迁情况，需要填筑的水塘面积大小、抽水数量、淤泥深度和数量，以及了解开山的岩石等级、打洞放炮设计施工方法。调查桥梁位置、水深水位、便桥架设、钻孔(打桩)工作平台搭设、深水基础、承台、下部构造如何施工、上部构造如何预制、预制场设置在哪里及怎样布置、安装等有关具体问题。以便为施工组织设计做好准备。

3)参加标前会议。标前会议也称投标预备会，是招标人给所有投标人提供的一次答疑机会，有利于加深对招标文件的理解，凡是想参加投标并希望获得成功的投标人，都应认真准备和积极参加标前会议。在标前会议之前，应事先深入研究招标文件，并将研究过程中发现的各类问题整理成书面文件，寄给招标人并要求其给予书面答复，或在标前会议上予以解释和澄清。参加标前会议时应注意以下几点：

①对工程内容范围不清楚的问题，应提请解释、说明，但不要提出任何修改设计方案的要求。

②如招标文件中的图纸、技术规范存在相互矛盾之处，可请求说明以何为准，但不要轻易提出修改技术要求。

③对含糊不清、容易产生理解上歧义的合同条款，可以请求给予澄清、解释，但不要提出任何改变合同条件的要求。

④应注意提问的技巧，注意不使竞争对手从自己的提问中获悉本公司的投标设想和施工方案。

⑤招标人或咨询工程师在标前会议上对所有问题的答复均应发出书面文件，并作为招标文件的组成部分，投标人不能仅凭口头答复来编制自己的投标文件。

投标人完成现场考察和标前会议后，可编制出材料和机械台班单价，同时给施工组织规划设计，提供大量第一手资料，为制订出合理的报价打下基础。

4)核实工程量。核实工程量直接关系到工程计价及报价策略，必须认真做好。一般情况下，招标文件中已给定工程量，而且规定对工程量不做增减。在这种情况下，只需要复核其工程量即可。若发现所列工程量与调查核实结果不符，可在计算标价时作为一种策略加以利用。但如果发现工程量存在重大出入，特别是漏项，必要时可找业主核对，并给予书面确认。对于总价合同，这一点尤其重要。

5)编制施工组织规划设计。在进行计算标价之前，首先应制订施工规划，即初步的施工组织计划。招标文件中要求投标人在报价的同时要附上其施工规划。施工规划内容一般包括工程进度计划和施工方案等。招标人将根据这些资料评价投标人是否采取了充分合理的措施，保证按期完成工程的任务。另外，施工规划对投标人自己也是十分重要的，因为进度安排是否合理，施工方案选择是否恰当，与工程成本和报价有密切关系。制订施工规划的依据是设计图纸、规范、经过复核的工程量清单、现场施工条件、开工和竣工的日期要求、机械设备来源、劳动力来源等。

编制一个好的施工规划可以大大降低标价，提高竞争力。编制的原则是在保证工期和工程质量的前提下，尽可能使工程成本最低，投标价格合理。

①工程进度计划。在投标阶段编制的工程进度计划不是工程施工计划，可以粗略一些，一般用横道图表示即可，除招标文件专门规定必须用网络图外，不一定采用网络计划，但应考虑和满足以下要求：

a. 总工期符合文件的要求，如果合同要求分期、分批竣工交付使用，应标明分期、分批交付使用的时间和数量。

b. 表示各项主要工程的开始和结束时间。例如，道路工程中的土方工程、桥涵工程、路面工程等的开始时间和结束时间。

c. 体现主要工序相互衔接的合理安排。

d. 有利于基本上均衡地安排劳动力，尽可能避免现场劳动力数量急剧起落，这样可以提高工效和节省临时设施。

e. 有利于充分有效地利用施工机械设备，减少机械设备占用周期。

f. 便于编制资金流动计划，有利于降低流动资金占用量，节省资金利息。

②施工方案。制订施工方案要从工期要求、技术可行性、保证质量、降低成本等方面综合考虑。其内容应包括以下几个方面：

a. 根据分类汇总的工程数量和工程计划中该类工程的施工周期，以及招标文件的技术要求，选择和确定各项工程的主要施工方法和适用、经济的施工方案。

b. 根据上述各类工程的施工方法，选择相应的机具设备，并计算所需数量和使用周期，研究确定是否采购新设备、调进现有设备，或在当地租赁设备。

c. 研究决定哪些工程由自己组织施工，哪些分包。若分包就要提出分包的条件和设想，以便询价。

d. 用概略指标估算直接生产劳务数量，考虑其来源及进场时间安排。可从所需直接生产劳务的数量，结合以往经验，估算所需间接劳务和管理人员的数量，并可估算生活临时设施的数量和标准等。

e. 用概略指标估算主要的和大宗的建筑材料的需用量，考虑其来源和分批进场的时间安排，从而可估算现场用于存储、加工的临时设施。如果有些建筑材料，如砂、石等拟就地自行开采，则应估计采购砂、石场的设备、人员，并计算自采砂、石的单位成本价格。如有些构件拟在现场预制，应确定相应的设备、人员和场地面积，并计算自制构件的成本价格。

f. 根据现场设备、高峰人数和一切生产和生活方面的需要，估算现场用水、用电量，确定临时供电和供水、排水设施。

g. 考虑外部和内部材料供应的运输方式，估计运输和交通车辆的需要与来源。

h. 考虑其他临时工程的需要和建设方案，如进场道路、停车场地等。

i. 提出某些特殊条件下保证正常施工的措施，例如，降低地下水水位以保证基础或地下工程施工的措施，冬期、雨期施工措施等。

j. 其他必需的临时设施的安排。如临时围墙或围篱、警卫设施、夜间照明，现场临时通信联络设施等。

如果招标文件规定承包人应当提供建设单位现场代表和驻地现场监理工程师的办公室、车辆、测试仪器、办公家具、设备和服务设施时，可以根据招标文件的具体要求，将其作为一个相对独立的子项工程报价。如果招标文件对此并无特殊规定，则可将其包括在承包人的临时工程费用中，一并在工程量清单的项目中摊销。

6)标价计算。标价的计算可以按照定额或市场的单价，逐项计算每个项目的单价与合价，分别填入招标人提供的工程量清单中，应包括人工费、材料费、施工机械使用费、其他直接费、间接费、利润、税金及材料差价和风险费用等全部费用。

①人工费、材料费、施工机械使用费。投标时采用的人工、材料、机械单价，应根据企业自身的情况及建设市场情况和劳动力、施工机械租赁市场状况综合确定。

②其他直接费、间接费、利润、税金的计算。在计算出直接费的基础上，依据企业自身情况确定各项费率及法定税率，依次计算出其他直接费、间接费、利润和税金。

③风险费的计算。风险费是指工程承包过程中由于各种不可预见的风险因素发生而增加的费用。通常，投标人经过对具体工程项目的风险因素分析之后，确定一个比较合理的工程总价的百分数作为风险费。

计算标价时，定额选用的正确与否是影响到报价高低、投标成败的关键因素之一。因此，应根据工程条件和竞争情况逐一分析，对定额予以适当调整。

3. 投标报价技巧

工程项目施工投标技巧研究，其实是在保证工程质量与工期的条件下，寻求一个好的报价的技巧问题。恰当的报价是中标的关键；但恰当的报价并不一定是最低报价。实践表明，标价过高，无疑会失去竞争力而落标，而标价过低(低于正常情况下完成合同所需的价格或低于成本)，也会成为废标而不能入围。

(1)不平衡报价法。所谓不平衡报价，是对常规报价的优化，其实质是在保持总报价不变的前提下，通过提高工程量清单中一些基价细目的综合单价，同时降低另外一些细目的单价来使所获工程款收益现值最大。即对施工方案实施可能性大的报高价，对实施可能性小的报低价。其目的是“早收钱”或“快收钱”。即赚取由于工程量改变而引起的额外收入；改善工程项目的资金流；赚取由通货膨胀引起的额外收入。一般有以下几条原则：

1)先期开工的项目(如开办费、土方、基础等隐蔽工程)的单价报价高，后期开工的项目如高速公路的路面、交通设施、绿化等附属设施的单价报价低。

2)经过核算工程量，估计到以后工程量会增加的项目的单价报价高，工程量会减少的项目的单价报价低。

3)图纸不明确或有错误的，估计今后会修改的项目的单价报价高，估计今后会取消的项目的单价报价低。

4)没有工程量，只填单价的项目(如土方工程中挖淤泥、岩石、土方超运等备用单价)的单价报价高(这样既不影响投标总价，又有利于多获利润)。

5)对暂定金额项目，分析其让承包商做的可能性大时，其单价报价高；反之，报价低。

6)零星用工(计日工)的单价一般可稍高于工程中的工资单价，因为计日工不属于承包总价的范围，发生时实报实销。但如果招标文件中已经假定了计日工的“名义工程量”，则需要具体分析是否报高价，以免提高总报价。

7)对于允许价格调整的工程，当利率低于物价上涨时，则后期施工的工程细目的单价报价高；反之，报价低。

需要注意的是：不平衡报价要适度，一般浮动不要超过30%；否则，“物极必反”。因为近年业主评标时，对报价的不平衡系数要分析，不平衡程度高的要扣分，严重不平衡报价的可能成为废标；对“钢筋”“混凝土”等常规项目最好不要提高单价；如果业主要求提供“工程预算书”，则应使工程量清单综合单价与预算书一致；同一标段中工程内容完全一样的计价细目的综合单价要一致，不同工程所用的工、料、机单价也要一致。

(2)突然袭击法。由于投标竞争激烈，因此有时为迷惑对方，可在整个报价过程中，仍然按照一般情况进行，甚至有意泄露一些虚假情况，如宣扬自己对该工程兴趣不大，不打算参加投标(或准备投高标)等假象，到投标截止前几小时，突然前往投标，并压低投标价(或加价)，从而使对手措手不及而败北。

(3)低价投标夺标法。承包商为了打进某一地区，依靠自身的雄厚资本实力，采取一种不惜代价、只求中标的低价投标方案，应用这种手法的承包商必须有较好的自身条件，并且提出的施工方案也是先进可行的。

(4)优惠取胜法。向业主提出缩短工期、提高质量、降低支付条件，提出新技术、新设计方案，提供物资、设备、设施(交通车辆、生活设施等)，以此优惠条件取得业主赞许，争取中标。

(5)以人为本法。注重与业主及当地政府搞好关系，邀请他们到本企业施工管理过硬的在建工地考察，以显示企业的实力和信誉。处理周边关系，求得理解与支持，争取中标。

(6)扩大标价法。扩大标价法也比较常用，即除按正常的已知条件编制价格外，对工程中变化较大或没有把握的工作，采用扩大单价，增加“不可预见费”的方法来减少风险。但是这种投标方法往往因为总价过高而不易中标。

(7)联合保标法。在竞争对手众多的情况下，可以采取几家实力雄厚的承包商联合起来控制标价，一家出面争取中标，再将其中部分项目转让给其他承包商分包，或轮流保标。

3.3.2 标价分析与投标报价决策

微课：投标决策及技巧

根据中华人民共和国交通运输部《公路工程标准施工招标文件》(2018年版)第一卷中投标报价说明如下：

(1)工程量清单中的每一子目须填入单价或价格，且只允许有一个报价。

(2)除非合同另有规定，工程量清单中有标价的单价和总额价均已包括为实施和完成合同工程所需的劳务、材料、机械、质检(自检)、安装、缺陷修复、管理、保险、税费、利润等费用，以及合同明示或暗示的所有责任、义务和一般风险。

(3)工程量清单中投标人没有填入单价或价格的子目，其费用视为已分摊在工程量清单中其他相关子目的单价或价格中。承包人必须按监理人指令完成工程量清单中未填入单价或价格的子目，但不能得到结算与支付。

(4)符合合同条款规定的全部费用应认为已被计入有标价的工程量清单所列各子目之中，未列子目不予计量的工作，其费用应视为已分摊在本合同工程的有关子目的单价或总额价之中。

(5)承包人用于本合同工程的各类装备的提供、运输、维护、拆卸、拼装等支付的费用，已包括在工程量清单的单价与总额价之中。

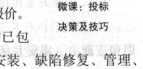

(6)工程量清单中各项金额均以人民币(元)结算。

(7)暂列金额(不含计日工总额)的数量及拟用子目的说明。

(8)暂估价的数量及拟用子目的说明。

1. 标价分析

初步计算出标价之后，应对标价进行多方面的分析和评估。其目的是探讨标价的经济合理性，从而做出最终报价决策。

标价分析包括单价分析和总价分析。单价分析就是对工程量清单中所列分项进行分析和计算，确定出每一分项的单价和合价，分析标价计算中使用的劳务、材料、施工机械的基础单价及选用的工程定额是否合理，是否符合拟投标工程的实际情况。同时，应根据以往本企业的投标报价资料进行对比分析，合理确定投标单价和总报价。

标价分析主要从宏观审核、动态分析和盈亏分析三个方面进行。

(1)标价的宏观审核。标价的宏观审核是依据长期在工程实践中积累的大量经验数据，用类比的方法，从宏观上判断初步计算标价的合理性。可采用下列宏观指标和评审方法：

1)首先应当分项统计计算书中的汇总数据，并计算其比例指标。

2)通过对各类指标及其比例关系的分析，从宏观上分析标价结构的合理性。例如，分析总直接费和总管理费的比例关系；劳务费和材料费的比例关系；临时设施和机具设备费与总直接费的比例关系；利润、流动资金及其利息与总标价的比例关系等。承包过类似工程的有经验的承包人不难从这些比例关系中判断标价的构成是否基本合理。如果发现有不合理的部分，应当初步探讨其原因。首先研究拟投标工程与其他类似工程是否存在某些不可比因素，如果考虑不可比因素的影响后，仍存在不合理的情况，就应当深入探讨其原因，并考虑调整某些基价、定额或分摊系数。

3)探讨上述平均人月产值和人年产值的合理性与实现的可能性。如果从本公司的实践经验角度判断这些指标过高或过低，就应当考虑所采用定额的合理性。

4)参照同类工程的经验，扣除不可比因素后，分析单位工程价格及用工、用料量的合理性。

5)从上述宏观分析得出初步印象后，对明显不合理的标价构成部分进行微观方面的分析检查。重点是在提高工效、改变施工方案、降低材料设备价格和节约管理费用等方面提出可行措施，并修正初步计算标价。

(2)标价的动态分析。标价的动态分析是假定某些因素发生变化，测算标价的变化幅度，特别是这些变化对计划利润的影响。

1)工期延误的影响。由于承包人自身的原因，如材料设备交货拖延、管理不善造成工程延误、质量问题导致返工等，承包人可能会增大管理费、劳务费、机械使用费及占用的资金及利息，这些费用的增加不可能通过索赔得到补偿，而且还会导致误期赔偿。一般情况下，可以测算工期延长某一时间，上述各种费用增大的数额及其占总标价的比率。这种增大的开支部分只能用风险费和计划利润来弥补。因此，可以通过多次测算，得知工期顺延多久，利润将全部丧失。

2)物价和工资上涨的影响。通过调整标价计算中材料设备和工资上涨系数，测算其对工程计划利润的影响。同时切实调查工程物资和工资的升降趋势与幅度，以便做出恰当判断。通过这一分析，可以得知投标计划利润对物价和工资上涨因素的承受能力。

3)其他可变因素影响。影响标价的可变因素很多，而有些是投标人无法控制的，如贷款利率的变化、政策法规的变化等。通过分析这些可变因素的变化，可以了解投标项目计划利润的受影响程度。

(3)标价的盈亏分析。初步计算标价经过宏观审核与进一步分析检查，可能对某些分项的单价做必要的调整，然后形成基础标价，再经盈亏分析，提出可能的低标价和高标价，供投标报价决策时选择。盈亏分析包括盈余分析和亏损分析两个方面。

1)盈余分析是从标价组成的各个方面挖掘潜力、节约开支，计算出基础标价可能降低的数额，即所谓"挖潜盈余"，进而计算出低标价。盈余分析主要从以下几个方面进行：

①定额和效率，即工、料、机械台班消耗定额及人工、机械效率分析；

②价格分析，即对劳务、材料设备、施工机械台班价格三个方面进行分析；

③费用分析，即对管理费、临时设施费等方面逐项分析；

④其他方面，如流动资金与贷款利息、保险费、维修费等方面逐项复核，找出有潜可挖之处。

考虑到挖潜不可能百分之百实现，还需乘以一定的修正系数(一般取0.5～0.7)，据此求出可能的低标价，即

低标价＝基础标价－(挖潜盈余×修正系数)

2)亏损分析是分析在算标时由于对未来施工过程中可能出现的不利因素考虑不周和估计不足，可能产生的费用增加和损失。主要从以下几个方面分析：

①人工、材料、机械设备价格；

②自然条件；

③管理不善造成质量、工作效率等问题；

④建设单位、监理工程师方面的问题；

⑤管理费失控。

以上分析估计的亏损额，同样乘以修正系数(0.5～0.7)，据此计算出可能的高标价，即

高标价＝基础标价＋(估计亏损×修正系数)

2. 投标报价决策

报价决策是投标人招集算标人员和本公司有关领导或高级咨询人员共同研究，就上述初步计算标价结果、标价宏观审核、动态分析及盈亏分析进行讨论，做出相关投标报价的最后决定。

为了在竞争中取胜，决策者应当对报价计算的准确度、期望利润是否合适、报价风险及本公司的承受能力、当地的报价水平，以及竞争对手优势的分析评估等进行综合考虑，这样才能决定最后的报价金额。在报价决策中应注意以下问题：

(1)作为决策的主要资料依据，应当是本公司算标人员的计算书和分析指标。报价决策不是干预算标人员的具体计算，而是由决策人员同算标人员一起，对各种影响报价的因素进行分析，并做出果断和正确的决策。

(2)各公司算标人员获得的基础价格资料是相近的，因此从理论上分析，各投标人报价同标底价格都应当相差不远。之所以出现差异，主要是由于以下原因：

1)各公司期望盈余(计划利润和风险费)有高低；

2)各自拥有不同优势；

3)选择的施工方案不同；

4)管理费用有差别等。

鉴于以上情况，在进行投标决策研讨时，应当正确分析本公司和竞争对手情况，并进行实事求是地对比评估。

(3)报价决策也应考虑招标项目的特点，一般来说，对于下列情况报价可高一些：

1)施工条件差、工程量小的工程；

2)专业水平要求高的技术密集型工程，而本公司在这方面有专长、声望高；

3)支付条件不理想的工程等。

如果与上述情况相反且是投标对手众多的工程，则报价应低一些。

3.4　招标投标阶段造价控制手段

1. 招标投标阶段造价控制的意义

随着《中华人民共和国招标投标法》(以下简称《招标投标法》)的颁布和实施，工程承包单位采用招标投标方式来获得工程项目。招标投标阶段是业主确定工程造价的一个重要阶段，它对今后的施工以至于工程竣工结算都有着直接的影响，因此，招标投标阶段的造价控制对整个工程造价控制非常有必要。对于保证工程质量、缩短工期及有效降低工程造价具有十分重要的意义。

2. 招标投标阶段影响工程造价的因素

(1)招标人的招标行为。《招标投标法》自实施以来在工程建设领域得到了广泛应用，形成了一套完整的招标投标法律体系，有效推进了经济体制改革，规范了市场经济活动，提高了经济效益。但是，仍有一些违法违纪现象出现在工程项目招标中，不利于工程建设进度、质量和投资的有效控制。无论是采用自行招标还是委托代理招标，招标人在组织投标人资格审查、招标文件编制、补疑澄清、开标、评标、定标过程中，是否能合法、科学、合理确定承包人，对能否达到招标目的具有重要的影响。因此，规范招标人的招标行为，是加强工程造价管理的核心。规范招标人的招标行为，就是规范招标人在招标过程中的招标程序与做法，避免工程有招标之名而无招标之实的情况；杜绝在招标中的不正当交易和腐败现象；避免政企不分、职责不明，对招标工作横加干预；避免招标人在招标中不接受行政监督等情况。

(2)招标人的标底编制。

(3)工程承包单位的施工组织设计及其投标报价。

(4)施工承包合同的签订及合同条款的解释。

3. 招标投标阶段造价控制手段

(1)正确计算工程量，确定合理的工程量清单。工程量清单是招标文件的重要组成部分，是投标单位进行投标和进行公平竞争的基础。工程量清单是单价合同的产物。目前采用比较多的是单价合同。单价合同结算时包含工程量的计算和费用的支付，能否正确计算工程量是费用结算的关键。如果在招标投标阶段工程量清单有误，施工单位在施工阶段结算时就可以通过变更或索赔来获得更大的利润，这不利工程造价的控制。在编制工程量清单过程中，要结合相应的编制办法、施工方法、施工机械，合理正确地编制工程量清单。工程量清单必须科学、合理，工程量计算准确，内容明确，客观、公正，且必须委托具有相应资质的造价咨询单位编制。

工程量清单的编写包括细目划分及工程量整理两项工作。在划分工程细目时，应满足以下要求：

1)与技术规范保持一致性；

2)便于计量与支付，减小计量难度；

3)便于合同管理及处理工程变更；

4)保持合同的公平性。

为满足上述要求，在划分工程细目时应注意下列问题：

1)工程量清单各工程细目在名称、单位等方面都应与技术规范相一致，以便投标人清楚各工程细目的内涵和准确地填写各细目的单价。

2)工程细目的大小要科学。工程细目可大可小，工程细目小有利于处理工程变更(变更的计价)，但计量工作量和计量难度会因此增加；工程细目大可减少计量工作量，但太大难以发挥单价合同的优势，不便于变更工程的处理；另外，工程细目大也会使支付周期延长，投标人的资金周转发生困难，最终影响合同的正常履行和合同的严肃性。例如，桥梁工程有基础挖方细目，因为计价中包含基础回填等工作，所以投标人必须等到基础回填工作完成以后才能办理该项目的计量与支付。但如果将基础开挖和基础回填分成两个工程细目，则可以避免上述问题。工程细目小会增加计量工作量，但对处理工程变更和合同管理是有利的。例如，路基挖方中弃方运距的处理问题，实践中有两种处理方案：一种是路基挖方单价中包括全部弃方运距；另一种是路基挖方中包括部分弃方运距(如 500 m 或 1 000 m)，而超过该运距的弃方运费单独计量与支付。可以说，如果弃土区明确而且施工中不出现变更，上述两种处理方案是一样的(而且前一种方式可减少计量工作量)。但是，一旦弃土区变更或发生设计变更，由于弃土运距发生变化，则第一种方式的单价会变得不适应，双方必须按变更工程协商确定新的单价(使投标和合同单价失效)，而采用第二种方式时合同中的单价仍然是适用的，原则上可以按原单价办理结算。

3)应将开办项目作为独立的工程细目单列出来。开办项目往往是一些一开工就要全部或大部分发生甚至开工前就要发生的项目，如工程保险、担保、投标人的驻地建设、测量放样、临时工程等。如将这些项目包含在其他项目的单价中，则投标人开工时上述各种款项不能得到及时支付，这不仅影响合同的公平性和投标人的资金周转，而且会影响招标中预付款的数量(预付款的数量要增加)，并且会加剧投标人的不平衡报价(投标人会将开工早的工程细目报价提高，以尽早收回成本)，因此影响变更工程的计价。

4)工程量清单中应备有计日工清单。设立计日工清单是为了处理一些小型变更工程(小到可以用计日工的形式来计价)计价，使工程量清单在造价管理上的可操作性更强。为控制投标人的计日工报价的合理性，在编制工程量清单时应事先假定各计日工的数量。

(2)合理编制标底。对于设有标底的招标工程，标底是评标过程中重要的参照依据。尽管标底可以采用概、预算法来编制，但两者之间容易产生混淆，实际上标底与概、预算有本质的区别，主要区别在以下几个方面：

1)概、预算反映的是建筑产品的计划价格，而标底反映的是建筑产品的市场价格。概、预算是计划经济的产物，反映的是计划价格。在概、预算编制过程中，除材料价格已修改为按市场价格来确定材料费外，其他如人工费、机械台班折旧费及管理费均按概、预算编制办法中的预算价格(即计划价格)来确定。而标底是市场经济的产物，反映的是建筑产品的市场价格，在编制标底过程中，施工中所消耗的各种资源的价格原则上应根据市场价格来确定，特别是在不完全竞争市场中更是如此。

2)概、预算在编制中主要反映的是价值规律的作用和影响，而标底除考虑价值规律的作用外，还应考虑供求规律的作用。公路工程概、预算的编制依据是《公路工程概算定额》(JTG/T 3831—2018)、《公路工程预算定额》(JTG/T 3832—2018)及编制办法，它是公路工程项目在施工过程中社会必要劳动消耗量和资源消耗量的反映，这是价值规律的要求和结果，但在概、预算编制过程中，基本上未考虑供求规律对建筑产品价格的影响，因而，使得建设项目的概、预算金额与市场价格可能产生较大的差距。

3)概、预算反映的是施工企业过去全国平均的劳工生产力水平，而标底应反映施工企业当前当地平均先进的劳动生产力水平。编制概、预算所依据的概、预算定额是根据平均先进的原则制订出来的，但编制定额所统计数据是施工企业在过去全国施工过程中所发生的数据，随着生产力水平的提高(技术水平、经济管理水平、劳动生产率的提高)，这些数据滞后于当前的劳动生产力水平，不能真实地反映在当前先进的劳动力水平下的工、料、机消耗。

4)概、预算是根据设计文件及概、预算定额和编制办法来确定工程造价，而标底应根据招标文件(或合同)中明确的承包人的义务来编制，二者包含的费用范围不同。例如，在编制标底时，其费用通常应包括建筑安装工程费、根据合同需由承包人承担的不可预见风险费、施工投标中发生的费用(即交易成本)、合理利润等费用。而概、预算还包括项目的前期准备费用、征地费用和业主自己的管理费。

5)概、预算定额及编制办法具有法令性，在编制概、预算时，除允许抽换的外，原则上应遵照执行，在执行中，即使不合理，概、预算编制者也无权擅自进行变更。但在编制标底时却不受上述规定的限制，当运用概、预算定额及编制办法来编制和确定标底时，对于定额中不合理、不能真实地反映当前劳动力生产水平的工、料、机消耗应如实进行抽换。

概、预算编制法是标底编制者借助概、预算定额及编制办法来了解或确定建筑产品的施工方法、施工成本、价格的一种方法。概、预算定额及编制办法的局限性(见前面关于标底与概、预算的区别)，使得标底编制者在依据概、预算编制标底时，不得不进行一系列的修正工作，而这些修正工作的准确性又取决于标底编制者对施工方法、施工成本及市场价格信息的掌握程度，因此，这种方法有其局限性。

为更好地符合前面提出的标底编制原则与要求，在运用概、预算法编制标底时应注意以下事项：

1)按概算编制标底时，应在概算的基础上适当下浮，因为概算定额所考虑的工、料、机消耗量通常比预算定额有一定的富余(一般富余3%～5%)。

2)对概、预算中未考虑到而根据合同承包人须发生的费用应在标底中如实予以考虑。例如，投标中发生的费用、履约担保费等，这些费用在概、预算的建筑安装工程费中未考虑进去，而根据合同承包人须发生和承担，因此，在编制标底时应予以考虑。

3)对于概、预算中明显偏高或偏低的费用，应如实予以调整或对概、预算定额中的数据应如实进行抽换。

4)因为概、预算的项目划分与招标文件中工程量清单的项目划分不一致，且各自对应的计量方法不相同，所以在编制工程细目的单价时，应在分项工程概、预算的基础上，组合出与工程量清单中的工程细目相适应的单价。

5)因为当前的劳动生产力水平，且招标又是建立在买方市场基础上，其价格通常比卖方市场(非买方市场)的价格要低，所以最后在确定标底时，应在概、预算的基础上根据建筑市场的供求状况及当前的劳动生产力水平乘以一个小于1的修正系数。

6)合同中有保险系数的规定及要求时，应考虑工程保险费但同时应剔除预算中的预备费。

因此，招标单位要合理、正确地编制标底，从源头有效地控制造价。

(3)在招标投标过程中严格审查投标单位的施工组织设计并严格控制投标的价格。施工单位编制施工组织设计时，需要认真研究招标文件中的商务条款、技术条款、投标须知、评标办法等。在了解阶段性工期与合同工期，工程质量要求与技术规范，工程自然条件、水文条件、地质交通等情况的基础上，施工组织设计将结合投标人的人力、物力，以及施工能力、技术水平、工程相关情况等进行编制。它体现了投标人的管理水平，施工组织设计是编制投标报价的依据，也影响投标人的报价，还将直接影响工程造价。投标人的施工组织设计(对投标项目拟投入人员、施工设备、施工方案、工艺流程、安全环保措施等)直接影响了投标人的报价。编制科学、合理、有效、可行的施工组织设计，对应的投标报价也是合理的。

(4)认真编制招标文件。招标文件的编制既是投标单位编制投标文件的依据，也是招标单位与中标单位签订合同的基础。招标文件提出的各项要求，对招标工作及承发包双方都有约束力。因此，招标文件的编制对于顺利完成招标工程，控制工程造价十分重要。招标文件的编制应具有针对性，可操作性，内容要全面。

(5)选择合适的合同类型。施工合同有多种类型。合同类型不同，合同双方的义务和责任不同，各自承担的风险也不尽相同，建设单位应综合以下因素来选择合适的合同类型：

1)工程项目的复杂程度。建设规模大且技术复杂的工程项目，承包风险较大，各项费用不易准确估算，因而不宜采用固定总价合同。最好是对有把握的部分采用固定总价合同，估算不准的部分采用单价合同或成本加酬金合同。有时，在同一施工合同中采用不同的计价方式，是建设单位与施工单位合理分担施工风险的有效办法。

2)工程项目的设计深度。工程项目的设计深度是选择合同类型的重要因素。如果已完成工程项目的施工图设计，施工图纸和工程量清单详细而明确，则可选择总价合同；如果实际工程量与预计工程量可能有较大出入，则应优先选择单价合同；如果只完成工程项目的初步设计，工程量清单不够明确，则可选择单价合同或成本加酬金合同。

3)施工技术的先进程度。当在工程施工中有较大部分采用新技术、新工艺，建设单位和施工承包单位对此缺乏经验，又无国家标准时，为了避免投标单位盲目地提高承包价款，或由于对施工难度估计不足而导致承包亏损，不宜采用固定总价合同，而应选用成本加酬金合同。

4)施工工期的紧迫程度。对于一些紧急工程，选择成本加酬金合同比较合适。

总之，对于一个工程项目而言，究竟采用何种合同类型不是固定不变的。在同一个工程项目不同的工程部分或不同阶段，可以采用不同类型的合同。在进行招标决策时，必须依据实际情况，权衡各种利弊，然后做出最佳决策。

(6)建立完善的招标评标系统。招标投标的原则是鼓励竞争，防止垄断。在招标投标过程中要“公平、公开、公正”。“公开”原则，就是要求招标投标活动具有高透明度，实行招标信息、招标程序公开，开标公开，中标结果公开，使每个投标者获得相同信息，知悉招标的一切条件和要求；“公平”原则就是要求给予所有投标人平等的机会，使其享有同等的权利并履行相应的义务，不歧视任何一方；“公正”原则就是要求评标时按事先公布的标准对待所有的投标人。

习　题

1. 工程量清单的特点是________、________、________。

2. 工程量清单计价的费用构成为________、________三部分。

3. 计日工计价包括________、________、________三部分。

4. 在工程量清单细目表中，单价与工程量的乘积是________。

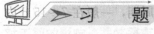

5. 暂定金额的填报可以分为________和________两部分。

6. 简述标底的概念及基本特征。

7. 简述标底与概、预算的区别。

8. 简述以概、预算为基础编制标底的基本步骤。

9. 简述工程量清单的作用及组成。

10. 工程量清单统计工作对造价及合同管理的影响。

11. 投标报价由哪些费用组成？

12. 简述报价编制的程序和步骤。

13. 什么是单价分析？如何进行单价分析？

14. 什么是标价分析？如何进行标价分析？

15. 任务设计：清单工程量统计(表 3-20)

表 3-20　任务设计

学习情境 3	招标投标阶段价格	任务	工程量清单组成	内容	清单工程量统计
任务设计	参考资料： 1. 施工图纸 2. 工程量清单范本 具体要求： 1. 熟悉工程量的提取 2. 学生分组提交工程量清单 提交成果： ××公路工程项目工程量清单表				

项目资料：

清单报价——第七合同段

1. 建设项目基本信息

(1)建设项目名称：××高速公路。

(2)编制类型：清单报价。

(3)路线总长：15 km。

(4)建设单位：××高速公路建设开发总公司。

(5)设计单位：××路桥公司。

(6)建管费汇总方式：以汇总后建安费为基数。

(7)建管费汇总累计办法：18 建管费部颁标准。

(8)汇总累计费率系数：1。

2. 造价文件基本信息

(1)文件名称：K0＋000～K15＋000。

(2)计价依据：18部颁清单计价依据。
(3)主定额：公路工程2018部颁预算定额。
(4)工程类别：路线。
(5)起止桩号：K0+000～K15+000。
(6)设计长度：15 km。
(7)公路等级：高速公路。
(8)建设性质：新建。
(9)平均养护月数：2个月。
(10)车船税标准：贵州省养路费车船税标准(140号)。
(11)机械不变费用系数：1。
(12)建管费累进办法：18建管费部颁标准。

3. 取费程序的基本信息

(1)工程所在地：贵州。
(2)费率标准：贵州省补充规定(2019)。
(3)施工取费等级：一级。
(4)冬期施工：准一区；雨期施工：Ⅱ区4。
(5)沿海地区：不计。
(6)行车干扰：不计。
(7)风沙施工：不计。
(8)高原施工：不计。
(9)夜间、施工辅助：计。
(10)职工探亲、职工取暖：不计。
(11)基本费用、财务费用、利润：计。
(12)综合里程：4 km；工地转移：50 km。
(13)规费费率：(养老保险：16%，失业保险：0.7%，医疗保险：7.5%，住房公积金：5%，工伤保险：1.3%)。

清单项目见表3-21。

表3-21 清单项目

编号	名称	单位	工程量	备注
1	第100章至第700章合计			
	第100章 总则			
101－1	保险费			
－a	按合同条款规定；提供建筑工程一切险	总额	1	(100章至700章费用合计)×3%(不含保险费)

续表

编号	名称	单位	工程量	备注
—b	按合同条款规定；提供第三方责任险	总额	1	100 000
103—1	临时道路修建、养护与拆除			
—a	便道	km	10.0	
—b	便桥	座	1.0	
103—2	临时工程用地	亩	200.0	4 000 元/亩
104—1	承包人驻地建设	总额	1.0	500 000
	第 200 章 路基			
202—1	清理与掘除			
—a	清理现场	m^2	300 000.0	运距 5 km
204—1	路基填筑(包括填前压实)			
—e	借土填方	m^3	200 000.0	运距：4 km
	第 300 章 路面			
304—2	水泥稳定土基层			
—a	厚 18 cm	m^2	80 000.0	水泥稳定碎石，水泥剂量 5%
308—2	中粒式沥青混凝土			
—a	厚 10 cm	m^2	10 000.0	
311—1	水泥混凝土路面		0.0	
—a	厚 24 cm	m^2	70 000.0	钢筋 10 t
	第 400 章 桥梁、涵洞			
403—3	上部结构钢筋	t	10.0	
410—3	30 号混凝土空心板	m^3	100.0	
	第 700 章 绿化及环境保护			
703—2	铺植草皮			
—a	路堤边坡	m^2	25 000.0	

学习情境4　工程造价的实施

本学习情境介绍工程费用结算的概念、工程费用结算的方式、工程费用结算的特点、工程费用结算的原则、计量支付、费用支付程序、工程变更、施工阶段工程造价控制手段等理论知识。工程结算是施工实施阶段的工程造价。

4.1　工程费用结算概述

1. 工程费用结算的概念

工程费用结算是指在施工过程中业主(建设单位)与承包人(施工单位)之间所发生的货币收支行为。正确而及时地组织工程费用的结算，全面做好费用结算的各项工作，对于加速资金周转，加强经济核算，对工程施工过程实行全面监督和管理，促进施工任务的完成，保证工程施工的顺利进行等方面都有着极其重要的意义。工程费用的结算过程，实际上也是组织施工活动，及时掌握施工活动的动态和变化情况的过程。

微课：工程费用结算的概念和内容

工程费用结算通过有关报表和必要的文字说明形式，定期反映业主、承包人和工程项目的经济活动情况。这些报表是一个综合性、阶段总结性的报告文件。工程费用结算一般采用转账结算的形式进行。

2. 工程费用结算的意义

(1)促使各方严格遵守合同。通过工程费用结算，可以促进业主与承包人恪守承包合同。通过结算，一方面可以使业主了解工程进展情况，及时组织资金和有关工作；另一方面则使承包人的施工消耗及时得到补偿。另外，还可以使双方发现问题并及时解决，改进和提高项目管理水平。总之，结算通过协调双方的经济关系而促使他们严格遵守承包合同。

(2)强化监理工程师的监督作用。对有监理参与的工程费用结算，其结算凭证由监理工程师签认。结算过程实际上是监理工程师对工程费用进行监理的过程。

(3)确定工程费用的实际数额。工程费用的实际数值是通过工程结算来揭示的，无论在施工之前对工程费用进行了多少次预算，签订合同所形成的合同价始终只是估算价，费用究竟是多少，只有通过施工过程中结算才能确定。结算的主要作用之一就是对实际工程费用予以确定。

(4)业主与承包商办理财务结账的依据。项目结算包含确定各阶段已完工程造价及根据确定的造价进行费用支付两层含义。费用的支付以确定的造价为基础，期中结算的金额作为各期进度款支付的依据；竣工结算造价确定之后，根据期中结算累计支付总额可计算竣工支付金额及缺陷责任期满后的最终支付金额且作为支付的依据。

(5)建设单位编制竣工决算报告的基础资料。竣工决算是建设单位编制的公路工程建设成果和财务情况的总结。在建设成本方面，根据竣工项目的所有工程的竣工结算汇总，加上设备仪器购置及工程建设其他费用的结算造价，是计算项目实际总投资，编制竣工决算的依据。

3. 工程费用结算的特点

(1)时间性。结算有明确的时间限制，特别是有监理参与的工程，从结算申请到结算审查签认和费用支付这一系列环节中，各环节都有严格的时间限制。

(2)经济性。结算本身是一种重要的经济活动，它是实现合同双方经济利益的唯一途径，体现工程活动的经济性。

(3)合法性。合法性是结算的根本特点。其一方面要求结算必须依法进行，即按合同进行结算，并在结算时遵守国家有关经济政策和结算纪律及法律要求；另一方面，则指结算凭证的合法性，结算凭证作为结算的基础，不仅必须准确、可靠，而且应合法。即用于结算的各类凭证如发票、报表等必须按国家有关政策合法提供，并且其签认程序应合法，签认者也必须是合法的签认人；否则，将无法进行结算。

4. 工程费用结算的原则

(1)遵守合同、协议条款的规定。合同中有关计价的条款是双方办理工程结算的法律性依据，应严格遵守。

随着公路工程招标投标制度的建立及公路建设管理模式的规范，我国已逐步建立适应市场经济、与国际惯例接轨的工程管理合同格式，其中工程项目结算范围与内容、计量与支付、方式与程序等造价方面条款是工程项目结算的依据，也是影响结算造价的主要因素。

(2)遵守国家、地区的有关政策规定。交通运输部颁发的《公路工程预算定额》(JTG/T 3832—2018)、《公路工程概算定额》(JTG/T 3831—2018)、《公路工程建设项目概算预算编制办法》(JTG 3830—2018)、《公路工程机械台班费用定额》(JTG/T 3833—2018)及各地区的补充规定、材料价格信息等文件，是国家和各地区对于工程造价宏观管理的法规性文件，在合同条款中应予以明确，并应严格遵守。

但应说明的是，我国在计划经济体制下建立的全国平均水平的统一定额计价法，已逐渐由法令性转变为指导性、参考性作用，如与合同条款有冲突，工程项目结算更依据于合同的有关规定。

(3)体现公平合理、实事求是的原则。结算直接反映工程建设项目业主和承包商双方的利益，在计划经济向市场经济过渡之后，过去长期在计划经济条件下形成的法规、常规的法令性逐渐减弱，新的办法还需要进一步完善。此时，在拟定有关合同计价条款时，更应注重其操作性，公平、合理、实事求是地处理好双方利益的矛盾。

5. 工程费用结算的方式

工程费用结算的内容很广，原则上工程承包合同中各项费用都必须进行结算。一般施工合同中的工程费用结算包括材料费、动员预付款、永久工程款、保留金、索赔等内容。

目前，由于各地区的差别，以及承包单位流动资金供应方式的不同和各工程项目自身的特点，可以选用不同的结算方式。对于国内工程而言，依据2004年印发的《建设工程价款结算暂行办法》，工程费用结算有按月结算，分段预支、竣工结算，竣工后一次结算和其他结算方式。

(1)按月结算。按月结算就是按照每月实际完成的分部分项工程进行结算，根据验收合格的各个月份已完成分部分项工程量与工程量清单相应项目的单价进行结算。

(2)分段预支、竣工结算。分段预支、竣工结算就是将一个工程按形象进度划分为几个阶段(部位)，按照完成段落分次预支工程费，如可按规定在开工、施工和竣工后三个阶段按合同价分别预支50%、30%和15%，其余5%留在工程竣工结算时结清。

(3)竣工后一次结算工程费用。当年开工且当年竣工的工程可在全部工程竣工后一次结算；跨年度施工的工程，可在单项工程竣工后结算。

对于国外工程或外资工程来说，若按FIDIC条款施工，则在FIDIC条款中明确规定计量支付条款，对结算内容、结算方式、结算时间和结算程序给出了明确规定，在此不做介绍。

4.2 计量支付

4.2.1 计量支付简介

微课：计量支付概述

微课：工程费用结算的支付

工程项目结算的实质是根据承包商完成的合格工程量或工作量进行合理计价并办理支付的过程。其包括计量、计价、支付等工作内容，是业主、监理工程师、承包商共同参与完成的工作。工程量清单中的工程量计算规则应按有关国家标准、行业标准的规定，并在合同中约定执行。除专用合同条款另有约定外，单价子目已完成工程量按月计量，总价子目的计量周期按批准的支付分解报告确定。

以目前普遍采用的单价合同为例，进行结算的内容构成合同价格的工程量清单中的工程细目、计日工、暂定金额项目费用，也包括在工程实施过程中引起合同价格发生变化的工程变更、索赔、价格调整等项目费用。如何对这些项目进行计量、计价并进行支付，构成了公路工程项目结算的内容。

因此，工程项目结算包括确定已完工程造价(计量、计价)和结算费用支付两大内容。其项目构成如下。

1. 合同价格

合同价格是业主与中标承包商签订的合同中的工程数量清单及其造价，或以其他计价方式(如施工图预算下浮)确定的施工前预计造价，是合同文件的组成部分。

(1)合同价格的构成。不同的合同类型(总价、单价、成本加酬金合同等)有不同的合同价格构成形式。我国目前实施的单价合同，在世行贷款项目及部分外商投资项目，直接采用国际咨询工程师联合会合同条件；另外，其他项目是参照 FIDIC 合同条件，结合我国国情及不同项目特点进行编制的类似格式。单价合同是将工程技术、法律、经济、管理等有机结合起来的合同条件。其特点是固定单价，工程量按实计量进行结算。

单价合同的合同价格是在工程量清单汇总表中的投标总价金额。不同项目的投标金额所包括的项目有各自的规定，有的仅是工程细目表金额，有的还包括计日工金额、暂定金额等项目金额。

(2)工程量清单格式与费用组成。不同工程项目合同文件中的工程数量清单格式与内容不尽相同，交通运输部颁发的《公路工程标准施工招标文件》(2018 年版)工程量清单由说明、工程细目(工程量清单)、专项暂定金额汇总表、计日工明细表和工程量清单汇总表五部分组成。

1)工程细目表金额。工程细目表是根据公路工程的不同部位和施工内容进行分类的。如《公路工程标准施工招标文件》(2018 年版)中分总则、路基、路面、桥梁涵洞、隧道、安全设施及预埋管线、绿化及环境保护设施七类科目。每个科目根据工作性质、内容再分为不同的细目，科目与细目按顺序进行编号。每一细目的金额是由招标文件中的工程数量与中标单位填报的单价相乘而得，每一科目是该科目所包括的所有细目之和，将合同中所有科目的金额汇总，就可得到合同价格中工程细目表金额。

工程细目表金额与概、预算定额计价形式相似，但在细目划分、内容、单价等方面有所不同，主要体现在以下几个方面：

①工程细目的划分，为便于承包商投标报价及工程实施过程对工程量计量、计价、支付工作的简化，在预算定额细目划分基础上进行综合与概括，往往一个细目的工作内容及单价是预算定额中几个细目的工作与单价之和。如桩基础以 m 为计量单位，在合同技术规范中明确包含的工作内容与费用有：材料的采购、供应、加工、运输，施工平台及支架设备的安装、拆除，临时护筒的沉入，挖土围堰，钻孔，泥浆护壁，清孔，安装钢筋骨架笼，混凝土的灌注、养护，截桩头，无破损检验的一切与此有关的作业与价款，相当于预算定额中灌注桩工作平台定额细目，护筒制作、埋设、拆除；钻孔；灌注桩混凝土；灌注桩钢筋的细目之和。

②将概、预算中的临时工程、临时设施项目，以及实体工程量细目之外，概、预算中没有但与工程实施有关的项目列在工程细目第 100 章“总则”之中。如各种保险费，为监理工程师提供办公、生活、车辆使用费等，计量单位一般以项计。

③工程量清单中各细目的单价是综合单价，包括完成每个细目计量单位的工程量所花费的工、料、机、其他直接费、间接费、利润、技术装备费、税费(如作独立一项在“总则”中则扣除)、上交管理费、缺陷工程维修费等一切有关费用，以概、预算文件资料进行报价时应进行适当的归纳与调整。

2)计日工金额。计日工金额是有别于工程概、预算定额的一类费用，是指工程在实施中，在工程细目表以外，有一些临时性的或新增的小型变更项目，为避免按工程变更处理的烦琐程序，通过监理工程师指示承包商按计日工方式完成，以计日工(或计时)使用人工、材料、施工机械所需的费用进行结算。计日工分计日工劳务、材料、施工机械单价表，招标文件中计日工数量一般是根据经验估计的数量，承包商投标时按估计数量填写单价、金额，并汇总而得到合同价格中这一部分的金额，列于汇总表。

计日工说明：一是未经监理人书面指令，任何工程不得按计日工施工；接到监理人按计日工施工的书面指令，承包人也不得拒绝；二是投标人应在计日工单价表中填列计日工子目的基本单位或租价，该基本单价或租价适用于监理人指令的任何数量的计日工的结算与支付。计日工的劳务、材料和施工机械由招标人(或发包人)列出正常的估计数量，投标人报出单价，计算出计日工总额后列入工程量清单汇总表并进入评标价。

3)暂列金额。暂列金额是以工程细目金额与计日工金额之和为基数，确定一个百分比计算的暂定费用(如3%～7%)，与概算计价中的预备费相似。这部分费用一般由业主掌握，用于支付工程细目表与计日工金额超支部分，以及由工程变更、索赔、价格调整与施工阶段出现无法预料情况增加的其他费用。其支付的范围、条件、要求等应在合同条款中明确。暂列金额只能按照监理人的指示使用，并对合同价格进行相应调整。

由以上几个部分的费用之和构成的合同价格，是以施工前预计数量为依据的，只能作为工程项目结算的基础性资料，工程项目结算要按照完成的准确数量及其他变动情况进行。

2. 合同价格不变部分结算

合同价格不变部分结算是指工程量清单中科目、细目的工作性质及单价均维持不变，以计量的已完合格工程量或工作量确定的造价。结算的项目内容包括以下几项：

(1)工程量清单中第100章“总则”的项目；

(2)工程量清单中科目、细目、单价不变的工程项目；

(3)计日工结算。

3. 工程变更造价结算

(1)影响合同价格变化的原因。公路工程施工周期较长，各种因素的变化都可能影响工期和造价，使其发生变化，这是工程建设各方面所面临的风险。每一个影响因素的变化导致工程造价变化的处理方法、程序和由谁承担损失，在合同有关条款中都应明确规定。如何根据具体变化因素及合同条款规定，明确承包商应获取的变更费用，是工程项目结算的一项重要内容。

归纳起来，影响合同价格变更的有设计变更、进度计划变更、施工条件变化，技术标准变更等因素。至于由社会因素(物价、法规、汇率、动乱、战争等)、自然因素(洪水、地震等)、业主及其代理人(监理工程师)的工作失误等引起的合同变更对造价的影响，在工程索赔、清单中总则的保险细目、价格调整等相关内容中处理。

(2)工程变更的内容及调价的判别标准。根据《公路工程标准施工招标文件》(2018年版)和《公路工程施工监理规范》(JTG G10—2016)，工程变更包括以下六个方面的内容：

1)增加或减少合同中包括的任何工作的数量；

2)取消任何此类工作；

3)改变任何此类工作的性质、质量或种类；

4)改变本工程所必要的任何种类的附加工作；

5)改变本工程任何部分的规定顺序或时间安排；

6)完成本工程所必要的任何种类的附加工作。

4. 工程索赔费用结算

索赔是当事人一方在工程承包合同履行过程中，由于另一方未履行合同所规定的义务或不可抗力因素而遭受损失，向另一方提出赔偿要求的行为。承包商向业主索赔为施工索赔，业主向承包商索赔为业主反索赔。对于承包商而言，索赔的对象，一是业主；二是保险公司。索赔的内容包括费用索赔与工期索赔。费用索赔是索赔的最终目的；工期索赔很大程度上也是为了费用索赔。

微课：索赔

索赔费用结算就是将合同履行过程中所发生的每一次施工索赔(如有业主反索赔，则应扣减)费用汇总，是承包商在合同价格之外获得的费用补偿。

我国目前工程管理水平较低，业主、承包商都很难严格执行合同，通常双方都有违约行为，而且索赔的意识不强。随着建筑市场法制化、规范化及工程管理水平的提高，合同意识特别是索赔行为将会越来越得到重视和应用。

4.2.2 费用支付程序

支付是对承包商完成工程量或工作量进行计量并确定各项款项后，办理付款手续的过程，是公路工程项目结算确定造价与支付费用的两大内容之一。

支付根据内容与性质的不同，按时间顺序可分为动员预付款支付、期中支付、竣工支付和最终支付四类。

1. 动员预付款支付

动员预付款是开工前业主支付给承包商用于工程开办费的一笔无息贷款，在施工阶段根据工程进度及时间分期从期中支付扣回。

(1)动员预付款支付的条件。

1)业主与承包商正式签订了工程承包合同并已生效。

2)承包商按合同文件格式(或业主及监理工程师认可的格式)提交有效期为合同履约期的履约保证金或履约银行保函，金额由合同条款规定。

3)承包商按合同文件格式(或业主及监理工程师认可的格式)提交有效期为扣完预付款终止的预付款银行保函，金额一般与预付款相同，且应随预付款的逐渐扣回而减少。

(2)动员预付款金额。动员预付款金额一般为合同价的5%～15%，具体以合同条款的规定为准。

(3)动员预付款支付一般按以下的程序办理。

承包商提出申请(14 d)⟶监理工程师签认(14 d)⟶业主批准并支付

支付可一次性支付，有时为限制承包商挪用预付款，在合同中预定分两期支付。如某合同规定，第一期支付50％，当承包人按施工组织设计中相适应进度的主要施工设备及人员进场后再支付余下的50％。

(4)动员预付款的扣回。动员预付款是从各期的期中支付(月进度款)中扣回，扣回一般采用工作量比例法及月度平均法两种方法。

1)工作量比例法。如《公路工程标准施工招标文件》(2018年版)中规定，在期中支付证书的累计金额未达到合同价格的35％之前不予扣回，在达到合同价格的35％之后，开始按工程进度以固定比例(即每完成合同价格的1％，扣回预付款的2％)分期从各月的期中支付证书中扣回，全部金额在期中支付证书的累计金额达到合同价格的85％时扣完。用以下方式表示。

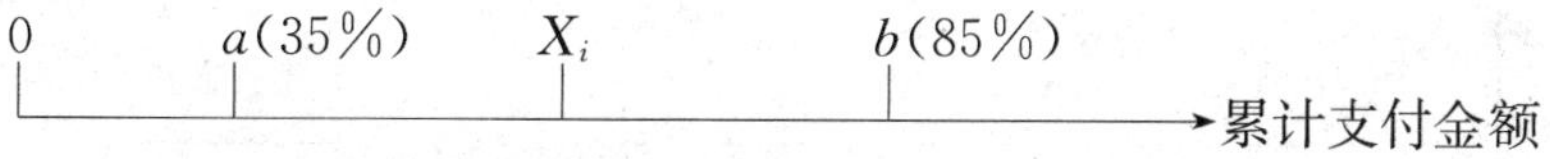

图中，a、b分别为预付款起扣点和终止点的累计支付金额；X_i是a、b范围内某期累计支付额。如合同价用H表示，预付款总额用Y_0表示，则某期应扣回预付款Y_i用下列公式计算：

$$Y_i=2\times[(X_i-a)/H]\times Y_0$$

【例4-1】 某合同价格为5 000万元，预付款10％即500万元，第12月的累计支付金额为2 400万元，则应从第12个月扣回的预付款计算如下：

$$a=5\ 000\times 35\%=1\ 750(万元)$$

$$b=5\ 000\times 85\%=4\ 250(万元)$$

$X_{12}=2\ 400$万元，在扣回预付款的范围内($a<X_{12}<b$)

$$H=5\ 000\ 万元$$

$$Y_0=500\ 万元$$

则有：$Y_{12}=2\times[(X_i-a)/H]\times Y_0=2\times[(2\ 400-1\ 750)/5\ 000]\times 500=130$(万元)。

2)月度平均法。采用这种方法时，一般合同规定起扣点与终止点的月度，在起扣点与停止点的月度期内逐月按平均等量扣回。

如某合同规定，其扣点为累计支付金额达到合同价的20％的当月，终止点在规定竣工日前3个月的当月。则每月应扣回预付款可用以下公式计算：

$$Y_i=Y_0/N$$

式中，Y_0为预付款总额；N为扣回预付款总期数。

【例4-2】 如例4-1，为预付款总额合同规定完成工作量20％的当月起至竣工之前3个月的当月内按月度平均法扣回预付款，合同工期为24个月，在开工6个月后完成了合同价格的20％工作量，第12个月应扣预付款的计算可用相应公式计算如下：

预付款扣回起扣点与终止点的总月数计算：$N=24-(6-1)-2=17$(月)。

从开工第 6 个月开始至第 22 个月终共 17 个月内，则每月按 500/17＝29.41(万元)平均扣回预付款。

2. 期中支付

期中支付又称月进度支付，是对承包商当月应获得的款项，扣减合同规定应予以扣减的款项后支付给承包商的费用。

(1)支付项目内容和支付额计算。期中支付的项目、内容、应扣减的款项及实际支付额的计算程序与方法，见表 4-1。

表 4-1　支付项目及计算程序表

序号	项目		计算方法	说明
1	支付项目	工程量各清单各项目		按计量证书中的工程量清单与工程量清单中相应单价计算
2		计日工		
3		工程变更	截至本月完成累计金额	按计量证书中的工程量与变更工程通知书中相应单价计算
4		工程索赔		按索赔审批书中确认(或暂定)累计金额计算
5		价格调整		按价格调整一览表累计金额计算
6				
7		截至本月完成的工程总金额	6＝1＋2＋3＋4＋5	
8		动员预付款支付		
		材料预付款支付	截至本月总付出	
9	扣款项目	扣回动员预付款	截至本月累计扣款金额	按合同规定的办法计算
10		扣回材料预付款		按合同规定的办法计算
11		业主供材时扣回供应材料款		按合同辅助表中业主供材相应价格计算
12		扣保留金	6×(5%～10%)	按合同规定的百分比计算
13		截至本期总支付	13＝6＋7＋8－9－10－11－12	
14		减上期实际支付总额		
15		加延期付款利息		按合同规定的办法计算
16		本期实际支付款	16＝13－14＋15	

(2)期中支付的程序与要求。

1)承包商应在合同规定的每月月底前(一般在每月 25 日前)，将经各方签认的中间计量汇总表、计日工一览表、工程变更一览表、索赔审批表、价格调整一览表等表格按要求的份数汇总填报期中支付申请表，提交监理工程师；

2)监理工程师应在合同规定时间内(一般为 7～14 d)，审批并修订承包人的支付申请后，向业主签发“中期支付证书”。如本期应支付额低于合同规定的支付最低限额时，将本期应支付额汇总于下一期支付证书中，监理工程师可不签发本期的“中期支付证书”。

监理工程师审核的内容包括以下几项：

①申请的格式和内容符合合同要求；

②各项资料、证明文件手续齐全；

③所有款项计算与汇总无误。

3)业主应在合同规定时间内(一般为 14～28 d)批准“中期支付证书”，并按合同规定的货币形式支付。

3. 竣工支付

竣工支付是指工程竣工并签发交工证书后的规定时间内进行的支付。

(1)竣工支付的项目内容与期中支付基本相同，存在的差异有以下几项：

1)按合同规定将所扣保留金的一半退还给承包商。

2)增加提前竣工奖金项目。为提高承包商积极性，有些合同规定，如工程比合同规定的工期提前竣工，承包商可得到提前竣工奖金。提前竣工奖金的计算一般合同规定：每提前一天竣工的奖励金额与实际提前的天数相乘进行计算，总奖金一般规定不超过合同总价的 2%～5%。

3)增加延误完工罚金项目。如承包商由自身原因造成工程未能按规定的工期完成，根据合同条款的规定，承包商应向业主支付合同规定的延误完工罚金，计算方法与提前竣工奖金相同，每延误一天的处罚金额与实际延误天数相乘进行计算，总罚金一般规定不超过合同总价的 3%～10%。

(2)支付的程序与要求。支付的程序与期中支付基本相同。由于工程竣工时，工程量清单中支付项目都已完工或部分完工，故要审查的支付项目大大增加；部分工程变更、索赔等项目的费用，合同各方在施工阶段未能最终确定，此时需要进一步核实确定；各项费用要进行汇总。因此，合同条款规定办理竣工结算的时间有所延长。承包商提交“竣工支付申请”时间，一般为签发交工证书后的 42 d 内，监理工程师审核、业主确认并支付的时间也相应延长。

4. 最终支付

最终支付是工程缺陷责任期满(一般为交工验收后 12 个月)，在签发“缺陷责任终止证书”后规定时间内办理的最后一笔费用。

(1)支付的项目内容。

1)剩余保留金的返还；

2)缺陷期内的剩余工程价款；

3)缺陷期内的变更工程价款。

(2)支付的程序与要求。与期中支付、竣工支付的程序基本相同。承包商应在签发“缺陷责任终止证书”后，按合同规定的时间内(一般为 28 d)提交“最终支付申请书”，在合同规定的时间内，监理工程师进行审核并签发。

【例 4-3】 ××公路工程工作量计 600 万元，计划当年上半年内完工，主要材料金额占施工总产量的 62.5%，预付备料款占工程款的 25%，当年上半年各月实际完成施工产值见表 4-2。

表 4-2 当年上半年各月实际完成施工产值 万元

月份	1月	2月	3月	4月	5月	6月	合同调整额
完成产值	60	80	100	120	120	120	80

问题：

(1)计算本工程的预付备料款和起扣点；

(2)计算按月结算的工程进度款；

(3)计算本工程竣工结算工程款。

解：

(1)预付备料款。

预付备料款=工程价款总额×预付备料款额度=起扣点=600×0.25=150(万元)

工程价款总额－预付备料款÷主要材料所占比重=600－150÷0.625=360(万元)

(2)各月结算的工程进度款。

1 月份：工程款 60 万元，累计完成 60 万元；

2 月份：工程款 80 万元，累计完成 140 万元；

3 月份：工程款 100 万元，累计完成 240 万元；

4 月份：工程款 120 万元，累计完成 360 万元；

5 月份：已达到起扣点情况下的应收工程款为

工程款=当月已完工作量－(当月累计已完工作量－起扣点)×主材所占比重

=120－(360+120－360)×0.625

=45(万元)

4 月份 360 万元，5 月份 45 万元，360+45=405(万元)，累计完成 405 万元。

6 月份： 工程款=当月已完工作量×(1－主材所占比重)

=120 ×(1－0.625)

=45(万元)

(3)本工程竣工结算工程款。

工程额=405+45+150+80=680(万元)

4.3 施工阶段造价控制手段

公路工程是一项建设周期长、投资大、影响因素多、涉及面广的系统工程。施工阶段是实现建设工程价值的主要阶段，也是资金投入量最大的阶段。在施工阶段，施工组织设计、工程变更、索赔、工程计量方式的差别，以及工程实施中各种不可预见因素的存在，使得施工阶段的造价管理难度加大。

在施工阶段，建设单位应通过编制资金使用计划、及时进行工程计量与结算、预防并处理好工程变更与索赔，有效控制工程造价。施工承包单位也应做好成本计划及动态监控等工作，综合考虑建设成本、工期成本、质量成本、安全成本、环保成本等全要素，有效控制施工成本。

施工阶段造价控制手段主要有以下几项：

(1)进行合同交底，使项目经理部全面了解投标报价、合同谈判、合同签订过程中的情况，同时，投标单位应将合同协议书、投标书、合同专用条款、通用条款、技术规范、标价的工程量清单移交给项目经理部。项目经理部应认真研读合同，对设计图纸进行会审，对合同协议、合同条款、技术规范进行精读，结合现场的实际情况，对可能变更的项目、可能上涨的材料单价等进行预测，对项目的成本趋势做到心中有数。

(2)企业根据项目编制的实施性施工组织设计、材料的市场单价，以及项目的资源配置编制并下达标后预算；项目经理部根据标后预算核定的成本控制指标，预测项目的阶段性目标，编制项目的成本计划，并将成本控制指标和成本控制责任分解到部门、班组和个人，做到每个部门承担责任，人人肩上有担子。

(3)制订先进、经济合理的施工方案。施工方案主要包括施工方法的确定、施工机具的选择、施工顺序的安排和流水施工的组织四项内容。施工方案的不同，工期就会不同，所需机具也不同，发生的费用也会不同。因此，正确选择施工方案是降低成本的关键所在。在工程实施过程中，承包人应根据合同文件、项目的资源配置，以及当地的实际地形、地貌等制订出实施性的施工组织设计，必要时还要组织专家对施工过程中的专题施工方案进行审查，运用科学的方法对项目做多方案的技术经济比较分析，努力挖掘节约投资的潜力，从而达到节约投资、创造更多效益的目的。落实技术组织措施，走技术与经济相结合的道路，以技术优势来取得经济效益，是降低项目成本的又一个关键。一般情况下，项目应在开工之前根据工程情况制订技术组织措施。

(4)组织均衡施工，加快施工进度。凡是按时间计算的成本费用，如项目管理人员的工资和办公费，现场临时设施费和水电费，以及施工机械和周转设备的租赁费等，在加快施工进度、缩短施工周期的情况下，都会有明显的节约。

(5)加强工程变更与索赔管理，将工程预算控制在概算内。工程变更是指施工合同在履行过程中出现与签订合同时的预计条件不一致的情况，而需要改变原定施工承包范围内的某些工作内容。合同当事人一方因对方未履行或不能正确履行合同所规定的义务而遭受损失时，可向对方提出索赔。工程变更与索赔是影响工程价款结算的重要因素，也是施工阶段造价控制管理的重要内容。

在建设工程施工过程中，引起变更的原因很多，有发包人对原设计进行变更，也有经工程师同意的承包人要求进行的设计变更，导致合同价款的增减，多数设计变更都会引起工程造价的变化。因此，应尽量减少设计变更，严禁通过设计变更扩大建设规模、提高设计标准、增加建设内容等，应最终制订一个实施性的工程变更程序。一般情况下，不允许设计变更。对必须发生的设计变更，凡涉及工程费用增加的设计变更，必须经设计单位代表、建设单位现场代表、监理工程师共同签字，必要时开专家座谈会讨论，而且尽快变更及落实，减少损失。施工图的修改权为设计单位及项目设计者所拥有，施工单位是按施工图进行施工的。未经设计单位及建设单位同意，施工单位无权修改设计，而且由此而导致的工程费用的增加，由施工单位自行解决。另外，必须认真对待必须发生的设计变更，对于有问题或者费用偏高的项目可重新考虑，进行多方案比较，从中选择一种切实有效、经济合理的方案。

(6)做好合同计量支付及工程价款的结算管理工作。现有的公路工程项目多数采用的是单价合同。单价合同计量时要求是合格工程才可计量，每一个计量的工程细目都有相关的原始记录和检验评定资料。在工作过程中应检查：工程计量程序是否符合规定要求；工程计量的方法是否符合相关规定；工程费用支付是否违反相关的原则；工程费用支付的程序是否满足要求等。建设监理单位的现场代表要督促施工方做好各种记录，特别是隐蔽工程记录和工程量签证工作，保证能按时进行工程结算。在工程完工后，要及时编制最终支付证书。它的格式和内容应满足合同相关规定及监理工程师的要求；其相应的系列结算清单，必须齐全、完整，相互关系清晰；相应的系列证明资料都有监理工程师的签认确认。

4.4 工程变更

4.4.1 工程变更简介

微课：工程变更概述

在工程项目的实施过程中，由于种种原因，常常会出现设计、工程量、计划进度、使用材料等方面的变化，按照合同约定的程序，监理人根据工程需要，下达指令对招标文件中的原设计或经监理人批准的施工方案进行的在材料、工艺、功能、功效、尺寸、技术指标、工程数量及施工方法等任一方面的改变，这些变化统称为工程变更。其包括设计变更、进度计划变更、施工条件变更及原招标文件和工程量清单中未包括的“新增工程”。

1. 表现形式

(1)更改工程有关部分的标高、基线、位置和尺寸；

(2)增减合同中约定的工程量；

(3)增减合同中约定的工程内容；

(4)改变工程质量、性质或工程类型；

(5)改变有关工程的施工顺序和时间安排；

(6)为使工程竣工而必需实施的任何种类的附加工作。

在实际的公路工程项目施工中，工程造价会受到多个方面的影响。此时，为了实现业主方投资效益的最大化，就必须要采取科学、合理的应对措施，对各类影响因素加以控制，从而保证工程造价始终处于项目预算的范围之内。据此，应对施工阶段工程变更对公路工程造价的影响及控制进行分析研究。

2. 施工阶段工程变更的产生原因

(1)业主方面的原因。作为公路工程产品的投资者和应用者，业主方掌握着调整产品尺寸参数的权利。在实际的施工过程中，若业主方对公路工程产品结构的尺寸、标高、位置等因素存在变更需求，或临时改变施工建筑材料的供应商或服务商，都会造成施工设计方案的改动，进而出现工程变更问题。

(2)施工方面的原因。首先，若施工方人员在实际工作过程中寻找到更加经济、高效的施工工艺或施工方案，并获得业主方、监理人员的许可，即可对工程进行变更修改；其次，若施工方发生突发工作事故，或遭遇恶劣天气而无法开展工作活动，会导致工程不能按照合同进度完成，也会造成工期方面的工程变更。

(3)设计方面的原因。在公路工程的方案设计阶段，受到专业素养、工作态度等多种因素影响，设计人员有可能只对工程项目的施工环节、产品主体进行了考量，而并未将设计工作与工程所在区域的建筑基础、土壤质量、水文走向、市政配置、气候条件等外部因素相结合。这样，便会发生设计方案与实际情况相违背的情况，导致施工活动无法完完全全地按照图纸设计进行，最终不得不对工程做出变更处理。

(4)监理原因。监理工程师出于工程协调和对工程目标控制有利的考虑，而提出的施工工艺、施工顺序的变更。

(5)合同原因。原订合同部分条款因客观条件变化，需要结合实际修正和补充。

(6)环境原因。不可预见自然因素和工程外部环境变化导致工程变更。

3. 工程变更的流程

(1)提出工程变更申请报告。填报变更原因、相关图纸和变更工程量与造价等。

(2)监理公司审核工程变更必要性和可行性，审核工程变更造价合理性，审核工程变更对工期的影响，并签署审核意见；设计单位审核工程变更图纸、审核相关图纸是否满足设计规范，是否符合原设计要求，并签署审核意见。

(3)建设单位按相关规定的审批权限进行申报或批复。建设单位项目主管按上级领导批复意见向监理公司出具工程变更审批意见，明确变更是否执行。

(4)监理公司下发工程变更通知令，在变更通知中明确变更工程项目的详细内容、变更工程量、变更项目的施工技术要求、质量标准、相关图纸，明确变更工程的预算造价和工期影响。

(5)承包商按工程变更通知令执行工程变更，如承包商对工程变更持有异义，承包商也应遵照执行，并在 7 d 内向监理公司提交争议，协商解决。

4. 工程变更的审查和管理

工程变更是监理工程师的一项权利，但只有在满足独立、公正的前提下才能享有和行使这项权利。因此，FIDIC 条款规定，当监理工程师的业务素质或道德素质无法满足这种要求或监理模式改变时，可以通过专用条款对监理工程师的上述权利进行进一步限制或通过业主的监督和审查来进行进一步的管理。在变更工程的审查过程中，应本着控制投资、保证质量、加快进度、提高效益的原则来确定工程变更的必要性与可行性。当上述原则在实施中存在着不一致甚至相互矛盾的现象时，应加强变更工程的可行性研究和评审，并贯彻分级审批和互相监督的审查原则，避免滥用权力的现象发生。监理工程师在变更工程的造价管理中应贯彻合理定价和有效控制的基本原则，即变更工程的结算，一方面要有合同依据；另一方面又要公平合理，即客观地反映施工成本及竞争、供求等因素对价格的影响，且总造价原则上应控制在概算或投资估算的范围之内。

在处理工程变更时，应遵循的原则有以下几点：

(1)为严肃工程项目建设管理，加强工程的质量、进度和投资控制，必须明确工程设计文件，一经批准，不得任意变更。除非确实需要，才能根据工程变更分级按规定程序上报审批，并严格遵循部、省各有关规定。

(2)各级工程变更设计的管理与审批必须以确实需要、符合工程技术标准和规范、有利工程进展、节约工程成本、保证工程质量与进度、兼顾建设各方利益等为基本原则。

(3)工程变更项目不得将同一工程细化分解成多次、多项小额工程变更设计，上报审批。

(4)在工程变更设计过程中，不得相互串通作弊，不得通过行贿、回扣等不正当手段获取工程变更设计的审批，杜绝工程变更设计中的各种腐败行为。

(5)提出变更设计申请时，必须随附完整的工程变更设计资料，即申请报告、变更理由、原始记录、变更设计图纸、变更工程造价计划书等。

(6)对于工程变更设计，驻地监理人员必须严格把好第一关，根据工程现场实际数据、资料严格审查所提工程变更理由的充分性与变更的必要性，合理、准确地做好工程变更的核实、计量与估价，切实做到公平、合理并按规定程序正确受理。

(7)为避免影响工程进度，工程变更的审批应规定严格的时间周期，一般在 7～15 d 内批复。

(8)工程变更设计经审查批准后，由监理工程师根据批复下达工程变更令，承包人应按变更令及批准下达的变更设计文件施工，并相应增减有关工程费用。

工程变更实施后，承包单位按施工合同文件规定的程序提出变更工程造价报告；造价工程师按照标书合同中有关规定审批；变更价款确定后作为结算依据。在审查过程中要注意：一是分清责任，分别计算费用。由于施工不当或施工错误造成的，与正常程序相同，但监理工程师应注明原因，此变更费用不予处理，由施工单位自负。若对质量、工期、投资效益造成影响的，还应进行反索赔；由设计部门错误或缺陷造成的变更费用，以及采取的补救措施，由监理单位协助业主与设计单位协商是否索赔。二是工程变更应视为原施工图纸的一部分内容；所发生的费用计算应保持一致，并根据合同手段按当地有关政策进行费用调整。三是变更削减的内容也应按程序办理费用削减，若施工单位拖延，监理单位可督促其执行或采取措施直接发出削减费用估算单。四是合理化建议的办理、奖励、提成另按有关规定办理。五是工程变更造成的工期延误或延期，则由监理工程师按有关规定办理。六是承包人自身原因导致的工程变更，承包人无权要求追加合同价款。凡是没有经过总监理工程师认证并签发的工程变更一律无效；若经过总监理工程师口头同意，事后应按有关规定及时补办工程变更手续。

5. 工程变更的造价控制

工程变更是造价变化的主要根源，变更对造价的影响是复杂和多方面的，但是可以通过加强管理和应用计算机管理系统及时、准确地掌握工程项目的造价动态信息，达到主动控制造价目的，工程造价控制不是孤立的，它反映出工程建设的管理水平。造价控制是工程管理的一个方面，要控制好造价关键还得提高建设者们的管理水平，建立完善的、科学的管理体制，形成一种互相约束的机制，防止人为提高建设标准、扩大工程规模、逃避监督的现象发生。只有这样才能真正达到有效控制工程的造价、提高建设项目的经济效益和社会效益的目的。

4.4.2 工程变更造价分析

本节为实践教学，根据教师提供的图纸资料和案例讲解进行变更造价分析和计算。详见附录二(附表 2-1～附表 2-5)。

习　题

1. 工程价款结算的方式有哪些?

2. 工程结算的方式有哪些?

3. 如何进行施工中的工程结算?

4. 案例分析。

××公路工程公司于某年 3 月 10 日与某业主签订一工程施工承包合同。合同中有关工程价款及其支付的条款摘要如下：

(1)合同总价为 6 000 万元，其中工程主要材料和结构构件总值占合同总价的 60%；

(2)预付备料款为合同总价的 25%，于 3 月 20 日前拨付给承包商；

(3)工程进度款由承包商逐月(每月月末)申报，经审核后于下月5日前支付；

(4)工程竣工并交付竣工结算报告后30日内，支付工程总价款的95%，留5%为工程质量保修金，保修期(1年)满后，全部结清。

问题：

(1)计算本工程的预付备料款和起扣点。

(2)按原施工进度计划，为业主提供一份完整的逐月拨款计划。

表4-3 各月实际完成施工产值 万元

月份	4月	5月	6月	7月	8月	9月
完成产值	800	1 000	1 200	1 200	1 000	800

5. 任务设计1：进度款支付(表4-4)。

6. 任务设计2：设计变更造价分析(表4-4)。

表4-4 任务设计

学习情境4	施工阶段造价	任务1	计量支付	内容	进度款支付
任务设计	参考资料： 1. 结算案例 2. 教材 具体要求： 1. 对项目进行分析后明确需要计算的款项 2. 熟悉进度款支付的方法和类型 3. 根据项目背景计算需要支付的进度款 4. 对所计算出的进度款进行检查核实 提交成果： 根据项目资料提交进度款支付的计划表				
学习情境4	施工阶段造价	任务2	工程变更	内容	设计变更造价分析
任务设计	参考资料： 1. ××公路工程变更前后工程数量比较表 2. 总预算表 具体要求 1. 分析变更前后工程数量比较表 2. 计算变更设计预算费用 提交成果： 变更设计预算对比表				

附　　录

附录一　图纸工程量核算资料

附表 1-1　路基每公里土石方数量表(1)

×××公路改扩建工程

第 1 页　共 1 页　S3－22

桩号	挖方分类及数量/m³								填方数量/m³					利用方数量/m³				借方/m³		弃方/m³		计价土石方/m³			总运量/(m³·km)	
	总数	稀泥	土			石			总数	土		石		本桩利用		远运利用										
			松土	普土	硬土	软石	次坚石	坚石		压实方	天然方	压实方	天然方	土	石	土	石	土	石	土	石	总数	土	石	土	石
1	2	3	4	5	6	7	8	9	10	11	12	13	14	15	16	17	18	19	20	21	22	23	24	25	26	27
K37+899.456～K38+000.000	2 032			609		406	1 017		577	18	21	587	540	21	198		342					2 032	609	1 423		17
K38+000.000～K39+000.000	18 674			2 926		2 399	13 349		42 618	5 051	5 859	38 289	35 226	707	2 717	5 152	32 509					18 674	2 926	15 748	3 461	23 350
K39+000.000～K40+000.000	109 457			10 943		10 943	87 571		21 289	2 456	2 849	19 372	17 822	199	3 502	2 650	14 320			5 281	54 713	109 457	10 943	98 514	9 090	90 970
K40+000.000～K41+000.000	24 508			3 101		2 452	18 955		11 404	592	687	11 441	10 526	250	2 073	437	8 453			1 565	6 863	24 508	3 101	21 407	3 591	18 765
K41+000.000～K42+000.000	10 584			2 118		1 058	7 408		13 325	2 650	3 074	11 291	10 388	201	1 282	2 873	9 106					10 584	2 118	8 466	347	1 130
K42+000.000～K43+000.000	26 165			5 236		2 629	18 300		13 632	2 127	2 467	11 928	10 974	282	1 609	2 185	9 365					26 165	5 236	20 929	341	1 546
K43+000.000～K44+000.000	41 832			12 549		12 549	16 734		18 218	3 059	3 548	15 648	14 396	495	2 262	3 053	12 134			7 548	561	41 832	12 549	29 283	10 815	6 718
K44+000.000～K45+000.000	41 502			12 450		12 450	16 602		56 806	4 295	4 982	53 259	48 998	1 124	3 334	3 858	45 664			11 171	10 900	41 502	12 450	29 052	8 924	51 611

续表

桩号	挖方分类及数量/m³								填方数量/m³					利用方数量/m³				借方/m³		弃方/m³		计价土石方/m³			总运量/(m³·km)	
	总数	稀泥	土			石			总数	土		石		本桩利用		远运利用										
			松土	普土	硬土	软石	次坚石	坚石		压实方	天然方	压实方	天然方	土	石	土	石	土	石	土	石	总数	土	石	土	石
K45+000.000～K46+000.000	7 316			2 197		2 197	2 922		5 170	520	603	5 392	4 961	151	926	452	4 035			1 024	865	7 316	2 197	5 119	1 772	3 019
K46+000.000～K47+000.000	13 440			4 031		4 031	5 378		16 155	1 678	1 946	15 051	13 847	249	1 325	1 697	12 522			2 364	817	13 440	4 031	9 409	2 236	4 626
K47+000.000～K48+000.000	37 963			7 552		7 552	22 859		46 735	7 195	8 346	40 161	36 948	305	2 938	8 041	34 010			5 206	4 364	37 963	7 552	30 411	9 510	29 463
K48+000.000～K49+000.000	23 759			7 054		3 937	12 768		33 583	3 597	4 173	30 652	28 200	410	1 866	3 763	26 334					23 759	7 054	16 705	2 064	32 211
K49+000.000～K48+420.000	29 745			11 898		5 949	11 898		10 457	3 027	3 511	7 849	7 221	109	627	3 402	6 594					29 745	11 898	17 847	864	3 876
K48+420.000～K49+000.000	78 900			31 560		15 780	31 560		2 023	545	632	1 693	1 558	132	321	500	1 237			31 163	3 527	78 900	31 560	47 340	21 173	2 653
K49+000.000～K50+000.000	14 299			5 721		2 857	5 721		58 656	4 235	4 913	54 991	50 592	494	1 118	4 419	49 474			4 952	2 368	14 299	5 721	8 578	13 111	42 900
K50+000.000～K51+000.000	84 226			33 691		16 844	33 691		53 532	7 337	8 511	46 572	42 846	1 074	3 438	7 437	39 408			19 684	8 537	84 226	33 691	50 535	45 490	49 188
K51+000.000～K52+000.000	89 721			17 737		11 896	60 088		16 781	4 633	5 374	12 587	11 580	218	1 420	5 156	10 160			17 365	34 936	89 721	17 737	71 984	54 991	108 667
K52+000.000～K53+000.000	61 422			6 140		6 140	49 142		20 299	472	548	20 198	18 582	209	2 233	339	16 349			5 520	35 857	61 422	6 140	55 282	12 079	82 389
K53+000.000～K54+000.000	142 121			14 208		14 208	113 705		3 645	246	285	3 699	3 403	133	1 539	152	1 864			13 392	121 764	142 121	14 208	127 913	18 761	169 790
K54+000.000～K55+000.000	39 435			7 702		7 702	24 031		4 895	510	592	4 816	4 431	161	1 265	431	3 166			7 416	28 364	39 435	7 702	31 733	1 568	6 663
K55+000.000～K56+000.000	12 427			2 486		2 486	7 455		7 545	836	970	7 342	6 755	244	2 095	726	4 660			1 221	1 448	12 427	2 486	9 941	1 306	2 067
K56+000.000～K57+000.000	8 730			1 747		1 747	5 236		6 270	642	745	6 225	5 727	113	811	632	4 916			708	4	8 730	1 747	6 983	1 706	1 440
K57+000.000～K58+000.000	2 326			464		464	1 398		4 087	632	733	4 286	3 943	98	699	635	3 244			22		2 326	464	1 862	591	5 068
K58+000.000～K58+013.312	79			16		16	47		11	0	0	11	10		10							79	16	63		
合计	920 663			204 136		148 692	567 835		467 713	56 353	65 369	423 341	389 474	7 379	39 608	57 990	349 866			135 602	315 888	920 663	204 136	716 527	223 789	738 127

编制：　　复核：　　审核：

附表 1-2　路基排水工程数量表(6)

×××公路改扩建工程　　　　第 1 页　共 6 页　S3－31

序号	起讫桩号	工程名称	主要形式及尺寸说明	单位	位置长度/m		工程项目及数量						备注
					左	右	M7.5 浆砌片石/m³	C25 混凝土/m³	C30 混凝土预制板/m³	10 号砂浆勾缝/m²	10 号砂浆抹面/m³	HRB400/kg	
1	K37＋899.456～K38＋052	矩形边沟	Ⅰ型边沟	m	153		107.5				1.8		
2	K38＋190～K38＋330	矩形排水沟	Ⅵ型边沟	m	140		116.2				1.7		
3	K38＋450～K38＋487	矩形边沟	Ⅰ型边沟	m	37		28.0	6.2	4.4		0.4	555.0	
4	K38＋630～K38＋710	矩形边沟	Ⅰ型边沟	m	80		60.6	13.4	9.4		1.0	1 200.0	
5	K39＋132～K39＋878	矩形边沟	Ⅰ型边沟	m	746		525.9				9.0		
6	K40＋110～K40＋172	矩形边沟	Ⅰ型边沟	m	62		43.7				0.7		
7	K40＋251～K40＋290	矩形边沟	Ⅰ型边沟	m	39		27.5				0.5		
8	K40＋563～K40＋610	矩形边沟	Ⅰ型边沟	m	47		35.6	7.9	5.5		0.6	705.0	
9	K40＋710～K40＋732	矩形边沟	Ⅰ型边沟	m	22		16.7	3.7	2.6		0.3	330.0	
10	K40＋810～K40＋850	矩形边沟	Ⅰ型边沟	m	40		28.2				0.5		
11	K40＋951～K41＋037	矩形边沟	Ⅰ型边沟	m	86		60.6				1.0		
12	K42＋210～K42＋310	矩形边沟	Ⅰ型边沟	m	100		75.8	16.8	11.8		1.2	1 500.0	
13	K42＋330～K42＋410	矩形边沟	Ⅰ型边沟	m	80		60.6	13.4	9.4		1.0	1 200.0	
14	K42＋472～K42＋590	矩形边沟	Ⅰ型边沟	m	118		83.2				1.4		
15	K42＋750～K42＋850	矩形边沟	Ⅰ型边沟	m	100		75.8	16.8	11.8		1.2	1 500.0	
16	K42＋930～K43＋137	矩形边沟	Ⅰ型边沟	m	207		156.9	34.8	24.4		2.5	3 105.0	
17	K43＋147～K43＋230	矩形排水沟	Ⅵ型边沟	m	83		68.9				1.0		
18	K43＋230～K43＋950	矩形边沟	Ⅰ型边沟	m	720		507.6				8.6		
19	K44＋096～K44＋150	矩形边沟	Ⅰ型边沟	m	54		38.1				0.6		
20	K44＋150～K44＋230	矩形排水沟	Ⅵ型边沟	m	80		66.4				1.0		
21	K44＋247～K44＋395	矩形边沟	Ⅰ型边沟	m	148		104.3				1.8		
22	K44＋470～K44＋570	矩形边沟	Ⅰ型边沟	m	100		70.5				1.2		
23	K44＋827～K44＋900	矩形边沟	Ⅰ型边沟	m	73		51.5				0.9		
24	K44＋900～K45＋110	矩形边沟	Ⅰ型边沟	m	210		159.2	35.3	24.8		2.5	3 150.0	
25	K45＋165～K45＋495	矩形边沟	Ⅰ型边沟	m	330		232.7				4.0		
26	K45＋850～K46＋100	矩形边沟	Ⅰ型边沟	m	250		176.3				3.0		
27	K46＋100～K46＋730	矩形边沟	Ⅰ型边沟	m	630		477.5	105.8	74.3		7.6	9 450.0	
28	K46＋970～K46＋990	矩形边沟	Ⅰ型边沟	m	20		15.2	3.4	2.4		0.2	300.0	
29	K47＋135～K47＋213	矩形边沟	Ⅰ型边沟	m	78		55.0				0.9		
30	K47＋270～K47＋330	矩形边沟	Ⅰ型边沟	m	60		42.3				0.7		
	小计						3 568.4	257.5	180.9		58.7	22 995.0	

编制：　　　　复核：　　　　审核：

附表 1-3　路基、路面排水工程数量表

×××公路改扩建工程　　　　第 2 页　共 6 页　S3－31

序号	起讫桩号	工程名称	主要形式及尺寸说明	单位	位置长度/m		工程项目及数量						备注
					左	右	M7.5 浆砌片石/m^3	C25 混凝土/m^3	C30 混凝土预制板/m^3	10 号砂浆勾缝/m^2	10 号砂浆抹面/m^3	HRB400/kg	
1	K47＋450～K47＋530	矩形边沟	Ⅰ型边沟	m	80		56.4				1.0		
2	K47＋850～K47＋990	矩形边沟	Ⅰ型边沟	m	140		98.7				1.7		
3	K48＋075～K48＋150	矩形边沟	Ⅰ型边沟	m	75		52.9				0.9		
4	K48＋630～K48＋730	矩形边沟	Ⅰ型边沟	m	100		75.8	16.8	11.8		1.2	1 500.0	
5	K48＋945～K48＋990	矩形边沟	Ⅰ型边沟	m	45		31.7				0.5		
6	K49＋050～K49＋205	矩形边沟	Ⅰ型边沟	m	155		109.3				1.9		
7	K48＋650～K49＋000	矩形边沟	Ⅰ型边沟	m	350		265.3	58.8	41.3		4.2	5 250.0	
8	K49＋125～K49＋325	矩形边沟	Ⅰ型边沟	m	200		151.6	33.6	23.6		2.4	3 000.0	
9	K50＋310～K50＋430	矩形边沟	Ⅰ型边沟	m	120		84.6				1.4		
10	K50＋493～K50＋990	矩形边沟	Ⅰ型边沟	m	497		350.4				6.0		
11	K51＋267～K51＋348	矩形边沟	Ⅰ型边沟	m	81		57.1				1.0		
12	K51＋430～K51＋538	矩形边沟	Ⅰ型边沟	m	108		76.1				1.3		
13	K51＋590～K51＋713	矩形边沟	Ⅰ型边沟	m	123		86.7				1.5		
14	K51＋750～K51＋833	矩形边沟	Ⅰ型边沟	m	83		58.5				1.0		
15	K51＋933～K51＋950	矩形边沟	Ⅰ型边沟	m	17		12.0				0.2		
16	K51＋970～K52＋035	矩形边沟	Ⅰ型边沟	m	65		45.8				0.8		
17	K52＋390～K53＋592	矩形边沟	Ⅰ型边沟	m	1 202		847.4				14.4		
18	K53＋930～K54＋050	矩形边沟	Ⅰ型边沟	m	120		84.6				1.4		
19	K54＋505～K54＋613	矩形边沟	Ⅰ型边沟	m	108		76.1				1.3		
20	K54＋730～K55＋545.726	矩形边沟	Ⅰ型边沟	m	816		575.1				9.8		
21	K55＋460～K55＋759	矩形边沟	Ⅰ型边沟	m	299		210.8				3.6		
22	K55＋790～K55＋830	矩形边沟	Ⅰ型边沟	m	40		28.2				0.5		
23	K55＋890～K55＋950	矩形边沟	Ⅰ型边沟	m	60		42.3				0.7		
24	K55＋950～K56＋150	矩形边沟	Ⅰ型边沟	m	200		151.6	33.6	23.6		2.4	3 000.0	
25	K56＋150～K56＋210	矩形边沟	Ⅰ型边沟	m	60		42.3				0.7		
26	K56＋611～K56＋750	矩形边沟	Ⅰ型边沟	m	139		98.0				1.7		
27	K57＋230～K57＋392	矩形边沟	Ⅰ型边沟	m	162		114.2				1.9		
28	K57＋488～K57＋500	矩形边沟	Ⅰ型边沟	m	12		8.5				0.1		
29	K57＋500～K57＋572	矩形边沟	Ⅰ型边沟	m	72		54.6	12.1	8.5		0.9	1 080.0	
30	K57＋606～K57＋670	矩形边沟	Ⅰ型边沟	m	64		48.5	10.8	7.6		0.8	960.0	
	小计						3 995.1	165.6	116.3		67.1	14 790.0	

编制：　　　　复核：　　　　审核：

附表 1-4　路基、路面排水工程数量表

×××公路改扩建工程　　　　第 3 页　共 6 页　S3－31

序号	起讫桩号	工程名称	主要形式及尺寸说明	单位	位置长度/m		工程项目及数量						备注
					左	右	M7.5 浆砌片石/m^3	C25 混凝土/m^3	C30 混凝土预制板/m^3	10 号砂浆勾缝/m^2	10 号砂浆抹面/m^3	HRB400/kg	
1	K37＋928～K37＋970	矩形边沟	Ⅰ型边沟	m		42	29.6				0.5		
2	K38＋030～K38＋050	矩形边沟	Ⅰ型边沟	m		20	14.1				0.2		
3	K38＋088～K38＋190	矩形边沟	Ⅰ型边沟	m		102	71.9				1.2		
4	K38＋190～K38＋330	矩形排水沟	Ⅵ型边沟	m		140	116.2				1.7		
5	K38＋330～K38＋350	矩形边沟	Ⅰ型边沟	m		20	14.1				0.2		
6	K38＋385～K38＋450	矩形边沟	Ⅰ型边沟	m		65	45.8				0.8		
7	K38＋450～K38＋710	矩形边沟	Ⅰ型边沟	m		260	197.1	43.7	30.7		3.1	3 900.0	
8	K38＋724～K38＋796	矩形边沟	Ⅰ型边沟	m		72	54.6	12.1	8.5		0.9	1 080.0	
9	K38＋827～K38＋850	矩形边沟	Ⅰ型边沟	m		23	17.4	3.9	2.7		0.3	345.0	
10	K38＋930～K39＋150	矩形边沟	Ⅰ型边沟	m		220	155.1				2.6		
11	K39＋649～K39＋730	矩形边沟	Ⅰ型边沟	m		81	57.1				1.0		
12	K39＋788～K39＋869	矩形边沟	Ⅰ型边沟	m		81	57.1				1.0		
13	K39＋884～K40＋500	矩形边沟	Ⅰ型边沟	m		616	434.3				7.4		
14	K40＋500～K40＋800	矩形边沟	Ⅰ型边沟	m		300	227.4	50.4	35.4		3.6	4 500.0	
15	K40＋800～K40＋910	矩形边沟	Ⅰ型边沟	m		110	77.6				1.3		
16	K40＋910～K40＋953	矩形排水沟	Ⅵ型边沟	m		43	35.7				0.5		
17	K40＋953～K41＋090	矩形边沟	Ⅰ型边沟	m		137	96.6				1.6		
18	K41＋170～K41＋370	矩形边沟	Ⅰ型边沟	m		200	141.0				2.4		
19	K41＋392～K41＋447	矩形边沟	Ⅰ型边沟	m		55	38.8				0.7		
20	K41＋470～K41＋750	矩形边沟	Ⅰ型边沟	m		280	197.4				3.4		
21	K41＋750～K42＋030	矩形边沟	Ⅰ型边沟	m		280	212.2	47.0	33.0		3.4	4 200.0	
22	K42＋030～K42＋086	矩形排水沟	Ⅵ型边沟	m		56	46.5				0.7		
23	K42＋086～K42＋200	矩形边沟	Ⅰ型边沟	m		114	80.4				1.4		
24	K42＋200～K42＋450	矩形边沟	Ⅰ型边沟	m		250	189.5	42.0	29.5		3.0	3 750.0	
25	K42＋450～K42＋610	矩形边沟	Ⅰ型边沟	m		160	112.8				1.9		
26	K42＋610～K42＋710	矩形排水沟	Ⅵ型边沟	m		100	83.0				1.2		
27	K42＋710～K42＋870	矩形边沟	Ⅰ型边沟	m		160	121.3	26.9	18.9		1.9	2 400.0	
28	K42＋890～K42＋994	矩形边沟	Ⅰ型边沟	m		104	78.8	17.5	12.3		1.2	1 560.0	
29	K43＋430～K43＋533	矩形边沟	Ⅰ型边沟	m		103	72.6				1.2		
	小计						3 075.9	243.4	171.0		50.3	21 735.0	

编制：　　　　复核：　　　　审核：

附表 1-5　路基、路面排水工程数量表

×××公路改扩建工程

序号	起讫桩号	工程名称	主要形式及尺寸说明	单位	位置长度/m		工程项目及数量						备注
					左	右	M7.5 浆砌片石/m³	C25 混凝土/m³	C30 混凝土预制板/m³	10 号砂浆勾缝/m²	10 号砂浆抹面/m³	HRB400/kg	
1	K43+563～K43+750	矩形边沟	Ⅰ型边沟	m		187	131.8				2.2		
2	K43+850～K43+904	矩形边沟	Ⅰ型边沟	m		54	38.1				0.6		
3	K43+990～K44+030	矩形边沟	Ⅰ型边沟	m		40	28.2				0.5		
4	K44+030～K44+073	矩形排水沟	Ⅵ型边沟	m		43	35.7				0.5		
5	K44+073～K44+170	矩形边沟	Ⅰ型边沟	m		97	68.4				1.2		
6	K44+170～K44+210	矩形排水沟	Ⅵ型边沟	m		40	33.2				0.5		
7	K44+210～K44+416	矩形边沟	Ⅰ型边沟	m		206	145.2				2.5		
8	K44+416～K44+470	矩形排水沟	Ⅵ型边沟	m		54	44.8				0.6		
9	K44+470～K44+610	矩形边沟	Ⅰ型边沟	m		140	98.7				1.7		
10	K44+610～K44+630	矩形排水沟	Ⅵ型边沟	m		20	16.6				0.2		
11	K44+630～K44+708	矩形边沟	Ⅰ型边沟	m		78	55.0				0.9		
12	K45+570～K46+030	矩形边沟	Ⅰ型边沟	m		460	324.3				5.5		
13	K46+145～K46+410	矩形边沟	Ⅰ型边沟	m		265	200.9	44.5	31.3		3.2	3 975.0	
14	K46+590～K46+856	矩形边沟	Ⅰ型边沟	m		266	201.6	44.7	31.4		3.2	3 990.0	
15	K46+950～K47+000	矩形边沟	Ⅰ型边沟	m		50	37.9	8.4	5.9		0.6	750.0	
16	K47+000～K47+070	矩形边沟	Ⅰ型边沟	m		70	49.4				0.8		
17	K47+070～K47+110	矩形排水沟	Ⅵ型边沟	m		40	33.2				0.5		
18	K47+110～K47+212	矩形边沟	Ⅰ型边沟	m		102	71.9				1.2		
19	K47+250～K47+346	矩形边沟	Ⅰ型边沟	m		96	67.7				1.2		
20	K47+346～K47+410	矩形排水沟	Ⅵ型边沟	m		64	53.1				0.8		
21	K47+410～K47+505	矩形边沟	Ⅰ型边沟	m		95	67.0				1.1		
22	K47+530～K48+370	矩形边沟	Ⅰ型边沟	m		840	592.2				10.1		
23	K48+370～K48+430	矩形排水沟	Ⅵ型边沟	m		60	49.8				0.7		
24	K48+430～K48+620	矩形边沟	Ⅰ型边沟	m		190	134.0				2.3		
25	K48+620～K48+658	矩形边沟	Ⅰ型边沟	m		38	28.8	6.4	4.5		0.5	570.0	
26	K48+690～K48+750	矩形边沟	Ⅰ型边沟	m		60	45.5	10.1	7.1		0.7	900.0	
27	K48+750～K48+790	矩形排水沟	Ⅵ型边沟	m		40	33.2				0.5		
28	K48+790～K49+025	矩形边沟	Ⅰ型边沟	m		235	165.7				2.8		
29	K49+025～K49+050	矩形排水沟	Ⅵ型边沟	m		25	20.8				0.3		
30	K49+050～K49+330	矩形边沟	Ⅰ型边沟	m		280	197.4				3.4		
	小计						3 069.9	114.1	80.1		50.8	10 185.0	

编制：　　　　复核：　　　　审核：

附表 1-6　路基、路面排水工程数量表

×××公路改扩建工程

序号	起讫桩号	工程名称	主要形式及尺寸说明	单位	位置长度/m		工程项目及数量						备注
					左	右	M7.5 浆砌片石/m³	C25 混凝土/m³	C30 混凝土预制板/m³	10 号砂浆勾缝/m²	10 号砂浆抹面/m³	HRB400/kg	
1	K49+490～K49+577.747	矩形边沟	Ⅰ型边沟	m		87.747	66.5	14.7	10.4		1.1	1 316.2	
2	K48+400～K49+300	矩形边沟	Ⅰ型边沟	m		900	682.2	151.2	106.2		10.8	13 500.0	
3	K49+300～K49+370	矩形边沟	Ⅰ型边沟	m		70	49.4				0.8		
4	K49+710～K50+235	矩形边沟	Ⅰ型边沟	m		525	370.1				6.3		
5	K50+235～K50+288	矩形排水沟	Ⅵ型边沟	m		53	44.0				0.6		
6	K50+310～K50+445	矩形边沟	Ⅰ型边沟	m		135	95.2				1.6		
7	K50+730～K50+810	矩形边沟	Ⅰ型边沟	m		80	56.4				1.0		
8	K50+815～K50+836	矩形边沟	Ⅰ型边沟	m		21	14.8				0.3		
9	K50+870～K51－119	矩形边沟	Ⅰ型边沟	m		249	175.5				3.0		
10	K51+119～K51－250	矩形排水沟	Ⅵ型边沟	m		131	108.7				1.6		
11	K51+250～K51－376	矩形边沟	Ⅰ型边沟	m		126	88.8				1.5		
12	K51+412～K51－710	矩形边沟	Ⅰ型边沟	m		298	210.1				3.6		
13	K51+925～K52－593	矩形边沟	Ⅰ型边沟	m		668	470.9				8.0		
14	K52+621～K52－775	矩形边沟	Ⅰ型边沟	m		154	108.6				1.8		
15	K52+947～K53－650	矩形边沟	Ⅰ型边沟	m		703	495.6				8.4		
16	K53+650～K53+752	矩形排水沟	Ⅵ型边沟	m		102	84.7				1.2		
17	K53+753～K53+784	矩形排水沟	Ⅱ型边沟	m		31	12.7				0.4		
18	K53+784～K53+820	矩形排水沟	Ⅵ型边沟	m		36	29.9				0.4		
19	K53+820～K54+210	矩形边沟	Ⅰ型边沟	m		390	275.0				4.7		
20	K54+270～K54+630	矩形边沟	Ⅰ型边沟	m		360	253.8				4.3		
21	K54+770～K54+890	矩形边沟	Ⅰ型边沟	m		120	84.6				1.4		
22	K55+310～K55+355	矩形边沟	Ⅰ型边沟	m		45	31.7				0.5		
23	K55+543～K55+610	矩形边沟	Ⅰ型边沟	m		67	47.2				0.8		
24	K55+711～K55+790	矩形边沟	Ⅰ型边沟	m		79	55.7				0.9		
25	K55+890～K55+950	矩形边沟	Ⅰ型边沟	m		60	42.3				0.7		
26	K55+950～K56+150	矩形边沟	Ⅰ型边沟	m		200	151.6	33.6	23.6		2.4	3 000.0	
27	K56+150～K56+290	矩形边沟	Ⅰ型边沟	m		140	98.7				1.7		
28	K56+344～K57+192	矩形边沟	Ⅰ型边沟	m		848	597.8				10.2		
29	K57+267～K57+470	矩形边沟	Ⅰ型边沟	m		203	143.1				2.4		
30	K57+507～K57+572	矩形边沟	Ⅰ型边沟	m		65	49.3	10.9	7.7		0.8	975.0	
31	K57+590～K57+606	矩形边沟	Ⅰ型边沟	m		16	12.1	2.7	1.9		0.2	240.0	
	小计						5 007.1	213.1	149.7		83.6	19 031.2	

编制：　　　　复核：　　　　审核：

附表 1-7　路基、路面排水工程数量表

×××公路改扩建工程　　　　第 6 页　共 6 页　S3－31

序号	起讫桩号	工程名称	主要形式及尺寸说明	单位	位置长度/m		工程项目及数量						备注
					左	右	M7.5 浆砌片石/m^3	C25 混凝土/m^3	C30 混凝土预制板/m^3	10 号砂浆勾缝/m^2	10 号砂浆抹面/m^3	HRB400/kg	
1	排水工程数量总计						18 716.4	993.8	698.1		310.5	88 736.2	
2													
3													
4													
5													
6													
7													
8													
9													
10													
11													
12													
13													
14													
15													
16													
17													
18													
19													
20													
21													
22													
23													
24													
25													
26													
27													
28													
29													
30													

编制：　　　　复核：　　　　审核：

附表 1-8 路面工程数量表(1)

序号	起讫桩号	铺筑长度 /m	路面加宽 1 000 m²	行车道、路缘带、硬路肩													路肩加固				备注
				宽度 /m	结构类型	沥青混凝土表面层		沥青混凝土下面层		黏层	封层	透层	基层(水泥稳定碎石)		底基层(级配碎石)		铺筑长度 /m	宽度 /m	厚度 /m	C30 现浇混凝土 /m³	
						厚度 cm	面积 1 000 m²	厚度 cm	面积 1 000 m²	面积 1 000 m²	面积 1 000 m²	面积 1 000 m²	厚度 cm	面积 1 000 m²	厚度 cm	面积 1 000 m²					
1	K37＋899.456～K38＋180	280.544	0.404	7.5	Ⅰ－2	4	2.51	5	2.51	2.51	2.51	2.51	30	2.51	15	2.51	280.544	0.5	0.25	35	
2	K38＋180～K38＋330	150	7.5	Ⅰ－1	4	1.13	5	1.13	1.13	1.13	1.13	30	1.13	20	1.13	150	0.5	0.25	19		
3	K38＋330～K40＋900	2 570	1.756	7.5	Ⅰ－2	4	21.03	5	21.03	21.03	21.03	21.03	30	21.03	15	21.03	2 570	0.5	0.25	321	
4	K40＋900～K41＋200	300	7.5	Ⅰ－1	4	2.25	5	2.25	2.25	2.25	2.25	30	2.25	20	2.25	300	0.5	0.25	38		
5	K41＋200～K43＋400	2 200	1.731	7.5	Ⅰ－2	4	18.23	5	18.23	18.23	18.23	18.23	30	18.23	15	18.23	2 200	0.5	0.25	275	
6	K43＋400～K44＋700	1 300	0.964	7.5	Ⅰ－1	4	10.71	5	10.71	10.71	10.71	10.71	30	10.71	20	10.71	1 300	0.5	0.25	163	
7	K44＋700～K46＋700	2 000	0.56	7.5	Ⅰ－2	4	15.56	5	15.56	15.56	15.56	15.56	30	15.56	15	15.56	2 000	0.5	0.25	250	
8	K46＋700～K47＋500	800	0.53	7.5	Ⅰ－1	4	6.53	5	6.53	6.53	6.53	6.53	30	6.53	20	6.53	800	0.5	0.25	100	
9	K47＋500～K49＋577.747	2 077.747	1.973	7.5	Ⅰ－2	4	17.56	5	17.56	17.56	17.56	17.56	30	17.56	15	17.56	2 077.75	0.5	0.25	260	K49＋577.747＝K48＋400 长链 1 177.747 m
10	K48＋400～K49＋300	900	0.693	7.5	Ⅰ－2	4	7.44	5	7.44	7.44	7.44	7.44	30	7.44	15	7.44	900	0.5	0.25	113	
11	K49＋300～K49＋800	500	0.388	7.5	Ⅰ－1	4	4.14	5	4.14	4.14	4.14	4.14	30	4.14	20	4.14	500	0.5	0.25	63	
12	K49＋800～K50＋700	900	0.668	7.5	Ⅰ－2	4	7.42	5	7.42	7.42	7.42	7.42	30	7.42	15	7.42	900	0.5	0.25	113	
13	K50＋700～K51＋840	1 140	0.743	7.5	Ⅰ－1	4	9.29	5	9.29	9.29	9.29	9.29	30	9.29	20	9.29	1 140	0.5	0.25	143	
14	K51＋840～K55＋545.726	3 549.726	2.147	7.5	Ⅰ－2	4	28.77	5	28.77	28.77	28.77	28.77	30	28.77	15	28.77	3 549.73	0.5	0.25	444	扣除桥长 156 m
15	K55＋460～K57＋910	2 450	0.856	7.5	Ⅰ－2	4	19.23	5	19.23	19.23	19.23	19.23	30	19.23	15	19.23	2 450	0.5	0.25	306	K55＋545.726＝K55＋460 长链 85.726 m
16	紧急停车带①			3.5	Ⅰ－1		1.05		1.05	1.05	1.05	1.05		1.05		1.05					6 处
17	紧急停车带②			3.5	Ⅰ－2		4.73		4.73	4.73	4.73	4.73		4.73		4.73					27 处
	合计				Ⅰ－1		35.10		35.10	35.10	35.10	35.10		35.10		35.10				523.75	
					Ⅰ－2		142.48		142.48	142.48	142.48	142.48		142.48		142.48				2 116.00	

编制：　　　　审核：　　　　复核：

附表 1-9 路基防护工程数量表
（护肩、护脚、分界墙）

×××公路改扩建工程

第 1 页 共 17 页 S3－2－23

序号	起讫桩号	工程名称	位置	主要尺寸及说明	单位	长度	平均防护高度/m	工程项目及数量												备注
								M7.5 浆砌片石/m^3	C25 水泥混凝土预制块/m^3	C20 水泥混凝土/m^3	$\phi 25$ 锚杆/m	碎石垫层/m^3	$\phi 70$ 锚杆孔长度/m	三维植被网/m^2	拉伸网植草/m^2	$\phi 150$ mmPVC 塑料套管/m	挖基石方/m^3	挖基土方/m^3	回填种植土/m^3	
1	AK0＋000～AK0＋004	砌石护肩	左侧	Ⅰ型	m	4.0	0.8	1.12												
2	AK0＋030～AK0＋070	砌石护肩	左侧	Ⅴ型	m	40.0		16.80												
3	AK0＋133～AK0＋170	砌石护肩	左侧	Ⅴ型	m	37.0		15.54												
4	AK0＋030～AK0＋095	砌石护肩	右侧	Ⅴ型	m	65.0		27.30												
5	AK0＋127～AK0＋203	砌石护肩	右侧	Ⅴ型	m	76.0		31.92												
6	AK0＋203～AK0＋210	砌石护肩	右侧	Ⅴ型	m	7.0		2.94												
7	AK0＋210～AK0＋270	砌石护肩	右侧	Ⅴ型	m	60.0		25.20												
8	AK0＋270～AK0＋310	砌石护肩	右侧	Ⅴ型	m	40.0		16.80												
9	AK0＋350～AK0＋390	砌石护肩	右侧	Ⅴ型	m	40.0		16.80												
10	AK0＋390～AK0＋400	砌石护肩	右侧	Ⅴ型	m	10.0		4.20												
11	AK0＋400～AK0＋410	砌石护肩	右侧	Ⅴ型	m	10.0		4.20												
12	AK0＋410～AK0＋420	砌石护肩	右侧	Ⅴ型	m	10.0		4.20												
13	AK0＋420～AK0＋446	砌石护肩	右侧	Ⅴ型	m	26.0		10.92												
14	K0＋190 ～K0＋200	砌石护肩	左侧	Ⅴ型	m	10.00		4.20												
15	K0＋200 ～K0＋310	砌石护肩	左侧	Ⅴ型	m	110.00		46.20												
16	K0＋510 ～K0＋670	砌石护肩	左侧	Ⅴ型	m	160.00		67.20												
17	K0＋800 ～K0＋910	砌石护肩	左侧	Ⅴ型	m	110.00		46.20												
18	K2＋450 ～K2＋530	砌石护肩	左侧	Ⅴ型	m	80.00		33.60												
19	K3＋190 ～K3＋250	砌石护肩	左侧	Ⅳ型	m	60.00	1.80	87.00												
20	K3＋250 ～K3＋367	砌石护肩	左侧	Ⅳ型	m	117.00	2.50	251.55												
21	K3＋367 ～K3＋407	砌石护肩	左侧	Ⅳ型	m	40.00	1.50	46.00												
22	K3＋418 ～K3＋468	砌石护肩	左侧	Ⅳ型	m	50.00	2.10	87.50												
23	K3＋868 ～K3＋890	砌石护肩	左侧	Ⅳ型	m	22.00	2.60	49.50												
24	K3＋890 ～K3＋990	砌石护肩	左侧	Ⅳ型	m	100.00	2.60	225.00												
25	K4＋130 ～ K4＋263.000	砌石护肩	左侧	Ⅴ型	m	133.00		55.86												
26	K4＋485.000 ～K4＋507	砌石护肩	左侧	Ⅴ型	m	22.00		9.24												
27	K4＋630 ～K4＋706	砌石护肩	左侧	Ⅴ型	m	76.00		31.92												
	本页合计							1 218.9												

编制： 复核： 审核：

附表 1-10 路基防护工程数量表
（护肩、护脚、分界墙）

×××公路改扩建工程　　　　第 2 页　共 17 页　S3－2－23

序号	起讫桩号	工程名称	位置	主要尺寸及说明	单位	长度	平均防护高度/m	工程项目及数量													备注
								M7.5 浆砌片石/m^3	C25 水泥混凝土预制块/m^3	C20 水泥混凝土/m^3	ϕ25 锚杆/m	碎石垫层/m^3	ϕ70 锚杆孔长度/m	三维植被网/m^2	拉伸网植草/m^2	ϕ150 mmPVC 塑料套管/m	挖基石方/m^3	挖基土方/m^3	回填种植土/m^3		
1	K4+885 ～K4+895	砌石护肩	左侧	Ⅴ型	m	10.00		4.20													
2	K5+550 ～K5+735	砌石护肩	左侧	Ⅴ型	m	185.00		77.70													
3	K5+855 ～K5+870	砌石护肩	左侧	Ⅳ型	m	15.00	3.00	39.75													
4	K5+890 ～K5+903	砌石护肩	左侧	Ⅳ型	m	13.00	1.80	18.85													
5	K5+903 ～K5+905	砌石护肩	左侧	Ⅳ型	m	2.00	2.50	4.30													
6	K6+067 ～K6+105	砌石护肩	左侧	Ⅳ型	m	38.00	1.70	51.30													
7	K6+896 ～K6+910	砌石护肩	左侧	Ⅳ型	m	14.00	1.80	20.30													
8	K6+956 ～K6+970	砌石护肩	左侧	Ⅳ型	m	14.00	2.40	28.70													
9	K6+970 ～K6+990	砌石护肩	左侧	Ⅳ型	m	20.00	2.80	49.00													
10	K6+990 ～K7+125	砌石护肩	左侧	Ⅳ型	m	135.00	2.40	276.75													
11	K7+196 ～K7+206	砌石护肩	左侧	Ⅳ型	m	10.00	2.40	20.50													
12	K7+206 ～K7+215	砌石护肩	左侧	Ⅳ型	m	9.00	2.80	22.05													
13	K7+215 ～K7+330	砌石护肩	左侧	Ⅳ型	m	115.00	2.40	235.75													
14	K7+330 ～K7+390	砌石护肩	左侧	Ⅳ型	m	60.00	2.80	147.00													
15	K7+390 ～K7+470	砌石护肩	左侧	Ⅳ型	m	80.00	2.00	132.00													
16	K7+470 ～K7+510	砌石护肩	左侧	Ⅳ型	m	40.00	2.80	98.00													
17	K7+510 ～K7+550	砌石护肩	左侧	Ⅳ型	m	40.00	2.00	66.00													
18	K7+550 ～K7+750	砌石护肩	左侧	Ⅳ型	m	200.00	2.80	490.00													
19	K7+750 ～K7+800	砌石护肩	左侧	Ⅳ型	m	50.00	2.00	82.50													
20	K9+630 ～K9+850	砌石护肩	左侧	Ⅴ型	m	220.00		92.40													
21	K9+990～K10+230	砌石护肩	左侧	Ⅴ型	m	240.00		100.80													
22	K10+230～K10+243	砌石护肩	左侧	Ⅳ型	m	13.00	2.80	31.85													
23	K10+243～K10+283	砌石护肩	左侧	Ⅳ型	m	40.00	2.30	78.00													
24	K10+670 ～ K10+781.673	砌石护肩	左侧	Ⅳ型	m	111.67	1.70	150.76													
25	K0+035 ～K0+050	砌石护肩	右侧	Ⅰ型	m	15.0	0.8	4.20													
26	K0+125 ～K0+200	砌石护肩	右侧	Ⅴ型	m	75.00		31.50													
27	K0+200 ～K0+310	砌石护肩	右侧	Ⅴ型	m	110.00		46.20													
28	K0+770 ～K0+785	砌石护肩	右侧	Ⅲ型	m	15.00	1.20	9.68													
	本页合计							2 410.0													

编制：　　　　复核：　　　　审核：

附表 1-11 路基防护工程数量表
（护肩、护脚、分界墙）

×××公路改扩建工程　　　　第 3 页　共 17 页　S3－2－23

序号	起讫桩号	工程名称	位置	主要尺寸及说明	单位	长度	平均防护高度/m	工程项目及数量													备注
								M7.5 浆砌片石/m³	C25 水泥混凝土预制块/m³	C20 水泥混凝土/m³	ϕ25 锚杆/m	碎石垫层/m³	ϕ70 锚杆孔长度/m	三维植被网/m²	拉伸网植草/m²	ϕ150 mmPVC 塑料套管/m	挖基石方/m³	挖基土方/m³	回填种植土/m³		
1	K0+970 ～K1+010	砌石护肩	右侧	Ⅲ型	m	40.00	1.20	25.83													
2	K1+050 ～K1+195	砌石护肩	右侧	Ⅳ型	m	145.00	1.80	210.25													
3	K1+370 ～K1+390	砌石护肩	右侧	Ⅳ型	m	20.00	2.10	35.00													
4	K1+435 ～K1+490	砌石护肩	右侧	Ⅳ型	m	55.00	2.30	107.25													
5	K1+738 ～K1+824	砌石护肩	右侧	Ⅳ型	m	86.00	2.00	141.90													
6	K1+990 ～K2+008	砌石护肩	右侧	Ⅳ型	m	18.00	2.00	29.70													
7	K2+032 ～K2+051	仰斜式	右侧		m	19.00	4.30	91.01													
8	K2+137 ～K2+150	砌石护肩	右侧	Ⅳ型	m	13.00	2.70	30.55													
9	K2+150 ～K2+210	砌石护肩	右侧	Ⅳ型	m	60.00	2.80	147.00													
10	K2+210 ～K2+293	砌石护肩	右侧	Ⅳ型	m	83.00	2.70	195.05													
11	K2+341 ～K2+450	砌石护肩	右侧	Ⅳ型	m	109.00	2.50	234.35													
12	K2+450 ～K2+572	砌石护肩	右侧	Ⅴ型	m	122.00		51.24													
13	K2+572 ～K2+870	砌石护肩	右侧	Ⅳ型	m	298.00	2.00	491.70													
14	K2+870 ～K2+930	砌石护肩	右侧	Ⅳ型	m	60.00	2.80	147.00													
15	K2+930 ～K3+190	砌石护肩	右侧	Ⅳ型	m	260.00	2.00	429.00													
16	K3+190 ～K3+201	砌石护肩	右侧	Ⅳ型	m	11.00	2.80	26.95													
17	K3+273 ～K3+370	砌石护肩	右侧	Ⅳ型	m	97.00	2.00	160.05													
18	K3+370 ～K3+418	砌石护肩	右侧	Ⅳ型	m	48.00	2.90	122.40													
19	K3+418 ～K3+430	砌石护肩	右侧	Ⅳ型	m	12.00	3.50	37.80													
20	K3+514 ～K3+602	砌石护肩	右侧	Ⅳ型	m	88.00	3.70	294.80													
21	K3+677 ～K3+863	砌石护肩	右侧	Ⅳ型	m	186.00	3.00	492.90													
22	K3+959 ～K4+170	直墙变斜墙	右侧	Ⅳ型	m	211.00	3.00	698.41													
23	K4+170 ～K4+590	砌石护肩	右侧	Ⅴ型	m	420.00		176.40													
24	K5+126 ～K5+130	砌石护肩	右侧	Ⅳ型	m	4.00	2.80	9.80													
25	K5+230 ～K5+242	砌石护肩	右侧	Ⅳ型	m	12.00	2.50	25.80													
26	K5+302 ～K5+650	砌石护肩	右侧	Ⅴ型	m	348.00		146.16													
27	K7+130 ～K7+370	砌石护肩	右侧	Ⅳ型	m	240.00	2.00	396.00													
28	K9+530 ～K9+650	砌石护肩	右侧	Ⅳ型	m	120.00	2.00	198.00													
29	K9+730 ～K9+950	砌石护肩	右侧	Ⅴ型	m	220.00		92.40													
30	K9+950 ～K9+970	砌石护肩	右侧	Ⅲ型	m	20.00	1.50	16.81													
	本页合计							5 261.5													

编制：　　　　复核：　　　　审核：

附表 1-12　路基防护工程数量表

（护肩、护脚、分界墙）

×××公路改扩建工程

序号	起讫桩号	工程名称	位置	主要尺寸及说明	单位	长度	平均防护高度/m	工程项目及数量												备注
								M7.5 浆砌片石/m^3	C25 水泥混凝土预制块/m^3	C20 水泥混凝土/m^3	$\phi 25$ 锚杆/m	碎石垫层/m^3	$\phi 70$ 锚杆孔长度/m	三维植被网/m^2	拉伸网植草/m^2	$\phi 150$ mmPVC 塑料套管/m	挖基石方/m^3	挖基土方/m^3	回填种植土/m^3	
1	K9+970～K10+010	砌石护肩	右侧	Ⅴ型	m	40.00		16.80												
2	K10+130～K10+153	砌石护肩	右侧	Ⅳ型	m	23.00	2.80	56.35												
3	K10+153～K10+230	砌石护肩	右侧	Ⅳ型	m	77.00	2.00	127.05												
4	K10+426～K10+442	砌石护肩	右侧	Ⅳ型	m	16.00	2.80	39.20												
5	K10+524～K10+650	砌石护肩	右侧	Ⅳ型	m	126.00	2.00	207.90												
6	K10+713 ～ K10+781.673	砌石护肩	右侧	Ⅳ型	m	68.67	2.00	113.31												
7	K11+200～K11+320	砌石护肩	左侧	Ⅳ型	m	120.00	2.08	207.60												
8	K12+010～K12+110	砌石护肩	左侧	Ⅳ型	m	100.00	2.50	215.00												
9	K12+110～K12+260	砌石护肩	左侧	Ⅳ型	m	150.00	2.35	300.00												
10	K12+340～K12+450	砌石护肩	左侧	Ⅳ型	m	110.00	2.20	203.50												
11	K12+474～K12+495	砌石护肩	左侧	Ⅳ型	m	21.00	2.30	40.95												
12	K12+495～K12+510	砌石护肩	左侧	Ⅳ型	m	15.00	2.50	32.25												
13	K12+510～K12+550	砌石护肩	左侧	Ⅳ型	m	40.00	2.25	76.00												
14	K12+790～K12+806	砌石护肩	左侧	Ⅳ型	m	16.00	2.20	29.60												
15	K12+891～K12+930	砌石护肩	左侧	Ⅳ型	m	39.00	2.11	68.64												
16	K13+120～K13+460	砌石护肩	左侧	Ⅳ型	m	340.00	2.77	822.80												
17	K13+530～K13+630	砌石护肩	左侧	Ⅳ型	m	100.00	2.10	175.00												
18	K13+690～K13+716	砌石护肩	左侧	Ⅳ型	m	26.00	2.50	55.90												
19	K13+910～K13+990	砌石护肩	左侧	Ⅳ型	m	80.00	2.75	192.00												
20	K13+990～K14+021	砌石护肩	左侧	Ⅳ型	m	31.00	2.50	66.65												
21	K14+021～K14+240	砌石护肩	左侧	Ⅳ型	m	219.00	2.13	389.82												
22	K14+390～K14+450	砌石护肩	左侧	Ⅳ型	m	60.00	2.05	102.00												
23	K14+450～K14+460	砌石护肩	左侧	Ⅳ型	m	10.00	2.50	21.50												
24	K14+460～K14+490	砌石护肩	左侧	Ⅳ型	m	30.00	2.00	49.50												
25	K14+490～K14+507	砌石护肩	左侧	Ⅳ型	m	17.00	2.50	36.55												
26	K14+507～K14+680	砌石护肩	左侧	Ⅳ型	m	173.00	1.95	276.80												
27	K15+160～K15+390	砌石护脚	左侧		m	230.00	1.00	184.00												
28	K15+390～K15+417	砌石护肩	左侧	Ⅳ型	m	27.00	1.85	40.50												
29	K15+417～K15+430	直墙变斜墙	左侧		m	13.00	4.30	62.27												
30	K15+468～K15+490	直墙变斜墙	左侧		m	22.00	4.30	105.38												
	本页合计							4 314.8												

编制：　　　　复核：　　　　审核：

附表 1-13 路基防护工程数量表
（护肩、护脚、分界墙）

×××公路改扩建工程　　　　第 5 页　共 17 页　S3－2－23

序号	起讫桩号	工程名称	位置	主要尺寸及说明	单位	长度	平均防护高度/m	工程项目及数量													备注
								M7.5 浆砌片石/m^3	C25 水泥混凝土预制块/m^3	C20 水泥混凝土/m^3	ϕ25 锚杆/m	碎石垫层/m^3	ϕ70 锚杆孔长度/m	三维植被网/m^2	拉伸网植草/m^2	ϕ150 mmPVC 塑料套管/m	挖基石方/m^3	挖基土方/m^3	回填种植土/m^3	
1	K15＋490～K15＋629	砌石护肩	左侧	Ⅴ型	m	139.00		58.38												
2	K15＋629～K15＋855	砌石护肩	左侧	Ⅳ型	m	226.00	2.16	409.06												
3	K16＋010～K16＋110	砌石护肩	左侧	Ⅳ型	m	100.00	2.80	245.00												
4	K16＋253～K16＋290	砌石护肩	左侧	Ⅳ型	m	37.00	2.12	65.49												
5	K16＋394～K16＋730	砌石护肩	左侧	Ⅳ型	m	336.00	2.08	581.28												
6	K16＋908～K16＋935	砌石护肩	左侧	Ⅳ型	m	27.00	1.93	42.66												
7	K17＋010～K17＋030	砌石护肩	左侧	Ⅳ型	m	20.00	2.00	33.00												
8	K17＋127～K17＋190	砌石护肩	左侧	Ⅳ型	m	63.00	2.30	122.85												
9	K17＋468～K17＋650	砌石护肩	左侧	Ⅳ型	m	182.00	2.30	354.90												
10	K18＋330～K18＋450	砌石护肩	左侧	Ⅴ型	m	120.00		50.40												
11	K18＋550～K18＋572	砌石护肩	左侧	Ⅴ型	m	22.00		9.24												
12	K18＋572 ～ K18＋583.038	砌石护肩	左侧	Ⅳ型	m	11.04	2.10	19.32												
13	K18＋640～K18＋820	砌石护肩	左侧	Ⅳ型	m	180.00	2.20	333.00												
14	K19＋209～K19＋280	砌石护肩	左侧	Ⅳ型	m	71.00	2.08	122.83												
15	K19＋280～K19＋320	仰斜式路肩	左侧		m	40.00	5.30	272.80												
16	K19＋320～K19＋570	砌石护肩	左侧	Ⅳ型	m	250.00	2.13	445.00												
17	K19＋560 线外防护					15.00	1.50	18.96												
18	K19＋590～K19＋597	砌石护肩	左侧	Ⅳ型	m	7.00	2.88	17.71												
19	K19＋597～K19＋610	砌石护肩	左侧	Ⅳ型	m	13.00	2.88	32.89												
20	K19＋610～K19＋625	砌石护肩	左侧	Ⅳ型	m	15.00	2.88	37.95												
21	K19＋670～K19＋843	砌石护肩	左侧	Ⅳ型	m	173.00	2.26	330.43												
22	K19＋843～K19＋853	砌石护肩	左侧	Ⅳ型	m	10.00	2.50	21.50												
23	K19＋853～K19＋893	砌石护肩	左侧	Ⅳ型	m	40.00	2.26	76.40												
24	K20＋014～K20＋045	砌石护肩	左侧	Ⅳ型	m	31.00	2.41	63.86												
25	K20＋020 线外防护	直墙				50.00	0.95	41.20												
26	K20＋157～K20＋190	砌石护肩	左侧	Ⅳ型	m	33.00	2.39	67.32												
27	K20＋215～K20＋244	砌石护肩	左侧	Ⅳ型	m	29.00	2.25	55.10												
28	K20＋300～K20＋330	砌石护肩	左侧	Ⅳ型	m	30.00	2.27	57.60												
29	K20＋476～K20＋490	砌石护肩	左侧	Ⅳ型	m	14.0	2.5	30.10												
30	K20＋490～K20＋505	砌石护肩	左侧	Ⅲ型	m	15.0	1.5	11.55												
	本页合计							4 027.8												

编制：　　　　复核：　　　　审核：

附表 1-14 路基防护工程数量表

（护肩、护脚、分界墙）

×××公路改扩建工程

序号	起讫桩号	工程名称	位置	主要尺寸及说明	单位	长度	平均防护高度/m	工程项目及数量												备注
								M7.5 浆砌片/m^3	C25 水泥混凝土预制块/m^3	C20 水泥混凝土/m^3	ϕ25 锚杆/m	碎石垫层/m^3	ϕ70 锚杆孔长度/m	三维植被网/m^2	拉伸网植草/m^2	ϕ150 mmPVC 塑料套管/m	挖基石方/m^3	挖基土方/m^3	回填种植土/m^3	
1	K20+608～K20+663	砌石护肩	左侧	Ⅳ型	m	55.0	2	90.75												
2	K20+713～K20+746	砌石护肩	左侧	Ⅰ型	m	33.0	0.8	9.24												
3	K20+817～K20+843	砌石护肩	左侧	Ⅳ型	m	26.0	2	42.90												
4	K20+896～K20+950	砌石护肩	左侧	Ⅰ型	m	54.0	0.8	15.12												
5	K20+950～K21+232	砌石护肩	左侧	Ⅴ型	m	282.0		118.44												
6	K21+270～K21+313	砌石护肩	左侧	Ⅲ型	m	43.0	1.5	33.11												
7	K21+392～K21+430	砌石护肩	左侧	Ⅰ型	m	38.0	0.8	10.64												
8	K21+470～K21+595	砌石护肩	左侧	Ⅴ型	m	125.0		52.50												
9	K21+693～K21+710	砌石护肩	左侧	Ⅳ型	m	17.0	2	28.05												
10	K21+777～K21+830	砌石护肩	左侧	Ⅲ型	m	53.0	1.5	40.81												
11	K22+270～K22+350	砌石护肩	左侧	Ⅴ型	m	80.0		33.60												
12	K22+490～K22+590	砌石护肩	左侧	Ⅲ型	m	100.0	1.5	77.00												
13	K22+612～K22+623	砌石护肩	左侧	Ⅳ型	m	11.0	2	18.15												
14	K22+661～K22+675	砌石护肩	左侧	Ⅲ型	m	14.0	1.5	10.78												
15	K22+710～K22+727	砌石护肩	左侧	Ⅳ型	m	17.0	2	28.05												
16	K22+790～K22+825	砌石护肩	左侧	Ⅳ型	m	35.0	2	57.75												
17	K22+950～K23+048	砌石护肩	左侧	Ⅲ型	m	98.0	1.5	75.46												
18	K23+097～K23+110	砌石护肩	左侧	Ⅳ型	m	13.0	2	21.45												
19	K23+196～K23+242	砌石护肩	左侧	Ⅳ型	m	46.0	2	75.90												
20	K23+360～K23+485	砌石护肩	左侧	Ⅱ型	m	125.0	1	46.25												
21	K23+584～K23+630	砌石护肩	左侧	Ⅳ型	m	46.0	2	75.90												
22	K23+879～K23+990	砌石护肩	左侧	Ⅱ型	m	111.0	1	41.07												
23	K24+208～K24+307	砌石护肩	左侧	Ⅳ型	m	99.0	2	163.35												
24	K24+335～K24+450	砌石护肩	左侧	Ⅲ型	m	115.0	1.5	88.55												
25	K24+490～K24+514	砌石护肩	左侧	Ⅳ型	m	24.0	2.5	51.60												
26	K24+514～K24+527	砌石护肩	左侧	Ⅳ型	m	13.0	2	21.45												
27	K24+816～K24+865	砌石护肩	左侧	Ⅲ型	m	49.0	1.5	37.73												
28	K24+916～K25+066	砌石护肩	左侧	Ⅱ型	m	150.0	1	55.50												
29	K25+094～K25+130	砌石护肩	左侧	Ⅳ型	m	36.0	2	59.40												
30	K25+197～K25+210	砌石护肩	左侧	Ⅲ型	m	13.0	1.5	10.01												
	本页合计							1 490.5												

编制： 复核： 审核：

附表 1-15　路基防护工程数量表
（护肩、护脚、分界墙）

×××公路改扩建工程　　　　第 7 页　共 17 页　S3—2—23

序号	起讫桩号	工程名称	位置	主要尺寸及说明	单位	长度	平均防护高度/m	工程项目及数量												备注
								M7.5 浆砌片石/m³	C25 水泥混凝土预制块/m³	C20 水泥混凝土/m³	φ25 锚杆/m	碎石垫层/m³	φ70 锚杆孔长度/m	三维植被网/m²	拉伸网植草/m²	φ150 mmPVC 塑料套管/m	挖基石方/m³	挖基土方/m³	回填种植土/m³	
1	K25+210～K25+226	砌石护肩	左侧	Ⅳ型	m	16.0	2	26.40												
2	K25+295～K25+302	砌石护肩	左侧	Ⅳ型	m	7.0	2	11.55												
3	K25+423～K25+510	砌石护肩	左侧	Ⅲ型	m	87.0	1.5	66.99												
4	K25+567～K25+650	砌石护肩	左侧	Ⅲ型	m	83.0	1.5	63.91												
5	K25+650～K25+670	砌石护肩	左侧	Ⅳ型	m	20.0	2.5	43.00												
6	K25+670～K25+690	砌石护肩	左侧	Ⅳ型	m	20.0	2	33.00												
7	K25+730～K25+763	砌石护肩	左侧	Ⅲ型	m	33.0	1.5	25.41												
8	K25+850～K26+000	砌石护肩	左侧	Ⅲ型	m	150.0	1.5	115.50												
9	K11+200～K11+270	砌石护肩	右侧	Ⅳ型	m	70.00	2.00	115.50												
10	K11+462～K11+505	砌石护肩	右侧	Ⅳ型	m	43.00	2.50	92.45												
11	K11+710～K11+865	砌石护肩	右侧	Ⅳ型	m	155.00	2.17	282.10												
12	K11+936～K11+941	砌石护肩	右侧	Ⅳ型	m	5.00	2.50	10.75												
13	K11+941～K11+982	砌石护肩	右侧	Ⅳ型	m	41.00	2.35	82.00												
14	K12+127～K12+270	砌石护肩	右侧	Ⅳ型	m	143.00	1.90	221.65												
15	K12+330～K12+438	砌石护肩	右侧	Ⅳ型	m	108.00	2.05	183.60												
16	K12+550～K12+670	砌石护肩	右侧	Ⅳ型	m	120.00	2.04	202.80												
17	K12+760～K12+804	砌石护肩	右侧	Ⅳ型	m	44.00	1.98	71.72												
18	K12+878～K12+995	砌石护肩	右侧	Ⅳ型	m	117.00	1.88	179.01												
19	K13+070～K13+135	砌石护肩	右侧	Ⅳ型	m	65.00	2.63	148.20												
20	K13+194～K13+215	砌石护肩	右侧	Ⅳ型	m	21.00	3.00	55.65												
21	K13+215～K13+230	砌石护肩	右侧	Ⅳ型	m	15.00	3.00	39.75												
22	K13+230～K13+350	砌石护肩	右侧	Ⅳ型	m	120.00	3.00	318.00												
23	K13+350～K13+370	砌石护肩	右侧	Ⅳ型	m	20.00	2.50	43.00												
24	K13+370～K13+390	砌石护肩	右侧	Ⅳ型	m	20.00	2.40	41.00												
25	K13+390～K13+410	砌石护肩	右侧	Ⅳ型	m	20.00	2.50	43.00												
26	K13+410～K13+427	砌石护肩	右侧	Ⅳ型	m	17.00	2.40	34.85												
27	K13+437～K13+465	砌石护肩	右侧	Ⅳ型	m	28.00	2.50	60.20												
28	K13+465～K13+495	砌石护肩	右侧	Ⅳ型	m	30.00	2.20	55.50												
29	K13+560～K13+945	砌石护肩	右侧	Ⅳ型	m	385.00	2.50	827.75												
30	K14+004～K14+110	砌石护肩	右侧	Ⅳ型	m	106.00	2.15	190.80												
	本页合计							3 685.0												

编制：　　　　复核：　　　　审核：

附表 1-16　路基防护工程数量表

（护肩、护脚、分界墙）

×××公路改扩建工程

序号	起讫桩号	工程名称	位置	主要尺寸及说明	单位	长度	平均防护高度/m	工程项目及数量												备注
								M7.5 浆砌片石/m^3	C25 水泥混凝土预制块/m^3	C20 水泥混凝土/m^3	$\phi25$ 锚杆/m	碎石垫层/m^3	$\phi70$ 锚杆孔长度/m	三维植被网/m^2	拉伸网植草/m^2	$\phi150$ mmPVC 塑料套管/m	挖基石方/m^3	挖基土方/m^3	回填种植土/m^3	
1	K14+152～K14+170	砌石护肩	右侧	Ⅳ型	m	18.00	2.85	45.00												
2	K14+330～K14+370	砌石护肩	右侧	Ⅳ型	m	40.00	2.35	80.00												
3	K14+470～K14+575	砌石护肩	右侧	Ⅳ型	m	105.00	2.05	178.50												
4	K14+878～K14+920	砌石护肩	右侧	Ⅳ型	m	42.00	1.95	67.20												
5	K15+089～K15+110	砌石护肩	右侧	Ⅳ型	m	21.00	1.80	30.45												
6	K15+290～K15+350	砌石护肩	右侧	Ⅴ型	m	60.00		25.20												
7	K15+350～K15+390	砌石护肩	右侧	Ⅳ型	m	40.00	1.85	60.00												
8	K15+690～K15+790	砌石护肩	右侧	Ⅳ型	m	100.00	1.95	160.00												
9	K16+150～K16+190	砌石护肩	右侧	Ⅳ型	m	40.00	2.05	68.00												
10	K16+190～K16+230	砌石护肩	右侧	Ⅳ型	m	40.00	2.05	68.00												
11	K16+465～K16+525	砌石护肩	右侧	Ⅳ型	m	60.00	2.10	105.00												
12	K16+525～K16+554	砌石护肩	右侧	Ⅳ型	m	29.00	2.00	47.85												
13	K16+730～K16+810	砌石护肩	右侧	Ⅳ型	m	80.00	2.05	136.00												
14	K16+810～K16+830	砌石护肩	右侧	Ⅳ型	m	20.00	2.50	43.00												
15	K16+830～K16+870	砌石护肩	右侧	Ⅳ型	m	40.00	2.10	70.00												
16	K17+112～K17+190	砌石护肩	右侧	Ⅴ型	m	78.00		32.76												
17	K17+370～K17+665	砌石护肩	右侧	Ⅴ型	m	295.00		123.90												
18	K18+030～K18+061	砌石护肩	右侧	Ⅲ型	m	31.00	1.50	26.06												
19	K18+215～K18+302	砌石护肩	右侧	Ⅲ型	m	87.00	1.50	73.13												
20	K18+485～K18+530	砌石护肩	右侧	Ⅳ型	m	45.00	2.00	74.25												
21	K18+583～K18+605	砌石护肩	右侧	Ⅳ型	m	22.00	2.00	36.30												
22	K18+673～K19+050	砌石护肩	右侧	Ⅳ型	m	377.00	2.14	674.83												
23	K19+370～K19+540	砌石护肩	右侧	Ⅳ型	m	170.00	2.36	341.70												
24	K19+830～K19+850	砌石护肩	右侧	Ⅳ型	m	20.00	2.30	39.00												
25	K19+830～K19+850	上挡墙	右侧		m		2.00	48.66												
26	K20+190～K20+212	砌石护肩	右侧	Ⅳ型	m	22.00	2.33	43.56												
27	K20+530～K20+552	砌石护肩	右侧	Ⅲ型	m	22.0	1.5	16.94												
28	K20+552～K20+590	砌石护肩	右侧	Ⅴ型	m	38.0		15.96												
29	K20+763～K20+810	砌石护肩	右侧	Ⅳ型	m	47.0	2	77.55												
30	K21+050～K21+130	砌石护肩	右侧	Ⅴ型	m	80.0		33.60												
	本页合计							2 842.4												

编制：　　　　复核：　　　　审核：

附表 1-17　路基防护工程数量表
（护肩、护脚、分界墙）

×××公路改扩建工程　　　　第 9 页　共 17 页　S3－2－23

序号	起讫桩号	工程名称	位置	主要尺寸及说明	单位	长度	平均防护高度/m	工程项目及数量												备注
								M7.5 浆砌片石/m^3	C25 水泥混凝土预制块/m^3	C20 水泥混凝土/m^3	ϕ25 锚杆/m	碎石垫层/m^3	ϕ70 锚杆孔长度/m	三维植被网/m^2	拉伸网植草/m^2	ϕ150 mmPVC 塑料套管/m	挖基石方/m^3	挖基土方/m^3	回填种植土/m^3	
1	K21+470～K21+530	砌石护肩	右侧	Ⅴ型	m	60.0		25.20												
2	K21+930～K22+005	砌石护肩	右侧	Ⅳ型	m	75.0	2	123.75												
3	K22+042～K22+213	砌石护肩	右侧	Ⅱ型	m	171.0	1	63.27												
4	K22+234～K22+250	砌石护肩	右侧	Ⅳ型	m	16.0	2	26.40												
5	K22+250～K22+370	砌石护肩	右侧	Ⅴ型	m	120.0		50.40												
6	K22+370～K22+390	砌石护肩	右侧	Ⅳ型	m	20.0	2	33.00												
7	K22+830～K22+870	砌石护肩	右侧	Ⅴ型	m	40.0		16.80												
8	K22+130～K22+150	砌石护肩	右侧	Ⅳ型	m	20.0	2	33.00												
9	K23+310～K23+350	砌石护肩	右侧	Ⅴ型	m	40.0		16.80												
10	K23+430～K23+550	砌石护肩	右侧	Ⅲ型	m	120.0	1.5	92.40												
11	K23+550～K23+610	砌石护肩	右侧	Ⅳ型	m	60.0	2.5	129.00												
12	K23+652～K23+735	砌石护肩	右侧	Ⅳ型	m	83.0	2	136.95												
13	K25+230～K25+290	砌石护肩	右侧	Ⅲ型	m	60.0	1.5	46.20												
14	K25+290～K25+310	砌石护肩	右侧	Ⅳ型	m	20.0	2.5	43.00												
15	K25+310～K25+328	砌石护肩	右侧	Ⅳ型	m	18.0	2	29.70												
16	K25+448～K25+490	砌石护肩	右侧	Ⅲ型	m	42.0	1.5	32.34												
17	K25+490～K25+512	砌石护肩	右侧	Ⅳ型	m	22.0	2.5	47.30												
18	K25+512～K25+770	砌石护肩	右侧	Ⅲ型	m	258.0	1.5	198.66												
19	K25+866～K25+970	砌石护肩	右侧	Ⅲ型	m	104.0	1.5	80.08												
20	K26+000～K26+027	砌石护肩	左侧	Ⅲ型	m	27.0	1.5	20.79												
21	K25+473～K26+485	砌石护肩	左侧	Ⅲ型	m	1 012.0	1.5	779.24												
22	K26+593～K26+770	砌石护肩	左侧	Ⅴ型	m	177.0		74.34												
23	K28+130～K28+310	砌石护肩	左侧	Ⅴ型	m	180.0		75.60												
24	K28+310～K28+370	砌石护肩	左侧	Ⅰ型	m	60.0	0.8	16.80												
25	K28+370～K28+610	砌石护肩	左侧	Ⅴ型	m	240.0		100.80												
26	K28+770～K28+810	砌石护肩	左侧	Ⅴ型	m	40.0		16.80												
27	K28+910～K29+170	砌石护肩	左侧	Ⅴ型	m	260.0		109.20												
28	K29+170～K29+190	砌石护肩	左侧	Ⅴ型	m	20.0		8.40												
29	K29+190～K29+410	砌石护肩	左侧	Ⅴ型	m	220.0		92.40												
30	K29+410～K29+550	砌石护肩	左侧	Ⅲ型	m	140.0	1.5	107.80												
	本页合计							2 626.4												

编制：　　　　复核：　　　　审核：

附表 1-18　路基防护工程数量表

（护肩、护脚、分界墙）

×××公路改扩建工程

序号	起讫桩号	工程名称	位置	主要尺寸及说明	单位	长度	平均防护高度/m	工程项目及数量												备注
								M7.5 浆砌片石/m³	C25 水泥混凝土预制块/m³	C20 水泥混凝土/m³	ϕ25 锚杆/m	碎石垫层/m³	ϕ70 锚杆孔长度/m	三维植被网/m²	拉伸网植草/m²	ϕ150 mmPVC 塑料套管/m	挖基石方/m³	挖基土方/m³	回填种植土/m³	
1	K29＋550～K29＋750	砌石护肩	左侧	Ⅳ型	m	200.0	2.5	430.00												
2	K29＋750～K29＋768	砌石护肩	左侧	Ⅲ型	m	18.0	1.5	13.86												
3	K29＋842～K30＋210	砌石护肩	左侧	Ⅴ型	m	368.0		154.56												
4	K30＋210～K30＋262	砌石护肩	左侧	Ⅲ型	m	52.0	1.5	40.04												
5	K30＋407～K30＋430	砌石护肩	左侧	Ⅱ型	m	23.0	1	8.51												
6	K30＋430 ～ K30＋497.723	砌石护肩	左侧	Ⅴ型	m	67.7		28.44												
7	K26＋070～K26＋324	砌石护肩	右侧	Ⅲ型	m	254.0	1.5	195.58												
8	K26＋334～K26＋395	砌石护肩	右侧	Ⅱ型	m	61.0	1	22.57												
9	K26＋447～K26＋550	砌石护肩	右侧	Ⅲ型	m	103.0	1.5	79.31												
10	K26＋689～K26＋770	砌石护肩	右侧	Ⅴ型	m	81.0		34.02												
11	K28＋130～K28＋290	砌石护肩	右侧	Ⅴ型	m	160.0		67.20												
12	K28＋390～K28＋430	砌石护肩	右侧	Ⅲ型	m	40.0	1.5	30.80												
13	K28＋430～K28＋470	砌石护肩	右侧	Ⅴ型	m	40.0		16.80												
14	K28＋470～K28＋530	砌石护肩	右侧	Ⅳ型	m	60.0	2	99.00												
15	K28＋590～K28＋638	砌石护肩	右侧	Ⅴ型	m	48.0		20.16												
16	K28＋638～K28＋650	砌石护肩	右侧	Ⅲ型	m	12.0	1.5	9.24												
17	K28＋770～K28＋790	砌石护肩	右侧	Ⅴ型	m	20.0		8.40												
18	K28＋990～K29＋010	砌石护肩	右侧	Ⅳ型	m	20.0	2.5	43.00												
19	K29＋210～K29＋390	砌石护肩	右侧	Ⅴ型	m	180.0		75.60												
20	K29＋390～K29＋410	砌石护肩	右侧	Ⅲ型	m	20.0	1.5	15.40												
21	K29＋590～K29＋750	砌石护肩	右侧	Ⅴ型	m	160.0		67.20												
22	K29＋750～K29＋810	砌石护肩	右侧	Ⅰ型	m	60.0	0.8	16.80												
23	K29＋810～K29＋912	砌石护肩	右侧	Ⅴ型	m	102.0		42.84												
24	K29＋912～K29＋930	砌石护肩	右侧	Ⅱ型	m	18.0	1	6.66												
25	K30＋050～K30＋070	砌石护肩	右侧	Ⅴ型	m	20.0		8.40												
26	K30＋150～K30＋190	砌石护肩	右侧	Ⅴ型	m	40.0		16.80												
27	K30＋326～K30＋390	砌石护肩	右侧	Ⅲ型	m	64.0	1.5	49.28												
28	K30＋390～K30＋490	砌石护肩	右侧	Ⅴ型	m	100.0		42.00												
29	K30＋490 ～ K30＋497.723	砌石护肩	右侧	Ⅲ型	m	7.7	1.5	5.95												
30	K30＋500～K30＋510	砌石护肩	左侧	Ⅴ型	m	10.0		4.20												
	本页合计							1 652.6												

编制：　　　　复核：　　　　审核：

附表 1-19　路基防护工程数量表

(护肩、护脚、分界墙)

×××公路改扩建工程　　　　第 11 页　共 17 页　S3－2－23

序号	起讫桩号	工程名称	位置	主要尺寸及说明	单位	长度	平均防护高度/m	工程项目及数量												备注
								M7.5 浆砌片石/m^3	C25 水泥混凝土预制块/m^3	C20 水泥混凝土/m^3	ϕ25 锚杆/m	碎石垫层/m^3	ϕ70 锚杆孔长度/m	三维植被网/m^2	拉伸网植草/m^2	ϕ150 mmPVC塑料套管/m	挖基石方/m^3	挖基土方/m^3	回填种植土/m^3	
1	K30+510～K30+530	砌石护肩	左侧	Ⅱ型	m	20.0	1	7.40												
2	K30+750～K30+810	砌石护肩	左侧	Ⅲ型	m	60.0	1.5	46.20												
3	K31+190～K31+210	砌石护肩	左侧	Ⅴ型	m	20.0		8.40												
4	K31+210～K31+310	砌石护肩	左侧	Ⅲ型	m	100.0	1.5	77.00												
5	K31+310～K31+470	砌石护肩	左侧	Ⅴ型	m	160.0		67.20												
6	K31+470～K31+630	砌石护肩	左侧	Ⅲ型	m	160.0	1.5	123.20												
7	K31+810～K31+830	砌石护肩	左侧	Ⅲ型	m	20.0	1.5	15.40												
8	K31+830～K31+990	砌石护肩	左侧	Ⅴ型	m	160.0		67.20												
9	K31+990～K32+030	砌石护肩	左侧	Ⅲ型	m	40.0	1.5	30.80												
10	K32+150～K32+170	砌石护肩	左侧	Ⅲ型	m	20.0	1.5	15.40												
11	K32+170～K32+550	砌石护肩	左侧	Ⅴ型	m	380.0		159.60												
12	K30+500～K30+510	砌石护肩	右侧	Ⅲ型	m	10.0	1.5	7.70												
13	K30+670～K30+690	砌石护肩	右侧	Ⅲ型	m	20.0	1.5	15.40												
14	K30+690～K30+730	砌石护肩	右侧	Ⅴ型	m	40.0		16.80												
15	K30+730～K30+750	砌石护肩	右侧	Ⅰ型	m	20.0	0.8	5.60												
16	K30+750～K30+810	砌石护肩	右侧	Ⅴ型	m	60.0		25.20												
17	K30+810～K30+950	砌石护肩	右侧	Ⅲ型	m	140.0	1.5	107.80												
18	K30+990～K31+170	砌石护肩	右侧	Ⅲ型	m	180.0	1.5	138.60												
19	K31+170～K31+210	砌石护肩	右侧	Ⅴ型	m	40.0		16.80												
20	K31+210～K31+310	砌石护肩	右侧	Ⅲ型	m	100.0	1.5	77.00												
21	K31+310～K31+450	砌石护肩	右侧	Ⅴ型	m	140.0		58.80												
22	K31+450～K31+690	砌石护肩	右侧	Ⅲ型	m	240.0	1.5	184.80												
23	K31+810～K31+830	砌石护肩	右侧	Ⅲ型	m	20.0	1.5	15.40												
24	K31+830～K32+010	砌石护肩	右侧	Ⅴ型	m	180.0		75.60												
25	K32+010～K32+030	砌石护肩	右侧	Ⅲ型	m	20.0	1.5	15.40												
26	K32+110～K32+130	砌石护肩	右侧	Ⅰ型	m	20.0	0.8	5.60												
27	K32+130～K32+330	砌石护肩	右侧	Ⅴ型	m	200.0		84.00												
28	K32+330～K32+350	砌石护肩	右侧	Ⅳ型	m	20.0	2	33.00												
29	K32+350～K32+370	砌石护肩	右侧	Ⅴ型	m	20.0		8.40												
30	K32+370～K32+390	砌石护肩	右侧	Ⅰ型	m	20.0	0.8	5.60												
	本页合计							1 515.3												

编制：　　　　复核：　　　　审核：

附表 1-20　路基防护工程数量表

（护肩、护脚、分界墙）

×××公路改扩建工程　　　　　　　　　　　　第 12 页　共 17 页　S3－2－23

序号	起讫桩号	工程名称	位置	主要尺寸及说明	单位	长度	平均防护高度/m	工程项目及数量												备注
								M7.5 浆砌片石/m^3	C25 水泥混凝土预制块/m^3	C20 水泥混凝土/m^3	ϕ25 锚杆/m	碎石垫层/m^3	ϕ70 锚杆孔长度/m	三维植被网/m^2	拉伸网植草/m^2	ϕ150 mmPVC 塑料套管/m	挖基石方/m^3	挖基土方/m^3	回填种植土/m^3	
1	K32＋390～K32＋550	砌石护肩	右侧	Ⅴ型	m	160.0		67.20												
2	K32＋790～K32＋815	砌石护肩	左侧	Ⅲ型	m	25.0	1.5	19.25												
3	K33＋210～K33＋227	砌石护肩	左侧	Ⅲ型	m	17.0	1.5	13.09												
4	K33＋227～K33＋238	砌石护肩	左侧	Ⅳ型	m	11.0	2.5	23.65												
5	K33＋238～K33＋250	砌石护肩	左侧	Ⅲ型	m	12.0	1.5	9.24												
6	K33＋250～K33＋310	砌石护肩	左侧	Ⅴ型	m	60.0		25.20												
7	K34＋130～K34＋170	砌石护肩	左侧	Ⅲ型	m	40.0	1.5	30.80												
8	K34＋254～K34＋423	砌石护肩	左侧	Ⅲ型	m	169.0	1.5	130.13												
9	K34＋550～K34＋610	砌石护肩	左侧	Ⅴ型	m	60.0		25.20												
10	K34＋750～K34＋790	砌石护肩	左侧	Ⅲ型	m	40.0	1.5	30.80												
11	K34＋916～K35＋070	砌石护肩	左侧	Ⅴ型	m	154.0		64.68												
12	K35＋070～K35＋175	砌石护肩	左侧	Ⅲ型	m	105.0	1.5	80.85												
13	K35＋175～K35＋470	砌石护肩	左侧	Ⅴ型	m	295.0		123.90												
14	K35＋470～K35＋550	砌石护肩	左侧	Ⅱ型	m	80.0	1	29.60												
15	K35＋627～K35＋770	砌石护肩	左侧	Ⅲ型	m	143.0	1.5	110.11												
16	K35＋870～K35＋910	砌石护肩	左侧	Ⅲ型	m	40.0	1.5	30.80												
17	K35＋910～K35＋990	砌石护肩	左侧	Ⅳ型	m	80.0	2.5	172.00												
18	K35＋990～K36＋015	砌石护肩	左侧	Ⅲ型	m	25.0	1.5	19.25												
19	K36＋110～K36＋170	砌石护肩	左侧	Ⅲ型	m	60.0	1.5	46.20												
20	K36＋430～K36＋470	砌石护肩	左侧	Ⅲ型	m	40.0	1.5	30.80												
21	K36＋470～K36＋510	砌石护肩	左侧	Ⅳ型	m	40.0	2.5	86.00												
22	K36＋510～K36＋552	砌石护肩	左侧	Ⅲ型	m	42.0	1.5	32.34												
23	K36＋610～K36＋630	砌石护肩	左侧	Ⅳ型	m	20.0	2	33.00												
24	K36＋655～K36＋703	砌石护肩	左侧	Ⅲ型	m	48.0	1.5	36.96												
25	K36＋826～K36＋912	砌石护肩	左侧	Ⅴ型	m	86.0		36.12												
26	K36＋912～K36＋930	砌石护肩	左侧	Ⅰ型	m	18.0	0.8	5.04												
27	K36＋970～K37＋070	砌石护肩	左侧	Ⅲ型	m	100.0	1.5	77.00												
28	K37＋170～K37＋210	砌石护肩	左侧	Ⅲ型	m	40.0	1.5	30.80												
29	K37＋270～K37＋370	砌石护肩	左侧	Ⅲ型	m	100.0	1.5	77.00												
30	K37＋370～K37＋390	砌石护肩	左侧	Ⅳ型	m	20.0	2.5	43.00												
	本页合计							1 540.0												

编制：　　　　　　　　　　　　复核：　　　　　　　　　　　　审核：

附表 1-21 路基防护工程数量表
（护肩、护脚、分界墙）

×××公路改扩建工程

第 13 页 共 17 页 S3－2－23

序号	起讫桩号	工程名称	位置	主要尺寸及说明	单位	长度	平均防护高度/m	工程项目及数量												备注
								M7.5 浆砌片石/m^3	C25 水泥混凝土预制块/m^3	C20 水泥混凝土/m^3	ϕ25 锚杆/m	碎石垫层/m^3	ϕ70 锚杆孔长度/m	三维植被网/m^2	拉伸网植草/m^2	ϕ150 mmPVC 塑料套管/m	挖基石方/m^3	挖基土方/m^3	回填种植土/m^3	
1	K37＋390～K37＋490	砌石护肩	左侧	Ⅳ型	m	100.0	2	165.00												
2	K37＋550～K37＋577	砌石护肩	左侧	Ⅲ型	m	27.0	1.5	20.79												
3	K37＋587～K37＋608	砌石护肩	左侧	Ⅳ型	m	21.0	2.5	45.15												
4	K37＋608～K37＋630	砌石护肩	左侧	Ⅳ型	m	22.0	2	36.30												
5	K37＋630～K37＋670	砌石护肩	左侧	Ⅳ型	m	40.0	2.5	86.00												
6	K37＋690～K37＋715	砌石护肩	左侧	Ⅲ型	m	25.0	1.5	19.25												
7	K37＋780～K37＋860	砌石护肩	左侧	Ⅳ型	m	80.0	2	132.00												
8	K37＋970～K38＋010	砌石护肩	左侧	Ⅳ型	m	40.0	2	66.00												
9	K38＋080～K38＋590	砌石护肩	左侧	Ⅲ型	m	510.0	1.5	392.70												
10	K38＋590～K38＋810	砌石护肩	左侧	Ⅴ型	m	220.0		92.40												
11	K38＋810～K38＋870	砌石护肩	左侧	Ⅲ型	m	60.0	1.5	46.20												
12	K39＋090～K39＋105	砌石护肩	左侧	Ⅰ型	m	15.0	0.8	4.20												
13	K39＋190～K39＋230	砌石护肩	左侧	Ⅲ型	m	40.0	1.5	30.80												
14	K39＋250～K39＋450	砌石护肩	左侧	Ⅴ型	m	200.0		84.00												
15	K39＋450～K39＋572	砌石护肩	左侧	Ⅲ型	m	122.0	1.5	93.94												
16	K39＋572～K39＋610	砌石护肩	左侧	Ⅴ型	m	38.0		15.96												
17	K39＋610～K39＋690	砌石护肩	左侧	Ⅳ型	m	80.0	2	132.00												
18	K39＋690～K39＋810	砌石护肩	左侧	Ⅴ型	m	120.0		50.40												
19	K39＋840～K40＋024	砌石护肩	左侧	Ⅴ型	m	184.0		77.28												
20	K40＋024 ～ K40＋026.511	砌石护肩	左侧	Ⅳ型	m	2.5	2	4.14												
21	K32＋790～K32＋857	砌石护肩	右侧	Ⅲ型	m	67.0	1.5	51.59												
22	K32＋857～K32＋870	砌石护肩	右侧	Ⅳ型	m	13.0	2.5	27.95												
23	K32＋870～K32＋895	砌石护肩	右侧	Ⅲ型	m	25.0	1.5	19.25												
24	K33＋258～K33＋270	砌石护肩	右侧	Ⅳ型	m	12.0	2.5	25.80												
25	K33＋270～K33＋310	砌石护肩	右侧	Ⅳ型	m	40.0	2	66.00												
26	K33＋310～K33＋330	砌石护肩	右侧	Ⅳ型	m	20.0	2.5	43.00												
27	K33＋330～K33＋392	砌石护肩	右侧	Ⅰ型	m	62.0	0.8	17.36												
28	K33＋569～K33＋848	砌石护肩	右侧	Ⅰ型	m	279.0	0.8	78.12												
29	K33＋992～K34＋030	砌石护肩	右侧	Ⅰ型	m	38.0	0.8	10.64												
30	K34＋090～K34＋117	砌石护肩	右侧	Ⅰ型	m	27.0	0.8	7.56												
31	K34＋254～K34＋310	砌石护肩	右侧	Ⅲ型	m	56.0	1.5	43.12												
32	K34＋351～K34＋368	砌石护肩	右侧	Ⅳ型	m	17.0	2	28.05												
	本页合计							2 013.0												

编制：　　　　复核：　　　　审核：

附表 1-22　路基防护工程数量表

（护肩、护脚、分界墙）

×××公路改扩建工程

序号	起讫桩号	工程名称	位置	主要尺寸及说明	单位	长度	平均防护高度/m	工程项目及数量												备注
								M7.5 浆砌片石/m^3	C25 水泥混凝土预制块/m^3	C20 水泥混凝土/m^3	ϕ25 锚杆/m	碎石垫层/m^3	ϕ70 锚杆孔长度/m	三维植被网/m^2	拉伸网植草/m^2	ϕ150 mmPVC 塑料套管/m	挖基石方/m^3	挖基土方/m^3	回填种植土/m^3	
1	K34+616～K34+630	砌石护肩	右侧	Ⅲ型	m	14.0	1.5	10.78												
2	K34+690～K34+730	砌石护肩	右侧	Ⅲ型	m	40.0	1.5	30.80												
3	K34+730～K34+750	砌石护肩	右侧	Ⅳ型	m	20.0	2.5	43.00												
4	K34+750～K34+906	砌石护肩	右侧	Ⅳ型	m	156.0	2	257.40												
5	K34+906～K34+916	砌石护肩	右侧	Ⅳ型	m	10.0	2.5	21.50												
6	K34+916～K34+950	砌石护肩	右侧	Ⅳ型	m	34.0	2	56.10												
7	K34+950～K35+070	砌石护肩	右侧	Ⅳ型	m	120.0	2.5	258.00												
8	K35+070～K35+210	砌石护肩	右侧	Ⅱ型	m	140.0	1	51.80												
9	K35+210～K35+290	砌石护肩	右侧	Ⅳ型	m	80.0	2.5	172.00												
10	K35+290～K35+470	砌石护肩	右侧	Ⅲ型	m	180.0	1.5	138.60												
11	K35+614～K35+637	砌石护肩	右侧	Ⅲ型	m	23.0	1.5	17.71												
12	K35+637～K35+705	砌石护肩	右侧	Ⅴ型	m	68.0		28.56												
13	K35+705～K35+750	砌石护肩	右侧	Ⅳ型	m	45.0	2	74.25												
14	K35+750～K35+790	砌石护肩	右侧	Ⅳ型	m	40.0	2.5	86.00												
15	K35+790～K35+910	砌石护肩	右侧	Ⅲ型	m	120.0	1.5	92.40												
16	K35+910～K36+005	砌石护肩	右侧	Ⅳ型	m	95.0	2.5	204.25												
17	K36+005～K36+015	砌石护肩	右侧	Ⅲ型	m	10.0	1.5	7.70												
18	K36+168～K36+210	砌石护肩	右侧	Ⅲ型	m	42.0	1.5	32.34												
19	K36+210～K36+250	砌石护肩	右侧	Ⅳ型	m	40.0	2.5	86.00												
20	K36+250～K36+270	砌石护肩	右侧	Ⅳ型	m	20.0	2	33.00												
21	K36+270～K36+290	砌石护肩	右侧	Ⅳ型	m	20.0	2.5	43.00												
22	K36+290～K36+350	砌石护肩	右侧	Ⅲ型	m	60.0	1.5	46.20												
23	K36+368～K36+378	砌石护肩	右侧	Ⅲ型	m	10.0	1.5	7.70												
24	K36+378～K36+390	砌石护肩	右侧	Ⅳ型	m	12.0	2.5	25.80												
25	K36+390～K36+543	砌石护肩	右侧	Ⅲ型	m	153.0	1.5	117.81												
26	K36+810～K36+836	砌石护肩	右侧	Ⅳ型	m	26.0	2	42.90												
27	K36+836～K36+850	砌石护肩	右侧	Ⅳ型	m	14.0	2.5	30.10												
28	K36+850～K36+890	砌石护肩	右侧	Ⅳ型	m	40.0	2	66.00												
29	K37+070～K37+690	砌石护肩	右侧	Ⅲ型	m	620.0	1.5	477.40												
30	K37+690～K37+706	砌石护肩	右侧	Ⅳ型	m	16.0	2.5	34.40												
	本页合计							2 593.5												

编制：　　　　复核：　　　　审核：

附表 1-23 路基防护工程数量表

（护肩、护脚、分界墙）

×××公路改扩建工程 第 15 页 共 17 页 S3－2－23

序号	起讫桩号	工程名称	位置	主要尺寸及说明	单位	长度	平均防护高度/m	工程项目及数量												备注
								M7.5 浆砌片石/m^3	C25 水泥混凝土预制块/m^3	C20 水泥混凝土/m^3	ϕ25 锚杆/m	碎石垫层/m^3	ϕ70 锚杆孔长度/m	三维植被网/m^2	拉伸网植草/m^2	ϕ150 mmPVC 塑料套管/m	挖基石方/m^3	挖基土方/m^3	回填种植土/m^3	
1	K37＋706～K37＋730	砌石护肩	右侧	Ⅲ型	m	24.0	1.5	18.48												
2	K37＋730～K37＋750	砌石护肩	右侧	Ⅳ型	m	20.0	2.5	43.00												
3	K37＋750～K37＋766	砌石护肩	右侧	Ⅳ型	m	16.0	2	26.40												
4	K37＋766～K37＋776	砌石护肩	右侧	Ⅳ型	m	10.0	2.5	21.50												
5	K37＋776～K37＋790	砌石护肩	右侧	Ⅳ型	m	14.0	2	23.10												
6	K37＋790～K37＋875	砌石护肩	右侧	Ⅳ型	m	85.0	2	140.25												
7	K37＋875～K38＋570	砌石护肩	右侧	Ⅲ型	m	695.0	1.5	535.15												
8	K38＋570～K38＋830	砌石护肩	右侧	Ⅴ型	m	260.0		109.20												
9	K38＋830～K38＋870	砌石护肩	右侧	Ⅲ型	m	40.0	1.5	30.80												
10	K39＋030～K39＋250	砌石护肩	右侧	Ⅲ型	m	220.0	1.5	169.40												
11	K39＋250～K39＋610	砌石护肩	右侧	Ⅴ型	m	360.0		151.20												
12	K39＋610～K39＋650	砌石护肩	右侧	Ⅲ型	m	40.0	1.5	30.80												
13	K39＋650～K39＋810	砌石护肩	右侧	Ⅴ型	m	160.0		67.20												
14	K39＋840～K40＋024	砌石护肩	右侧	Ⅴ型	m	184.0		77.28												
15	K40＋024 ～ K40＋026.511	砌石护肩	右侧	Ⅳ型	m	2.5	2	4.14												
16																				
17	本页合计							1 447.90												
18																				
19	护肩共计							38 639.72												
20																				
21																				
22																				
23																				
24																				
25	K20＋950～K20＋990	浆砌片石护脚	左侧	$H=2$	m	40.0		109.60										64.00		
26	K20＋990～K21＋010	浆砌片石护脚	左侧	$H=3$	m	20.0		130.20										64.00		
27																				
28	护脚共计							239.80										128.00		
29																				
30																				

编制： 复核： 审核：

表 1-24　路基防护工程数量表

（护肩、护脚、分界墙）

×××公路改扩建工程

序号	起讫桩号	工程名称	位置	主要尺寸及说明	单位	长度	平均防护高度/m	工程项目及数量												备注
								M7.5 浆砌片石/m^3	C25 水泥混凝土预制块/m^3	C20 水泥混凝土/m^3	ϕ25 锚杆/m	碎石垫层/m^3	ϕ70 锚杆孔长度/m	三维植被网/m^2	拉伸网植草/m^2	ϕ150 mmPVC 塑料盲管/m	挖基石方/m^3	挖基土方/m^3	回填种植土/m^3	
1	K9＋630～K9＋850	分界墙	左侧	H=1	m	220.0		110.00												
2	K9＋990～K10＋230	分界墙	左侧	H=1	m	240.0		120.00												
3	K0＋130～K0＋205	分界墙	右侧	H=1	m	75.0		37.50												
4	K0＋296～K0＋310	分界墙	右侧	H=1	m	14.0		7.00												
5	K1＋370～K1＋450	分界墙	右侧	H=1	m	80.0		40.00												
6	K2＋450～K2＋572	分界墙	右侧	H=1	m	122.0		61.00												
7	K9＋730～K9＋950	分界墙	右侧	H=1	m	220.0		110.00												
8	K9＋970～K10＋010	分界墙	右侧	H=1	m	40.0		20.00												
9	K15＋490～K15＋629	分界墙	左侧	H=1	m	139.0		69.50												
10	K28＋140～K28＋310	分界墙	左侧	H=1	m	170.0		85.00												
11	K28＋370～K28＋610	分界墙	左侧	H=1	m	240.0		120.00												
12	K28＋910～K29＋040	分界墙	左侧	H=1	m	130.0		65.00												
13	K29＋842～K30＋210	分界墙	左侧	H=1	m	368.0		184.00												
14	K30＋430～K30＋497.723	分界墙	左侧	H=1	m	67.7		33.86												
15	K28＋130～K28＋290	分界墙	右侧	H=1	m	160.0		80.00												
16	K28＋430～K28＋470	分界墙	右侧	H=1	m	40.0		20.00												
17	K28＋590～K28＋638	分界墙	右侧	H=1	m	48.0		24.00												
18	K29＋810～K29＋912	分界墙	右侧	H=1	m	102.0		51.00												
19	K30＋050～K30＋070	分界墙	右侧	H=1	m	20.0		10.00												
20	K30＋390～K30＋490	分界墙	右侧	H=1	m	100.0		50.00												
21	K30＋500～K30＋510	分界墙	左侧	H=1	m	10.0		5.00												
22	K31＋190～K31＋210	分界墙	左侧	H=1	m	20.0		10.00												
23	K31＋310～K31＋470	分界墙	左侧	H=1	m	160.0		80.00												
24	K31＋830～K31＋990	分界墙	左侧	H=1	m	160.0		80.00												
25	K32＋170～K32＋550	分界墙	左侧	H=1	m	380.0		190.00												
	本页合计							1 662.9												

编制：　　　　复核：　　　　审核：

附表 1-25　路基防护工程数量表
（护肩、护脚、分界墙）

×××公路改扩建工程　　　　第 17 页　共 17 页　S3—2—23

序号	起讫桩号	工程名称	位置	主要尺寸及说明	单位	长度	平均防护高度/m	工程项目及数量												备注
								M7.5 浆砌片石/m³	C25 水泥混凝土预制块/m³	C20 水泥混凝土/m³	ϕ25 锚杆/m	碎石垫层/m³	ϕ70 锚杆孔长度/m	三维植被网/m²	拉伸网植草/m²	ϕ150 mmPVC 塑料套管/m	挖基石方/m³	挖基土方/m³	回填种植土/m³	
1	K30+690～K30+730	分界墙	右侧	$H=1$	m	40.0		20.00												
2	K30+750～K30+810	分界墙	右侧	$H=1$	m	60.0		30.00												
3	K31+170～K31+210	分界墙	右侧	$H=1$	m	40.0		20.00												
4	K31+310～K31+450	分界墙	右侧	$H=1$	m	140.0		70.00												
5	K31+830～K32+010	分界墙	右侧	$H=1$	m	180.0		90.00												
6	K32+130～K32+330	分界墙	右侧	$H=1$	m	200.0		100.00												
7	K32+350～K32+370	分界墙	右侧	$H=1$	m	20.0		10.00												
8	K32+390～K32+550	分界墙	右侧	$H=1$	m	160.0		80.00												
9	K35+175～K35+470	分界墙	左侧	$H=1$	m	295.0		147.50												
10	K36+826～K36+912	分界墙	左侧	$H=1$	m	86.0		43.00												
11	K35+637～K35+705	分界墙	右侧	$H=1$	m	68.0		34.00												
12	K38+590～K38+810	分界墙	左侧	$H=1$	m	220.0		110.00												
13	K39+250～K39+450	分界墙	左侧	$H=1$	m	200.0		100.00												
14	K39+690～K39+810	分界墙	左侧	$H=1$	m	120.0		60.00												
15	K39+840～K40+024	分界墙	左侧	$H=1$	m	184.0		92.00												
16	K38+570～K38+830	分界墙	右侧	$H=1$	m	260.0		130.00												
17	K39+250～K39+610	分界墙	右侧	$H=1$	m	360.0		180.00												
18	K39+650～K39+810	分界墙	右侧	$H=1$	m	160.0		80.00												
19	K39+840～K40+024	分界墙	右侧	$H=1$	m	184.0		92.00												
20	本页合计							1 488.50												
21																				
22	分界墙共计							3 151.36												
23																				
24																				
25																				
26																				
27																				
28																				
29																				

编制：　　　　复核：　　　　审核：

附表 1-26　路基防护工程数量表
(拱形骨架)

×××公路改扩建工程　　　　第 1 页　共 4 页　S3—2—23

序号	起讫桩号	工程名称	位置	主要尺寸及说明	单位	长度	坡率	高度	工程项目及数量											备注
									M7.5 浆砌片石/m^3	C25 水泥混凝土/m^3	C20 水泥混凝土/m^3	碎石垫层/m^3	拉伸网植草/m^2	HPB300/kg	HRB335/kg	喷播植草灌/m^2	开挖土方/m^3	回填土方/m^3	换填种植土/m^3	
1	AK0+030～AK0+070	拱形骨架防护	左侧	第一级填方边坡	m	40.0	1.5	8.0	49.8		5.0	1.8				468.4	23.6	47.0		
2	AK0+030～AK0+050	拱形骨架防护	左侧	第二级填方边坡	m	20.0	1.75	4.0	22.4		2.0	0.9				172.4	6.5	17.2		
3	AK0+170～AK0+250	拱形骨架防护	左侧	挖方边坡	m	80.0	1.25	10.0	157.2		7.9					981.1	321.5	14.4	138.0	
4	AK0+290～AK0+370	拱形骨架防护	左侧	挖方边坡	m	80.0	0.75	8.0	134.3		5.3					557.4	234.8	14.4	74.0	
5	AK0+030～AK0+095	拱形骨架防护	右侧	第一级填方边坡	m	65.0	1.5	8.0	80.9		8.0	3.0				761.1	38.3	76.3		
6	AK0+050～AK0+095	拱形骨架防护	右侧	第二级填方边坡	m	45.0	1.75	4.0	50.4		4.4	2.1				388.0	14.5	38.7		
7	AK0+127～AK0+210	拱形骨架防护	右侧	填方边坡	m	83.0	1.5	6.0	90.8		8.3	3.8				714.3	36.4	71.7		
8	AK0+230～AK0+310	拱形骨架防护	右侧	第一级填方边坡	m	80.0	1.5	8.0	99.5		9.9	3.7				936.3	47.1	93.9		
9	AK0+230～AK0+275	拱形骨架防护	右侧	第二级填方边坡	m	45.0	1.75	8.0	65.5		6.8	2.1				700.2	29.7	70.0		
10	AK0+350～AK0+450	拱形骨架防护	右侧	第一级填方边坡	m	100.0	1.5	8.0	124.4		12.4	4.6				1 171.0	58.9	117.4		
11	AK0+383～AK0+430	拱形骨架防护	右侧	第二级填方边坡	m	47.0	1.75	4.0	52.6		4.6	2.2				405.2	15.2	40.4		
12	K0+190～K0+310	拱形骨架防护	左侧	填方边坡	m	120.0	1.5	6.0	131.2		12.0	5.5				1 032.8	52.6	103.6		
13	K0+410～K0+510	拱形骨架防护	左侧	挖方边坡	m	100.0	1.0	7.0	165.8		6.6					688.3	290.2	18.0	91.5	
14	K0+510～K0+670	拱形骨架防护	左侧	填方边坡	m	160.0	1.5	8.0	199.1		19.8	7.4				1 873.5	94.2	187.9		
15	K0+810～K0+910	拱形骨架防护	左侧	填方边坡	m	100.0	1.5	8.0	124.4		12.4	4.6				1 171.0	58.9	117.4		
16	K0+910～K1+170	拱形骨架防护	左侧	第一级挖方边坡	m	260.0	0.75	8.0	436.4		17.2					1 811.4	763.0	46.8	240.6	
17	K0+930～K0+970	拱形骨架防护	左侧	第二级挖方边坡	m	40.0	1.0	8.0	69.2		3.0					322.2	126.0	7.2	43.6	
18	K1+230～K1+530	拱形骨架防护	左侧	第一级挖方边坡	m	300.0	0.75	8.0	503.5		19.8					2 090.1	880.3	54.0	277.7	
19	K1+290～K1+370	拱形骨架防护	左侧	第二级挖方边坡	m	80.0	1.0	6.0	126.8		4.6					457.0	212.2	14.4	59.1	
20	K2+000～K2+070	拱形骨架防护	左侧	挖方边坡	m	70.0	0.75	6.0	108.4		3.7					342.9	174.6	12.6	43.1	
21	K2+570～K2+830	拱形骨架防护	左侧	挖方边坡	m	260.0	0.75	5.0	385.9		11.8					1 004.5	591.4	46.8	119.6	
22	K2+920～K3+170	拱形骨架防护	左侧	挖方边坡	m	250.0	0.75	6.0	387.2		13.1					1 224.5	623.6	45.0	153.8	
23	K0+410～K0+520	拱形骨架防护	右侧	第一级挖方边坡	m	110.0	0.75	8.0	184.6		7.3					766.4	322.8	19.8	101.8	
24	K0+430～K0+510	拱形骨架防护	右侧	第二级挖方边坡	m	80.0	1.0	8.0	138.5		5.9					644.3	252.1	14.4	87.3	
	小计								3 888.8		211.7	41.6				20 684.6	5 268.4	1 289.5	1 430.2	

编制：　　　　复核：　　　　审核：

附表 1-27　路基防护工程数量表

（拱形骨架）

×××公路改扩建工程　　　　第 2 页　共 4 页　S3－2－23

序号	起讫桩号	工程名称	位置	主要尺寸及说明	单位	长度	坡率	高度	工程项目及数量 M7.5 浆砌片石/m³	C25 水泥混凝土/m³	C20 水泥混凝土/m³	碎石垫层/m³	拉伸网植草/m²	HPB300 /kg	HRB335 /kg	喷播植草灌/m²	开挖土方/m³	回填土方/m³	换填种植土/m³	备注
1	K1＋290～K1＋370	拱形骨架防护	右侧	挖方边坡	m	80.0	1.0	6.0	126.8		4.6					457.0	212.2	14.4	59.1	
2	K2＋450～K2＋572	拱形骨架防护	右侧	填方边坡	m	122.0	1.5	8.0	151.8		15.1	5.6				1 428.6	71.9	143.3		
3	K4＋170～K4＋590	拱形骨架防护	右侧	第一级填方边坡	m	420.0	1.5	7.0	490.9		47.0	19.3				4 266.3	215.7	427.9		
4	K4＋430～K4＋590	拱形骨架防护	右侧	第二级填方边坡	m	160.0	1.75	6.0	206.1		20.0	7.4				1 934.6	78.7	193.3		
5	K6＋250～K6＋320	拱形骨架防护	右侧	第二级挖方边坡	m	70.0	1.0	10.0	131.4		6.3					727.6	255.4	12.6	101.0	
6	K6＋250～K6＋310	拱形骨架防护	右侧	第三级挖方边坡	m	60.0	1.25	5.0	93.1		3.3					328.6	155.1	10.8	42.3	
7	K6＋236.180～K6＋500	拱形骨架防护	右侧	第二级挖方边坡	m	263.8	1.0	8.0	456.7		19.5					2 124.8	831.3	47.5	287.8	
8	K6＋350～K6＋500	拱形骨架防护	右侧	第三级挖方边坡	m	150.0	1.25	6.0	245.1		9.6					1 025.2	430.8	27.0	136.3	
9	K6＋640～K6＋730	拱形骨架防护	右侧	第二级挖方边坡	m	90.0	1.0	8.0	155.8		6.6					724.8	283.6	16.2	98.2	
10	K6＋640～K6＋690	拱形骨架防护	右侧	第三级挖方边坡	m	50.0	1.25	6.0	81.7		3.2					341.7	143.6	9.0	45.4	
11	K7＋400～K7＋530	拱形骨架防护	右侧	挖方边坡	m	130.0	1.0	6.0	206.0		7.5					742.7	344.9	23.4	96.1	
12	K9＋650～K9＋710	拱形骨架防护	右侧	第一级挖方边坡	m	60.0	1.0	8.0	103.9		4.4					483.2	189.1	10.8	65.5	
13	K9＋670～K9＋710	拱形骨架防护	右侧	第二级挖方边坡	m	40.0	1.0	8.0	69.2		3.0					322.2	126.0	7.2	43.6	
14	K14＋690～K14＋730	拱形骨架防护	左侧	挖方边坡	m	40.0	0.75	5.0	59.4		1.8					154.5	91.0	7.2	18.4	
15	K14＋930～K15＋050	拱形骨架防护	左侧	挖方边坡	m	120.0	0.75	6.0	185.9		6.3					587.8	299.3	21.6	73.8	
16	K15＋170～K15＋390	拱形骨架防护	左侧	填方边坡	m	220.0	1.5	8.0	273.7		27.2	10.1				2 576.1	129.6	258.4		
17	K15＋490～K15＋630	拱形骨架防护	左侧	填方边坡	m	140.0	1.5	7.0	163.6		15.7	6.4				1 422.1	71.9	142.6		
18	K17＋050～K17＋110	拱形骨架防护	左侧	挖方边坡	m	60.0	0.75	6.0	92.9		3.1					293.9	148.8	10.8	36.9	
19	K17＋690～K17＋910	拱形骨架防护	左侧	挖方边坡	m	220.0	0.75	8.0	369.2		14.5					1 532.7	642.2	39.6	203.6	
20	K17＋970～K18＋060	拱形骨架防护	左侧	挖方边坡	m	90.0	0.75	8.0	151.0		5.9					627.0	262.7	16.2	83.3	
21	K19＋890～K19＋950	拱形骨架防护	左侧	挖方边坡	m	60.0	1.0	8.0	103.9		4.4					483.2	189.1	10.8	65.5	
22	K20＋950～K21＋234	拱形骨架防护	左侧	第一级填方边坡	m	284.0	1.5	6.0	310.5		28.4	13.1				2 444.2	124.5	245.2		
23	K21＋010～K21＋110	拱形骨架防护	左侧	第二级填方边坡	m	100.0	1.75	6.0	128.8		12.5	4.6				1 209.1	49.2	120.8		
24	K21＋430～K21＋470	拱形骨架防护	左侧	挖方边坡	m	40.0	1.0	6.0	63.4		2.3					228.5	106.1	7.2	29.6	
25	K21＋470～K21＋595	拱形骨架防护	左侧	第一级填方边坡	m	125.0	1.5	7.0	146.1		14.0	5.8				1 269.7	64.2	127.4		
26	K21＋540～K21＋575	拱形骨架防护	左侧	第二级填方边坡	m	35.0	1.75	3.0	36.2		3.0	1.6				241.0	8.4	24.0		
27	K22＋040～K22＋120	拱形骨架防护	左侧	挖方边坡	m	80.0	1.0	8.0	138.5		5.9					644.3	252.1	14.4	87.3	
28	K22＋120～K22＋230	拱形骨架防护	左侧	挖方边坡	m	110.0	0.75	6.0	170.4		5.8					538.8	272.7	19.8	67.7	
29	K23＋650～K23＋790	拱形骨架防护	左侧	挖方边坡	m	140.0	0.75	8.0	235.0		9.2					975.4	408.7	25.2	129.6	
30	K14＋670～K14＋710	拱形骨架防护	右侧	挖方边坡	m	40.0	0.75	10.0	72.3		3.2					361.4	134.4	7.2	49.4	
31	K15＋670～K15＋690	拱形骨架防护	右侧	挖方边坡	m	20.0	0.75	8.0	33.6		1.3					139.3	58.4	3.6	18.5	
	小计								5 252.9		314.6	73.9				30 636.6	6 651.4	2 045.4	1 839.0	

编制：　　　　复核：　　　　审核：

附表 1-28　路基防护工程数量表

（拱形骨架）

×××公路改扩建工程　　　　第 3 页　共 4 页　S3—2—23

序号	起讫桩号	工程名称	位置	主要尺寸及说明	单位	长度	坡率	高度	工程项目及数量											备注
									M7.5 浆砌片石/m³	C25 水泥混凝土/m³	C20 水泥混凝土/m³	碎石垫层/m³	拉伸网植草/m²	HPB300/kg	HRB335/kg	喷播植草灌/m²	开挖土方/m³	回填土方/m³	换填种植土/m³	
1	K20+880～K20+970	拱形骨架防护	右侧	挖方边坡	m	90.0	1.0	6.0	142.6		5.2					514.2	238.8	16.2	66.5	
2	K21+050～K21+130	拱形骨架防护	右侧	第一级填方边坡	m	80.0	1.5	7.0	93.5		8.9	3.7				812.6	41.1	81.5		
3	K21+070～K21+110	拱形骨架防护	右侧	第二级填方边坡	m	40.0	1.75	6.0	51.5		5.0	1.8				483.7	19.7	48.3		
4	K21+170～K21+310	拱形骨架防护	右侧	挖方边坡	m	140.0	1.0	5.0	211.6		7.0					636.0	336.6	25.2	78.9	
5	K21+390～K21+460	拱形骨架防护	右侧	挖方边坡	m	70.0	1.0	7.0	116.1		4.6					481.8	203.1	12.6	64.1	
6	K21+690～K21+730	拱形骨架防护	右侧	挖方边坡	m	40.0	1.0	7.0	66.3		2.6					275.3	116.1	7.2	36.6	
7	K22+250～K22+370	拱形骨架防护	右侧	填方边坡	m	120.0	1.5	7.0	140.3		13.4	5.5				1 219.0	61.6	122.3		
8	K24+770～K24+870	拱形骨架防护	右侧	挖方边坡	m	100.0	0.75	6.0	154.9		5.2					489.8	247.9	18.0	61.5	
9	K28+630～K28+750	拱形骨架防护	左侧	第二级挖方边坡	m	120.0	1.0	6.0	190.2		7.0					685.6	318.4	21.6	88.7	
10	K28+810～K28+910	拱形骨架防护	左侧	挖方边坡	m	100.0	1.0	7.0	165.8		6.6					688.3	290.2	18.0	91.5	
11	K28+910～K29+190	拱形骨架防护	左侧	填方边坡	m	280.0	1.5	7.0	327.3		31.3	12.9				2 844.2	143.8	285.3		
12	K29+190～K29+410	拱形骨架防护	左侧	填方边坡	m	220.0	1.5	4.0	207.4		16.7	10.1				1 210.7	63.3	121.6		
13	K29+770～K29+830	拱形骨架防护	左侧	挖方边坡	m	60.0	1.0	4.0	86.3		2.5					202.3	129.3	10.8	23.3	
14	K30+860～K30+910	拱形骨架防护	左侧	挖方边坡	m	50.0	1.0	4.0	71.9		2.1					168.6	107.8	9.0	19.4	
15	K26+670～K26+760	拱形骨架防护	右侧	填方边坡	m	90.0	1.5	5.0	91.6		7.9	4.1				634.9	32.7	63.7		
16	K28+310～K28+390	拱形骨架防护	右侧	挖方边坡	m	80.0	1.0	6.0	126.8		4.6					457.0	212.2	14.4	59.1	
17	K28+690～K28+750	拱形骨架防护	右侧	第二级挖方边坡	m	60.0	1.0	5.0	90.7		3.0					272.6	144.2	10.8	33.8	
18	K29+230～K29+390	拱形骨架防护	右侧	填方边坡	m	160.0	1.5	5.0	162.9		14.1	7.4				1 128.8	58.1	113.3		
19	K30+020～K30+040	拱形骨架防护	右侧	挖方边坡	m	20.0	1.0	4.0	28.8		0.8					67.4	43.1	3.6	7.8	
20	K30+080～K30+140	拱形骨架防护	右侧	挖方边坡	m	60.0	1.0	4.0	86.3		2.5					202.3	129.3	10.8	23.3	
21	K30+200～K30+260	拱形骨架防护	右侧	挖方边坡	m	60.0	1.0	4.0	86.3		2.5					202.3	129.3	10.8	23.3	
22	K31+310～K31+470	拱形骨架防护	左侧	填方边坡	m	160.0	1.5	4.0	150.8		12.2	7.4				880.5	46.0	88.4		
23	K31+310～K31+450	拱形骨架防护	右侧	填方边坡	m	140.0	1.5	4.0	132.0		10.6	6.4				770.4	40.3	77.4		
24	K32+560～K32+770	拱形骨架防护	左侧	第一级挖方边坡	m	210.0	1.0	8.0	363.5		15.5					1 691.3	661.7	37.8	229.1	
25	K33+320～K33+390	拱形骨架防护	左侧	挖方边坡	m	70.0	1.0	5.0	105.8		3.5					318.0	168.3	12.6	39.4	
26	K33+690～K33+870	拱形骨架防护	左侧	第一级挖方边坡	m	180.0	0.75	8.0	302.1		11.9					1 254.0	525.5	32.4	166.6	
27	K33+740～K33+830	拱形骨架防护	左侧	第二级挖方边坡	m	90.0	0.75	8.0	151.0		5.9					627.0	262.7	16.2	83.3	
	小计								3 904.4		213.6	59.3				19 218.9	4 771.1	1 289.8	1 196.1	

编制：　　　　复核：　　　　审核：

附表 1-29　路基防护工程数量表
（拱形骨架）

×××公路改扩建工程　　　　　第 4 页　共 4 页　S3－2－23

序号	起讫桩号	工程名称	位置	主要尺寸及说明	单位	长度	坡率	高度	工程项目及数量											备注
									M7.5 浆砌片石/m³	C25 水泥混凝土/m³	C20 水泥混凝土/m³	碎石垫层/m³	拉伸网植草/m²	HPB300 /kg	HRB335 /kg	喷播植草灌/m²	开挖土方/m³	回填土方/m³	换填种植土/m³	
1	K33＋910～K34＋130	拱形骨架防护	左侧	挖方边坡	m	220.0	0.75	8.0	369.2		14.5					1 532.7	642.2	39.6	203.6	
2	K32＋550～K32＋790	拱形骨架防护	右侧	第一级挖方边坡	m	240.0	1.0	8.0	415.5		17.7					1 932.9	756.2	43.2	261.8	
3	K34＋368～K34＋430	拱形骨架防护	右侧	第一级挖方边坡	m	62.0	1.0	8.0	107.3		4.6					499.3	195.4	11.2	67.6	
4	K34＋378～K34＋408	拱形骨架防护	右侧	第二级挖方边坡	m	30.0	1.0	5.0	45.3		1.5					136.3	72.1	5.4	16.9	
5	小计								937.4		38.3					4 101.2	1 666.0	99.4	550.0	
6																				
7	合计								13 983.4		778.2	174.8				74 641.4	18 356.9	4 724.1	5 015.4	
8																				
9																				
10																				
11																				
12																				
13																				
14																				
15																				
16																				
17																				
18																				
19																				
20																				
21																				
22																				
23																				
24																				
25																				
26																				
27																				
28																				
29																				
30																				

编制：　　　　　　复核：　　　　　　审核：

附表 1-30　路基防护工程数量表
（挂三维网喷播植草）

×××公路改扩建工程　　　　第 1 页　共 5 页　S3－2－23

序号	起讫桩号	工程名称	位置	主要尺寸及说明	单位	长度	坡率	高度	工程项目及数量									备注
									M7.5 浆砌片石/m³	C25 水泥混凝土/m³	C20 水泥混凝土/m³	三维植被网/m²	Φ8 U形钉/个	Φ8 U形钉/kg	喷播植草灌/m²	开挖土方/m³	回填种植土/m³	
1	AK0＋130～AK0＋170	挂三维网喷播植草	左侧	填方路段	m	40.0	1.5	4.0				309.1	317.3	137.0	288.4			
2	AK0＋310～AK0＋350	挂三维网喷播植草	右侧	挖方路段	m	40.0	0.75	4.0				214.3	220.0	95.0	200.0			
3	K0＋670～K0＋795	挂三维网喷播植草	左侧	挖方路段	m	125.0	1.0	3.0				568.3	583.4	251.9	530.3			
4	K2＋140～K2＋210	挂三维网喷播植草	左侧	挖方路段	m	70.0	1.0	3.0				318.2	326.7	141.1	297.0			
5	K2＋250～K2＋310	挂三维网喷播植草	左侧	挖方路段	m	60.0	1.0	2.0				181.9	186.7	80.6	169.7			
6	K2＋350～K2＋420	挂三维网喷播植草	左侧	挖方路段	m	70.0	1.0	2.0				212.2	217.8	94.0	198.0			
7	K2＋450～K2＋530	挂三维网喷播植草	左侧	挖方路段	m	80.0	1.0	2.0				242.5	248.9	107.5	226.3			
8	K3＋750～K3＋870	挂三维网喷播植草	左侧	挖方路段	m	120.0	1.0	5.0				909.3	933.4	403.1	848.5			
9	K4＋140～K4＋263	挂三维网喷播植草	左侧	填方路段	m	123.0	1.5	3.0				712.9	731.7	316.0	665.2			
10	K4＋485～K4＋507	挂三维网喷播植草	左侧	填方路段	m	22.0	1.5	3.0				127.5	130.9	56.5	119.0			
11	K9＋290～K9＋440	挂三维网喷播植草	左侧	填方路段	m	150.0	1.5	3.0				869.3	892.4	385.3	811.2			
12	K9＋500～K9＋610	挂三维网喷播植草	左侧	填方路段	m	110.0	1.5	3.0				637.5	654.4	282.6	594.9			
13	K9＋630～K9＋850	挂三维网喷播植草	左侧	填方路段	m	220.0	1.5	3.0				1 275.0	1 308.8	565.2	1 189.8			
14	K9＋990～K10＋230	挂三维网喷播植草	左侧	填方路段	m	240.0	1.5	3.0				1 390.9	1 427.8	616.5	1 298.0			
15	K10＋350～K10＋510	挂三维网喷播植草	左侧	填方路段	m	160.0	1.5	2.0				618.2	634.6	274.0	576.9			
16	K0＋130～K0＋200	挂三维网喷播植草	右侧	填方路段	m	70.0	1.5	4.0				540.9	555.3	239.8	504.8			
17	K0＋200～K0＋300	挂三维网喷播植草	右侧	填方路段	m	100.0	1.5	4.0				772.7	793.2	342.5	721.1			
18	K0＋310～K0＋370	挂三维网喷播植草	右侧	挖方路段	m	60.0	1.0	4.0				363.7	373.4	161.2	339.4			
19	K0＋910～K0＋970	挂三维网喷播植草	右侧	挖方路段	m	60.0	1.0	4.0				363.7	373.4	161.2	339.4			
20	K1＋030～K1＋070	挂三维网喷播植草	右侧	挖方路段	m	40.0	1.0	3.0				181.9	186.7	80.6	169.7			
21	K1＋370～K1＋450	挂三维网喷播植草	右侧	填方路段	m	80.0	1.5	4.0				618.2	634.6	274.0	576.9			
22	K1＋850～K1＋910	挂三维网喷播植草	右侧	填方路段	m	60.0	1.5	4.0				463.6	475.9	205.5	432.7			
23	K1＋930～K1＋980	挂三维网喷播植草	右侧	挖方路段	m	50.0	1.0	4.0				303.1	311.1	134.4	282.8			
24	K6＋150～K6＋250	挂三维网喷播植草	右侧	第二级挖方路段	m	100.0	1.0	3.0				454.6	466.7	201.5	424.3			
25	K6＋320～K6＋323.560	挂三维网喷播植草	右侧	第二级挖方路段	m	3.6	1.0	3.0				16.2	16.6	7.2	15.1			
26	K7＋720～K7＋800	挂三维网喷播植草	右侧	挖方路段	m	80.0	1.0	4.0				485.0	497.8	215.0	452.5			
	小计											13 150.8	13 499.3	5 829.2	12 272.1			

编制：　　　　复核：　　　　审核：

附表 1-31　路基防护工程数量表
（挂三维网喷播植草）

×××公路改扩建工程　　　　第 2 页　共 5 页　S3—2—23

序号	起讫桩号	工程名称	位置	主要尺寸及说明	单位	长度	坡率	高度	工程项目及数量									备注
									M7.5 浆砌片石/m³	C25 水泥混凝土/m³	C20 水泥混凝土/m³	三维植被网/m²	Φ8 U形钉/个	Φ8 U形钉/kg	喷播植草灌/m²	开挖土方/m³	回填种植土/m³	
1	K9+287～K9+450	挂三维网喷播植草	右侧	挖方路段	m	163.0	1.0	2.0				494.0	507.1	219.0	461.0			
2	K9+690～K9+710	挂三维网喷播植草	右侧	第三级挖方路段	m	20.0	1.0	4.0				121.2	124.5	53.7	113.1			
3	K9+730～K9+950	挂三维网喷播植草	右侧	填方路段	m	220.0	1.5	3.0				1 275.0	1 308.8	565.2	1 189.8			
4	K9+970～K10+010	挂三维网喷播植草	右侧	填方路段	m	40.0	1.5	4.0				309.1	317.3	137.0	288.4			
5	K11+460～K11+510	挂三维网喷播植草	左侧	挖方路段	m	50.0	1.0	4.0				303.1	311.1	134.4	282.8			
6	K11+870～K11+950	挂三维网喷播植草	左侧	填方路段	m	80.0	1.5	2.0				309.1	317.3	137.0	288.4			
7	K12+260～K12+330	挂三维网喷播植草	左侧	挖方路段	m	70.0	1.0	1.0				106.1	108.9	47.0	99.0			
8	K14+260～K14+330	挂三维网喷播植草	左侧	挖方路段	m	70.0	1.0	4.0				424.3	435.6	188.1	396.0			
9	K14+820～K14+930	挂三维网喷播植草	左侧	挖方路段	m	110.0	0.75	3.0				442.0	453.8	195.9	412.5			
10	K17+130～K17+190	挂三维网喷播植草	左侧	填方路段	m	60.0	1.5	3.0				347.7	356.9	154.1	324.5			
11	K17+470～K17+650	挂三维网喷播植草	左侧	填方路段	m	180.0	1.5	3.0				1 043.2	1 070.8	462.4	973.5			
12	K18+060～K18+310	挂三维网喷播植草	左侧	挖方路段	m	250.0	0.75	4.0				1 339.5	1 375.0	593.8	1 250.0			
13	K18+330～K18+430	挂三维网喷播植草	左侧	填方路段	m	100.0	1.5	3.0				579.6	594.9	256.9	540.8			
14	K21+900～K21+970	挂三维网喷播植草	左侧	挖方路段	m	70.0	1.0	2.0				212.2	217.8	94.0	198.0			
15	K22+270～K22+350	挂三维网喷播植草	左侧	填方路段	m	80.0	1.5	3.0				463.6	475.9	205.5	432.7			
16	K23+584～K23+630	挂三维网喷播植草	左侧	填方路段	m	46.0	1.5	3.0				266.6	273.7	118.2	248.8			
17	K14+950～K15+050	挂三维网喷播植草	右侧	挖方路段	m	100.0	0.75	4.0				535.8	550.0	237.5	500.0			
18	K15+110～K15+170	挂三维网喷播植草	右侧	挖方路段	m	60.0	1.00	3.0				272.8	280.0	120.9	254.6			
19	K15+290～K15+350	挂三维网喷播植草	右侧	挖方路段	m	60.0	1.50	2.0				231.8	238.0	102.8	216.3			
20	K15+800～K15+810	挂三维网喷播植草	右侧	挖方路段	m	10.0	0.75	4.0				53.6	55.0	23.8	50.0			
21	K15+990～K16+090	挂三维网喷播植草	右侧	挖方路段	m	100.0	0.75	4.0				535.8	550.0	237.5	500.0			
22	K16+190～K16+230	挂三维网喷播植草	右侧	挖方路段	m	40.0	1.50	2.0				154.5	158.6	68.5	144.2			
23	K16+250～K16+300	挂三维网喷播植草	右侧	挖方路段	m	50.0	1.00	4.0				303.1	311.1	134.4	282.8			
24	K16+340～K16+470	挂三维网喷播植草	右侧	挖方路段	m	130.0	1.00	4.0				788.0	808.9	349.3	735.4			
25	K17+110～K17+190	挂三维网喷播植草	右侧	填方路段	m	80.0	1.5	2.0				309.1	317.3	137.0	288.4			
26	K17+420～K17+670	挂三维网喷播植草	右侧	填方路段	m	250.0	1.5	3.0				1 448.9	1 487.3	642.2	1 352.1			
27	K17+810～K17+870	挂三维网喷播植草	右侧	挖方路段	m	60.0	0.75	3.0				241.1	247.5	106.9	225.0			
28	K19+740～K19+940	挂三维网喷播植草	右侧	挖方路段	m	200.0	1.00	3.0				909.3	933.4	403.1	848.5			
29	K20+290～K20+330	挂三维网喷播植草	右侧	挖方路段	m	40.0	1.00	3.0				181.9	186.7	80.6	169.7			
30	K20+385～K20+410	挂三维网喷播植草	右侧	挖方路段	m	25.0	1.00	4.0				151.5	155.6	67.2	141.4			
	小计											14 153.7	14 528.8	6 273.8	13 208.0			

编制：　　　　复核：　　　　审核：

附表 1-32　路基防护工程数量表

（挂三维网喷播植草）

×××公路改扩建工程　　　　第 3 页　共 5 页　S3－2－23

序号	起讫桩号	工程名称	位置	主要尺寸及说明	单位	长度	坡率	高度	工程项目及数量									备注
									M7.5 浆砌片石/m^3	C25 水泥混凝土/m^3	C20 水泥混凝土/m^3	三维植被网/m^2	φ8 U形钉/个	φ8 U形钉/kg	喷播植草灌/m^2	开挖土方/m^3	回填种植土/m^3	
1	K20＋550～K20＋590	挂三维网喷播植草	右侧	挖方路段	m	40.0	1.50	3.0				231.8	238.0	102.8	216.3			
2	K20＋606～K20＋670	挂三维网喷播植草	右侧	挖方路段	m	64.0	1.00	4.0				388.0	398.2	172.0	362.0			
3	K20＋710～K20＋730	挂三维网喷播植草	右侧	挖方路段	m	20.0	1.00	4.0				121.2	124.5	53.7	113.1			
4	K21＋480～K21＋530	挂三维网喷播植草	右侧	挖方路段	m	50.0	1.50	3.0				289.8	297.5	128.4	270.4			
5	K21＋770～K21＋830	挂三维网喷播植草	右侧	挖方路段	m	60.0	1.00	4.0				363.7	373.4	161.2	339.4			
6	K22＋830～K22＋870	挂三维网喷播植草	右侧	挖方路段	m	40.0	1.50	2.0				154.5	158.6	68.5	144.2			
7	K22＋950～K23＋030	挂三维网喷播植草	右侧	挖方路段	m	80.0	1.00	3.0				363.7	373.4	161.2	339.4			
8	K23＋170～K23＋250	挂三维网喷播植草	右侧	挖方路段	m	80.0	1.00	3.0				363.7	373.4	161.2	339.4			
9	K23＋310～K23＋350	挂三维网喷播植草	右侧	挖方路段	m	40.0	1.50	2.0				154.5	158.6	68.5	144.2			
10	K23＋870～K24＋530	挂三维网喷播植草	右侧	挖方路段	m	660.0	1.00	3.0				3 000.6	3 080.2	1 330.1	2 800.1			
11	K24＋680～K24＋710	挂三维网喷播植草	右侧	挖方路段	m	30.0	1.00	3.0				136.4	140.0	60.5	127.3			
12	K24＋960～K25＋120	挂三维网喷播植草	右侧	挖方路段	m	160.0	1.00	3.0				727.4	746.7	322.4	678.8			
13	K26＋590～K26＋770	挂三维网喷播植草	左侧	填方路段	m	180.0	1.5	4.0				1 390.9	1 427.8	616.5	1 298.0			
14	K28＋130～K28＋310	挂三维网喷播植草	左侧	填方路段	m	180.0	1.5	3.0				1 043.2	1 070.8	462.4	973.5			
15	K28＋370～K28＋610	挂三维网喷播植草	左侧	填方路段	m	240.0	1.5	2.0				927.3	951.9	411.0	865.3			
16	K28＋770～K28＋810	挂三维网喷播植草	左侧	填方路段	m	40.0	1.5	3.0				231.8	238.0	102.8	216.3			
17	K29＋842～K30＋210	挂三维网喷播植草	左侧	填方路段	m	368.0	1.5	4.0				2 843.7	2 919.1	1 260.5	2 653.7			
18	K30＋340～K30＋400	挂三维网喷播植草	左侧	挖方路段	m	60.0	1.00	3.0				272.8	280.0	120.9	254.6			
19	K30＋430～ K30＋497.723	挂三维网喷播植草	左侧	填方路段	m	67.7	1.5	3.0				392.5	402.9	174.0	366.3			
20	K26＋680～ K26＋770.000	挂三维网喷播植草	右侧	填方路段	m	90.0	1.5	4.0				695.5	713.9	308.3	649.0			
21	K28＋130～K28＋290	挂三维网喷播植草	右侧	填方路段	m	160.0	1.5	3.0				927.3	951.9	411.0	865.3			
22	K28＋770～K28＋810	挂三维网喷播植草	右侧	填方路段	m	40.0	1.5	3.0				231.8	238.0	102.8	216.3			
23	K29＋430～K29＋590	挂三维网喷播植草	右侧	挖方路段	m	160.0	1.00	3.0				727.4	746.7	322.4	678.8			
24	K29＋610～K29＋750	挂三维网喷播植草	右侧	填方路段	m	140.0	1.5	3.0				811.4	832.9	359.7	757.2			
25	K29＋810～K29＋910	挂三维网喷播植草	右侧	填方路段	m	100.0	1.5	3.0				579.6	594.9	256.9	540.8			
26	K30＋150～K30＋190	挂三维网喷播植草	右侧	填方路段	m	40.0	1.5	3.0				231.8	238.0	102.8	216.3			
27	K30＋190～K30＋270	挂三维网喷播植草	右侧	挖方路段	m	80.0	1.00	3.0				363.7	373.4	161.2	339.4			
28	K30＋390～K30＋490	挂三维网喷播植草	右侧	填方路段	m	100.0	1.5	2.0				386.4	396.6	171.3	360.6			
	小计											18 352.6	18 838.9	8 135.0	17 126.3			

编制：　　　　复核：　　　　审核：

附表 1-33　路基防护工程数量表

（挂三维网喷播植草）

×××公路改扩建工程　　　　第 4 页　共 5 页　S3－2－23

序号	起讫桩号	工程名称	位置	主要尺寸及说明	单位	长度	坡率	高度	工程项目及数量									备注
									M7.5 浆砌片石/m³	C25 水泥混凝土/m³	C20 水泥混凝土/m³	三维植被网/m²	Φ8 U形钉/个	Φ8 U形钉/kg	喷播植草灌/m²	开挖土方/m³	回填种植土/m³	
1	K30＋820～K30＋860	挂三维网喷播植草	左侧	挖方路段	m	40.0	1.00	4.0				242.5	248.9	107.5	226.3			
2	K31＋710～K31＋810	挂三维网喷播植草	左侧	挖方路段	m	100.0	1.00	3.0				454.6	466.7	201.5	424.3			
3	K31＋830～K31＋990	挂三维网喷播植草	左侧	填方路段	m	160.0	1.5	3.0				927.3	951.9	411.0	865.3			
4	K32＋040～K32＋110	挂三维网喷播植草	左侧	挖方路段	m	70.0	1.00	2.0				212.2	217.8	94.0	198.0			
5	K32＋170～K32＋550	挂三维网喷播植草	左侧	填方路段	m	380.0	1.5	2.0				1 468.2	1 507.1	650.8	1 370.1			
6	K30＋520～K30＋640	挂三维网喷播植草	右侧	挖方路段	m	120.0	1.00	4.0				727.4	746.7	322.4	678.8			
7	K30＋690～K30＋730	挂三维网喷播植草	右侧	填方路段	m	40.0	1.5	2.0				154.5	158.6	68.5	144.2			
8	K30＋750～K30＋810	挂三维网喷播植草	右侧	填方路段	m	60.0	1.5	2.0				231.8	238.0	102.8	216.3			
9	K31＋170～K31＋210	挂三维网喷播植草	右侧	填方路段	m	40.0	1.5	2.0				154.5	158.6	68.5	144.2			
10	K31＋700～K31＋810	挂三维网喷播植草	右侧	挖方路段	m	110.0	1.00	4.0				666.8	684.5	295.6	622.3			
11	K31＋830～K32＋010	挂三维网喷播植草	右侧	填方路段	m	180.0	1.5	4.0				1 390.9	1 427.8	616.5	1 298.0			
12	K32＋130～K32＋370	挂三维网喷播植草	右侧	填方路段	m	240.0	1.5	2.0				927.3	951.9	411.0	865.3			
13	K32＋390～K32＋550	挂三维网喷播植草	右侧	填方路段	m	160.0	1.5	2.0				618.2	634.6	274.0	576.9			
14	K33＋250～K33＋310	挂三维网喷播植草	左侧	填方路段	m	60.0	1.5	3.0				347.7	356.9	154.1	324.5			
15	K34＋010～K34＋030	挂三维网喷播植草	左侧	第二级挖方路段	m	20.0	1.00	2.0				60.6	62.2	26.9	56.6			
16	K34＋040～K34＋050	挂三维网喷播植草	左侧	第二级挖方路段	m	10.0	1.00	2.0				30.3	31.1	13.4	28.3			
17	K34＋090～K34＋110	挂三维网喷播植草	左侧	第二级挖方路段	m	20.0	1.00	3.0				90.9	93.3	40.3	84.9			
18	K34＋550～K34＋610	挂三维网喷播植草	左侧	填方路段	m	60.0	1.5	3.0				347.7	356.9	154.1	324.5			
19	K34＋630～K34＋720	挂三维网喷播植草	左侧	挖方路段	m	90.0	1.00	2.0				272.8	280.0	120.9	254.6			
20	K34＋915～K35＋070	挂三维网喷播植草	左侧	填方路段	m	155.0	1.5	2.0				598.9	614.7	265.5	558.9			
21	K35＋170～K35＋470	挂三维网喷播植草	左侧	填方路段	m	300.0	1.5	2.0				1 159.1	1 189.8	513.8	1 081.7			
22	K36＋830～K36＋905	挂三维网喷播植草	左侧	填方路段	m	75.0	1.5	3.0				434.7	446.2	192.7	405.6			
23	K36＋940～K36＋970	挂三维网喷播植草	左侧	挖方路段	m	30.0	1.00	2.0				90.9	93.3	40.3	84.9			
24	K35＋637～K35＋705	挂三维网喷播植草	右侧	填方路段	m	68.0	1.5	2.0				262.7	269.7	116.5	245.2			
25	K36＋070～K36＋135	挂三维网喷播植草	右侧	挖方路段	m	65.0	1.00	2.0				197.0	202.2	87.3	183.8			
26	K38＋590～K38＋810	挂三维网喷播植草	左侧	填方路段	m	220.0	1.5	3.0				1 275.0	1 308.8	565.2	1 189.8			
27	K39＋250～K39＋430	挂三维网喷播植草	左侧	填方路段	m	180.0	1.5	3.0				1 043.2	1 070.8	462.4	973.5			
28	K39＋570～K39＋610	挂三维网喷播植草	左侧	填方路段	m	40.0	1.5	2.0				154.5	158.6	68.5	144.2			
29	K39＋690～K39＋810	挂三维网喷播植草	左侧	填方路段	m	120.0	1.5	4.0				927.3	951.9	411.0	865.3			
	小计											15 469.9	15 879.8	6 857.2	14 436.2			

编制：　　　　复核：　　　　审核：

附表 1-34 路基防护工程数量表
(挂三维网喷播植草)

×××公路改扩建工程　　　　第 5 页　共 5 页　S3—2—23

序号	起讫桩号	工程名称	位置	主要尺寸及说明	单位	长度	坡率	高度	工程项目及数量									备注
									M7.5 浆砌片石/m^3	C25 水泥混凝土/m^3	C20 水泥混凝土/m^3	三维植被网/m^2	Φ8 U形钉/个	Φ8 U形钉/kg	喷播植草灌/m^2	开挖土方/m^3	回填种植土/m^3	
1	K39+840～K40+024	挂三维网喷播植草	左侧	填方路段	m	184.0	1.5	4.0				1 421.8	1 459.5	630.3	1 326.8			
2	K38+570～K38+830	挂三维网喷播植草	右侧	填方路段	m	260.0	1.5	3.0				1 506.8	1 546.8	667.9	1 406.2			
3	K39+250～K39+610	挂三维网喷播植草	右侧	填方路段	m	360.0	1.5	3.0				2 086.4	2 141.7	924.8	1 947.0			
4	K39+650～K39+810	挂三维网喷播植草	右侧	填方路段	m	160.0	1.5	4.0				1 236.4	1 269.2	548.0	1 153.8			
5	K39+840～K40+024	挂三维网喷播植草	右侧	填方路段	m	184.0	1.5	4.0				1 421.8	1 459.5	630.3	1 326.8			
6	小计											7 673.3	7 876.7	3 401.3	7 160.6			
7																		
8																		
9	挂三维网喷播植草共计											68 800.2	70 623.6	30 496.5	64 203.2			
10																		
11																		
12																		
13																		
14																		
15																		
16																		
17																		
18																		
19																		
20																		
21																		
22																		
23																		
24																		
25																		
26																		
27																		
28																		
29																		
30																		

编制：　　　　复核：　　　　审核：

附表 1-35　路基防护工程数量表
（窗孔式护面墙）

×××公路改扩建工程　　　　第 1 页　共 1 页　S3－2－23

序号	起讫桩号	工程名称	位置	主要尺寸及说明	单位	长度	坡率	高度	工程项目及数量									备注
									M7.5 浆砌片石/m^3	C20 水泥混凝土/m^3	三维植被网/m^2	拉伸网植草/m^2	HPB300/kg	HRB335/kg	喷播植草灌/m^2	开挖土方/m^3	回填种植土/m^3	
1	K1＋670～K1＋850	棱形窗式护面墙	左侧	第一级挖方边坡采用棱形窗式护面墙防护	m	180.0	0.75	7.0	909.1	4.9					605.9	1 419.4	317.5	
2	K1＋750～K1＋815	棱形窗式护面墙	左侧	第二级挖方边坡采用棱形窗式护面墙防护	m	65.0	1.00	6.0	267.0	1.8					218.8	399.9	101.3	
3	K23＋640～K23＋800	棱形窗式护面墙	左侧	挖方边坡采用棱形窗式护面墙防护	m	160.0	0.75	8.0	939.6	4.3					538.6	1 393.2	282.2	
4	K28＋630～K28＋770	棱形窗式护面墙	左侧	第一级挖方边坡采用棱形窗式护面墙防护	m	140.0	1.00	10.0	1 049.4	3.8					471.2	1 335.7	218.3	
5	K28＋650～K28＋770	棱形窗式护面墙	右侧	第一级挖方边坡采用棱形窗式护面墙防护	m	120.0	1.00	10.0	899.5	3.2					403.9	1 144.9	187.1	
6																		
7																		
8																		
9																		
10																		
11																		
12																		
13																		
14																		
15																		
16																		
17																		
18																		
19																		
20																		
21																		
	合计								4 064.7	18.0					2 238.4	5 693.2	1 106.4	

编制：　　　　复核：　　　　审核：

附表 1-36　路基防护工程数量表

（主动防护网）

×××公路改扩建工程　　　　第 1 页　共 1 页　S3－2－23

序号	起讫桩号	工程名称	位置	主要尺寸及说明	单位	长度	坡率	高度	工程项目及数量									备注
									M7.5 浆砌片石/m³	C25 水泥混凝土/m³	C20 水泥混凝土/m³	SNS 主动柔性防护网/m²	HPB300/kg	HRB335/kg	喷播植草灌/m²	开挖土方/m³	回填种植土/m³	
1	AK0+090～AK0+130	主动防护网	左侧	第一级主动防护网	m	40.0	0.5	8.0				357.8						
2	AK0+090～AK0+110	主动防护网	左侧	第二级主动防护网	m	20.0	0.75	8.0				200.0						
3	AK0+090～AK0+130	主动防护网	右侧	第一级主动防护网	m	40.0	0.5	8.0				357.8						
4	AK0+090～AK0+110	主动防护网	右侧	第二级主动防护网	m	20.0	0.75	10.0				250.0						
5	K3+600～K3+660	主动防护网	左侧	主动防护网	m	60.0	0.75	5.0				375.0						
6	K4+700～K4+890	主动防护网	左侧	第一级主动防护网	m	190.0	0.5	10.0				2 124.3						
7	K4+705～K4+830	主动防护网	左侧	第二级主动防护网	m	125.0	0.50	10.0				1,397.5						
8	K5+010～K5+050	主动防护网	左侧	主动防护网	m	40.0	0.50	7.0				313.0						
9	K5+090～K5+240	主动防护网	左侧	主动防护网	m	150.0	0.50	7.0				1 173.9						
10	K5+290～K5+310	主动防护网	左侧	主动防护网	m	20.0	0.50	8.0				178.9						
11	K9+850～K9+970	主动防护网	左侧	主动防护网	m	120.0	0.50	7.0				939.1						
12	K1+920～K1+980	主动防护网	右侧	主动防护网	m	60.0	0.5	5.0				335.4						
13	K5+750～K5+950	主动防护网	右侧	主动防护网	m	200.0	0.5	6.0				1 341.6						
14	K6+070～K6+150	主动防护网	右侧	第一级主动防护网	m	80.0	0.5	10.0				894.4						
15	K6+094～K6+150	主动防护网	右侧	第二级主动防护网	m	56.0	0.50	8.0				500.9						
16	K6+110～K6+130	主动防护网	右侧	第三级主动防护网	m	20.0	0.75	5.0				125.0						
17	K10+250～K10+400	主动防护网	右侧	主动防护网	m	150.0	0.5	10.0				1 677.1						
18	K14+590～K14+610	主动防护网	右侧	主动防护网	m	20.0	0.5	8.0				178.9						
19	K20+470～K20+510	主动防护网	右侧	主动防护网	m	40.0	0.5	4.0				178.9						
20	K20+810～K20+850	主动防护网	右侧	主动防护网	m	40.0	0.5	10.0				447.2						
21	K22+370～K22+460	主动防护网	左侧	主动防护网	m	90.0	1.00	9.0				1 145.5						
22	K22+410～K22+590	主动防护网	右侧	主动防护网	m	180.0	0.75	10.0				2 250.0						
23																		
24																		
25																		
26																		
27																		
	主动防护网共计											16 742.3						

编制：　　　　复核：　　　　审核：

附表 1-37 路基防护工程数量表

（挡墙）

×××公路改扩建工程　　　　　　　　第 1 页　共 4 页　S3－2－23

序号	起讫桩号	工程名称	断面形式尺寸说明	单位	数量 左	数量 右	混凝土/m³ C20	混凝土/m³ C25	M7.5 砂浆砌片石/m³ 挡墙 墙身	M7.5 砂浆砌片石/m³ 挡墙 基础	M7.5 砂浆砌片石/m³ 锥坡 护坡	M7.5 砂浆砌片石/m³ 墙身块石镶面	干砌片石/m³	C20 片石混凝土/m³ 挡墙 墙身	C20 片石混凝土/m³ 挡墙 基础	垫层/m³ 碎石	垫层/m³ 砂	挖方/m³ 土方	挖方/m³ 石方	挖基/m³	回填/m³	锥坡 M7.5 浆砌片石（墙身）/m³	锥坡 M7.5 浆砌片石（基础）/m³	锥坡 锥坡填土/m³	锥坡 砂砾垫层/m³	备注
1	AK0+004～AK0+030	衡重式路肩墙		m	26.33				44.40	6.33				371.35	48.69					294	153	22.47	5.45	163.89	9.37	
2	AK0+095～AK0+127	仰斜式路肩墙		m		29.15			123.80	20.57				57.86	9.39					271	189	6.93	4.27	18.09	3.08	
3	AK0+425～AK0+535	仰斜式路肩墙		m	109.77				37.54	6.82				1 308.57	226.26					1 171	771					
4	AK0+503～AK0+535	仰斜式路肩墙		m		32.00			11.55	2.36				539.72	100.99					372	231					
5	K0+000～K0+014	仰斜式路肩墙		m	14.00				24.68	4.40				118.78	20.91					143	96					
6	K0+000～K0+035	仰斜式路肩墙		m		35.00			28.53	5.18				447.80	79.14					381	247					
7	K0+205～K0+296	仰斜式路堤墙		m		94.76			276.22	51.95				561.77	104.48					1 001	644					
8	K0+526～K0+671	仰斜式路肩墙		m		145.00			3 179.92	589.46			756.00	90.01	17.32					2 878	1 880					
9	K0+785～K0+906	仰斜式路肩墙		m		116.91			81.18	14.92				2 001.10	353.87					1 361	845					
10	K1+195～K1+265	仰斜式路肩墙		m		70.00			279.64	56.07										611	431					
11	K1+490～K1+738	仰斜式路肩墙		m		249.32			156.04	28.60				3 750.00	653.29					2 798	1 772					
12	K1+824～K1+848	仰斜式路肩墙		m		24.22			78.71	14.12				63.88	10.38					223	156	5.10	2.60	16.45	2.23	
13	K2+051～K2+137	仰斜式路肩墙		m		82.12			168.40	31.64				447.88	73.55					790	542					
14	K2+293～K2+341	仰斜式路肩墙		m		48.55			328.93	56.84										461	317					
15	K3+201～K3+273	仰斜式路肩墙		m		71.22			79.20	14.48				521.80	85.60					701	478					
16	K3+430～K3+514	仰斜式路肩墙		m		85.67			301.58	67.25										552	386					
17	K3+602～K3+677	仰斜式路肩墙		m		75.00			346.14	65.39										466	347					
18	K3+863～K3+959	仰斜式路肩墙		m		94.41			80.64	14.55				576.93	100.51					904	618					
19	K4+263～K4+485	衡重式路肩墙		m	217.65									5 472.94	676.38					5 210	2 723	35.95	8.77	294.03	14.99	
20	K4+590～K5+126	衡重式路肩墙		m		535.16								27 909.69	2 545.34					21 958	10 868	21.31	5.31	151.08	8.89	
21	K5+242～K5+302	衡重式路肩墙		m		60.27								1 993.03	222.71					1 318	648		21.30	10 261.00	138.54	
22	K5+735～K5+855	衡重式路肩墙		m	117.80									2 117.85	270.56					3 502	1 956					
23	K5+905～K6+067	仰斜式路肩墙		m	162.89				135.95	25.62				1 798.54	338.16					2 219	1 470					
24	K6+105～K6+896	衡重式路肩墙		m	881.15				2 527.87	545.61										2 238	1 352					
25	K6+910～K6+956	仰斜式路肩墙		m	47.16				163.34	36.22										302	212					
26	K7+125～K7+196	仰斜式路肩墙		m	71.35				308.98	60.92										472	328					
27	K10+283～K10+324	仰斜式路肩墙		m	40.99				174.79	34.42										269	189					
28	K10+442～K10+524	仰斜式路肩墙		m		81.85			294.51	64.52										528	369					
29	K10+650～K10+713	仰斜式路肩墙		m		64.07			341.81	62.90										436	301					
30	K11+270～K11+462	仰斜式路肩墙		m		191.71			629.31	147.10						206.67				1 225	857					
31	K11+505～K11+710	仰斜式路肩墙		m		204.55			735.69	159.44						222.9				1 315	924					
	小计				1 689.09	2 390.94			10 939.35	2 187.68			756.00	50 149.50	5 937.53	429.57				56 370	32 300	91.76	47.70	10 904.54	177.10	

编制：　　　　　　　　复核：　　　　　　　　审核：

附表 1-38　路基防护工程数量表

×××公路改扩建工程　　　　第 2 页　共 4 页　S3－2－23

序号	起讫桩号	工程名称	断面形式尺寸说明	单位	数量		工程项目及数量																			备注
							混凝土/m³		M7.5 砂浆砌片石/m³				干砌片石/m³	C20 片石混凝土/m³		垫层/m³		挖方/m³		挖基/m³	回填/m³	锥坡				
									挡墙		锥坡	墙身块		挡墙												
					左	右	C20	C25	墙身	基础	护坡	石镶面		墙身	基础	碎石	砂	土方	石方			M7.5 浆砌片石(墙身)/m³	M7.5 浆砌片石(基础)/m³	锥坡填土/m³	砂砾垫层/m³	
1	K11+865～K11+936	仰斜式路肩墙		m		69.18			211.07	50.50						72.61				436	308					
2	K11+982～K12+127	仰斜式路肩墙		m		144.99			436.65	106.45						146.15				914	644					
3	K12+450～K12+474	仰斜式路肩墙		m	24.84				69.85	17.81										156	110					
4	K12+804～K12+878	仰斜式路肩墙		m		74.00			329.20	62.92						81.32				489	341					
5	K12+806～K12+891	仰斜式路肩墙		m	85.00				368.38	73.10						97.61				563	391					
6	K12+995～K13+070	仰斜式路肩墙		m		76.07			222.57	55.68						79.85				479	337					
7	K13+135～K13+194	仰斜式路肩墙		m		52.37			153.00	37.25						54.22				328	233					
8	K13+945～K14+004	仰斜式路肩墙		m		58.80			193.75	45.92										378	263					
9	K14+110～K14+152	仰斜式路肩墙		m		41.93			129.38	31.58										287	187					
10	K14+370～K14+470	仰斜式路肩墙		m		99.97			338.09	76.20										638	449					
11	K14+745～K14+878	仰斜式路肩墙		m		135.09			78.92	14.82				1 388.83	248.59					1 412	932					
12	K15+059～K15+089	仰斜式路肩墙		m		30.00			107.48	24.09										195	135					
13	K15+430～K15+468	仰斜式路肩墙		m	38.97				146.10	27.59				52.95	9.39					264	182					
14	K15+855～K16+010	仰斜式路肩墙		m	155.30				696.87	132.94										1 028	716					
15	K16+110～K16+253	仰斜式路肩墙		m	136.50				450.11	103.01						145.84				868	611					
16	K16+370～K16+394	仰斜式路肩墙		m	25.88				105.38	21.56										170	119					
17	K16+935～K16+987	仰斜式路肩墙		m	52.85				177.63	40.02										337	237					
18	K16+938～K17+025	仰斜式路肩墙		m		85.68			319.22	69.03										556	388					
19	K17+665～K17+802	衡重式路肩墙		m		138.77			564.44	83.36				443.59	62.54					1 334	767	2.89	1.96	6.69	1.31	
20	K17+877～K17+968	仰斜式路肩墙		m		93.03			110.65	19.75				1 095.09	191.12					1 268	846					
21	K18+061～K18+215	仰斜式路肩墙		m		153.85			286.16	58.92				697.90	124.71					1 462	990					
22	K18+302～K18+485	仰斜式路肩墙		m		183.81			193.06	36.02				1 735.98	287.95					1 890	1 266					
23	K18+530～K18+583	仰斜式路肩墙		m		53.36			186.53	40.48										459	325					
24	K18+605～K18+673	仰斜式路肩墙		m		68.06			197.82	49.64										428	301					
25	K19+050～K19+370	仰斜式路肩墙		m		321.55			1 149.63	253.90						351.90				2 072	1 448					
26	K19+570～K19+590	仰斜式路肩墙		m	20.40				65.75	16.28										132	91					
27	K19+625～K19+670	仰斜式路肩墙		m	44.63				203.95	40.89										302	206					
28	K19+959～K20+014	仰斜式路肩墙		m	55.00				245.08	48.36										367	254					
29	K20+045～K20+157	仰斜式路肩墙		m	109.80				462.02	95.28										729	502					
30	K20+190～K20+215	仰斜式路肩墙		m	24.94				69.82	17.85										156	110					
31	K20+244～K20+300	仰斜式路肩墙		m	56.00				199.48	43.70										360	253					
	小计				830.11	1 880.51			8 468.0	1 794.9				5 414.34	924.30	1 029.50				20 457	13 942	2.89	1.96	6.69	1.31	

编制：　　　　复核：　　　　审核：

附表 1-39　路基防护工程数量表

×××公路改扩建工程　　　　第 3 页　共 4 页　S3－2－23

序号	起讫桩号	工程名称	断面形式尺寸说明	单位	数量		工程项目及数量																				备注
					左	右	混凝土/m³		M7.5 砂浆砌片石/m³				干砌片石/m³	C20 片石混凝土/m³		垫层/m³		挖方/m³		挖基/m³	回填/m³	锥坡				
							C20	C25	挡墙 墙身	挡墙 基础	锥坡 护坡	墙身块 石镶面		挡墙 墙身	挡墙 基础	碎石	砂	土方	石方			M7.5 浆砌片石(墙身)/m³	M7.5 浆砌片石(基础)/m³	锥坡填土/m³	砂砾垫层/m³	
1	K20＋330～K20＋476	仰斜式路肩墙		m	153.02				295.50	54.31				904.32	154.16					1 493	1 015					
2	K20＋505～K20＋608	仰斜式路肩墙		m	98.17				876.97	166.18										745	481					
3	K20＋663～K20＋713	仰斜式路肩墙		m	44.47				89.16	16.58				221.49	40.99					430	291					
4	K20＋746～K20＋817	仰斜式路肩墙		m	67.09				59.45	10.30				934.20	165.72					947	623					
5	K20＋843～K20＋896	仰斜式路肩墙		m	54.72				56.11	10.16				487.55	85.23					563	375					
6	K21＋232～K21＋270	仰斜式路肩墙		m	38.90				154.48	31.50										253	178					
7	K21＋313～K21＋392	仰斜式路肩墙		m	75.41				88.98	16.50				632.98	105.16					762	514					
8	K21＋595～K21＋693	仰斜式路肩墙		m	98.14				331.52	76.40										630	440	2.48	1.81	5.25	1.13	
9	K21＋710～K21＋777	仰斜式路肩墙		m	71.08				92.40	20.15				377.73	71.35					512	240					
10	K21＋830～K21＋890	仰斜式路肩墙		m	57.55				223.42	41.77				87.15	14.67					394	271					
11	K22＋005～K22＋042	仰斜式路肩墙		m		36.50			146.35	30.12										239	167					
12	K22＋213～K22＋234	仰斜式路肩墙		m		21.40			74.17	16.98										138	96					
13	K22＋590～K22＋612	仰斜式路肩墙		m	22.00				55.36	14.91										136	97					
14	K22＋623～K22＋661	仰斜式路肩墙		m	37.33				175.18	32.78										249	173					
15	K22＋727～K22＋790	仰斜式路肩墙		m	60.86				200.96	47.58										391	272					
16	K22＋825～K22＋950	仰斜式路肩墙		m	123.75				410.06	94.49										790	554					
17	K23＋048～K23＋097	仰斜式路肩墙		m	49.45				170.45	38.88										319	222					
18	K23＋110～K23＋196	仰斜式路肩墙		m	86.16				280.86	54.23				219.78	39.81					805	550					
19	K23＋242～K23＋360	仰斜式路肩墙		m	109.50				221.33	40.33				635.44	110.85					1 072	726					
20	K23＋485～K23＋584	仰斜式路肩墙		m	102.28				253.56	49.58				383.02	66.55					956	658	7.59	3.17	30.64	3.26	
21	K23＋610～K23＋652	仰斜式路肩墙		m		40.35			116.12	29.04										253	173	1.93	1.62	3.50	0.89	
22	K23＋735～K23＋846	仰斜式路肩墙		m		110.04			344.57	82.78										699	489					
23	K23＋823～K23＋879	仰斜式路肩墙		m	55.48				48.51	9.07				478.30	85.05					568	379					
24	K24＋307～K24＋335	仰斜式路肩墙		m	28.25				95.15	22.08										182	127					
25	K24＋527～K24＋816	仰斜式路肩墙		m	286.33				676.40	125.25				1 165.68	214.91					2 726	1 851					
26	K24＋865～K24＋916	仰斜式路肩墙		m	49.92				96.78	17.91				238.98	40.89					474	325					
27	K25＋066～K25＋094	仰斜式路肩墙		m	28.20				123.97	25.51										190	130					
28	K25＋130～K25＋197	仰斜式路肩墙		m	65.18				247.75	53.38										425	295					
29	K25＋226～K25＋295	仰斜式路肩墙		m	70.82				252.92	57.77										461	318					
30	K25＋302～K25＋423	仰斜式路肩墙		m	121.06				432.80	95.01										779	546					
31	K25＋328～K25＋448	仰斜式路肩墙		m		120.00			353.79	87.47										755	532					
	小计				2 055.12	328.29			7 045.03	1 469.00				6 766.62	1 195.34					19 336	13 108	12.00	6.60	39.39	5.28	

编制：　　　　复核：　　　　审核：

附表 1-40　路基防护工程数量表

序号	起讫桩号	工程名称	断面形式尺寸说明	单位	数量 左	数量 右	混凝土/m³ C20	混凝土/m³ C25	M7.5 砂浆砌片石/m³ 挡墙 墙身	M7.5 砂浆砌片石/m³ 挡墙 基础	M7.5 砂浆砌片石/m³ 锥坡护坡	M7.5 砂浆砌片石/m³ 墙身块石镶面	干砌片石/m³	C20 片石混凝土/m³ 挡墙 墙身	C20 片石混凝土/m³ 挡墙 基础	垫层/m³ 碎石	垫层/m³ 砂	挖方/m³ 土方	挖方/m³ 石方	挖基/m³	回填/m³	锥坡 M7.5 浆砌片石(墙身)/m³	锥坡 M7.5 浆砌片石(基础)/m³	锥坡 锥坡填土/m³	锥坡 砂砾垫层/m³	备注
1	K25＋763～K25＋850	仰斜式路肩墙		m	82.75				280.02	64.02										530	371					
2	K25＋770～K25＋866	仰斜式路肩墙		m		99.91			172.27	33.68				437.50	72.25					898	620					
3	K25＋970～K26＋000	仰斜式路肩墙		m		30.00			75.50	20.34										185	132					
4	K26＋000～K26＋070	仰斜式路肩墙		m		69.81			211.68	52.09										442	310					
5	K26＋324～K26＋334	仰斜式路肩墙		m		10.01			27.83	7.13										63	44					
6	K26＋395～K26＋447	仰斜式路肩墙		m		53.34			134.25	36.16										329	234					
7	K26＋485～K26＋511	仰斜式路肩墙		m	26.00				95.72	20.70										168	118					
8	K26＋550～K26＋689	衡重式路肩墙		m		128.87			132.75	19.60				1 473.39	202.88					1 387	739	15.47	4.53	92.37	6.51	
9	K26＋550～K26＋593	仰斜式路肩墙		m	42.11				188.49	36.77										281	195	4.29	2.38	12.54	1.89	
10	K28＋995～K29＋235	衡重式路肩墙		m		240.00			62.45	9.25				4 113.66	553.40					2 773	1 411	9.16	3.48	41.11	3.91	
11	K30＋262～K30＋302	仰斜式路肩墙		m	40.11				149.92	31.86										259	182					
12	K32＋815～K33＋210	仰斜式路肩墙		m	395.66				1 557.97	323.30										2 579	1 801					
13	K32＋895～K33＋258	仰斜式路肩墙		m		361.00			1 246.13	279.14										2 311	1 619					
14	K33＋392～K33＋569	仰斜式路肩墙		m		177.00			90.41	16.06				2 716.18	515.19					2 578	1 672					
15	K33＋848～K33＋992	仰斜式路肩墙		m		144.19			110.14	18.60				1 442.72	251.48					1 903	1 286					
16	K34＋117～K34＋186	仰斜式路肩墙		m		62.34			137.83	25.10				397.99	67.52					614	417					
17	K34＋310～K34＋351	仰斜式路肩墙		m		42.40			200.43	38.73										284	197					
18	K34＋455～K34＋616	仰斜式路肩墙		m		160.77			469.69	98.39				306.02	51.66					1 078	744					
19	小计				586.63	1 579.64			5 343.48	1 130.92				10 887.46	1 714.38					18 662	12 092	28.92	10.39	146.02	12.31	
20																										
21	AK0＋455～AK0＋490	路堑墙	$H=4$	m		35.00			228.55	33.25																
22	K0＋010～K0＋050	路堑墙	$H=6$	m	40.00				614.40	76.40																
23	K0＋050～K0＋110	路堑墙	$H=4$	m		60.00			381.00	57.00																
24	K0＋105～K0＋175	路堑墙	$H=6$	m	70.00				1 075.20	133.70																
25	K1＋670～K1＋850	路堑墙	$H=3$	m	180.00				651.60	115.20																
26	K6＋150～K6＋743	路堑墙	$H=6$	m		593.00			9 108.48	1 132.63																
27	K6＋743～K6＋775	路堑墙	$H=4$	m		32.00			208.96	30.40																
28	K6＋775～K6＋798	路堑墙	$H=2$	m		23.00			35.19	8.28																
29	K23＋900～K23＋947	路堑墙	$H=3$	m		47.00			170.14	30.08																
30	K23＋947～K24＋095	路堑墙	$H=3$	m		148.00			535.76	94.72																
31	K29＋495～K29＋525	路堑墙	$H=5$	m		30.00			310.80	33.00																
32	K29＋560～K29＋620	路堑墙	$H=5$	m		60.00			621.60	66.00																
33	K30＋545～K30＋605	路堑墙	$H=4$	m		60.00			391.80	57.00																
34	K32＋600～K32＋660	路堑墙	$H=4$	m	60.00				391.80	57.00																
35	K32＋620～K32＋680	路堑墙	$H=4$	m		60.00			391.80	57.00																
36	K33＋600～K33＋720	路堑墙	$H=5$	m	120.00				1 243.20	132.00																
37	小计				470.00	1 148.00			16 360.28	2 113.66																
38																										
	总计				5 630.95	7 327.38			48 156.18	8 696.16			756.00	73 217.92	9 771.55	1 459.07				114 825	71 442	135.57	66.65	11 096.64	196.00	

编制：　　　　复核：　　　　审核：

附录二　设计变更造价分析资料

附表 2-1　变更前后工程数量比较表(1)

×××公路改扩建工程(变更设计)　　　　第 1 页　共 1 页　SB－3

序号	项目	单位	1 段变更前后工程数量对比表			2 段变更前后工程数量对比表			3 段变更前后工程数量对比表			备注
			变更前工程量	变更后工程量	变更后增加量	变更前工程量	变更后工程量	变更后增加量	变更前工程量	变更后工程量	变更后增加量	
	里程桩号		K6＋420～K6＋780	K6＋420～K6＋780		K10＋340～K10＋375	K10＋340～K10＋375		K29＋748～K30＋200	K29＋748～K30＋200		
1	路线长度公里 0.360	km	0.360	0.036	0. 000	0.035	0.035	0.000	0.452	0.452	0.000	
2	路基土石方(计价方)	m³										
	挖土方	m³	233	223	－10	19	17	－2	1 569	114	－1 455	
	挖石方	m³	2 089	2 020	－69	174	159	－15	2 067	211	－1 856	
	填土方	m³	8	8	0	2	2	0	6	2	－4	
	填石方	m³	29	27	－2	6	6	0	13	2	－11	
3	路面	m²										
	厚 15 cm 级配碎石底基层	m²	2 190	2 118	－72	202	202	0	3 320	0	－3 320	
	厚 30 cm 水泥稳定碎石基层	m²	2 190	2 118	－72	202	202	0	3 320	0	－3 320	
	透层	m²	2 190	2 118	－72	202	202	0	3 507	3 320	－187	
	黏层	m²	2 190	2 118	－72	202	202	0	3 507	3 320	－187	
	4 cm 沥青混凝土上面层	m²	2 190	2 118	－72	202	202	0	3 507	3 320	－187	
	5 cm 沥青混凝土下面层	m²	2 190	2 118	－72	202	202	0	3 507	3 320	－187	
	C20 片石混凝土	m²	108.00	6.60	－101.40	10.50	5.25	－5.25	135.60	103.20	－32.40	
4	拆迁建筑物	m²	2 500(砖混房)	0	－2 500	330	0	－330	660	0	－660	
	边沟											
5	M7.5 浆砌片石边沟	m³	383.0	507.0	124.1	40.3	26.3	－14.0	551.4	162.0	－389.4	
6	C25 混凝土边沟	m³	0	118	118	0	6	6	0	38	38	
7	C30 混凝土边沟盖板	m³	100.50	79.77	－20.73	10.50	5.25	－5.25	0.00	25.49	25.49	
8	HPB300、HRB400 钢筋边沟盖板	kg	8 951.2(HPB300)	10 153.5(HRB400)	1 202.3	935.2	525.7	－409.5	0.0	3 244.3	3 244.3	
9	边沟 M10 水泥砂浆	m²	8.0	8.1	0.1	0.8	0.4	－0.4	10.8	2.6	－8.3	
10	M7.5 砂浆砌片石护肩	m³	10.55	34.54	23.99	0.00	9.63	9.63	0.00	540.08	540.08	
11	征地	亩	6.19(含老路 5.38 亩)	5.38(老路)	－0.214	0.57(含老路 0.41 亩)	0.41(老路)	－0.16(屋基)	7.20(含老路 5.71 亩)	5.71(老路)	－1.49(屋基)	
12	单柱式 I 型标志牌	块	0	8	8	0	8	8	0	7	7	
13	减速标线	m²	0	50.40	50.40	0	50.40	50.40	0	50.40	50.40	
14	工程造价	万元	484.850 4	103.300 1	－381.550 3	61.333 8	7.976 7	－53.357 1	213.395 8	93.290 0	－120.105 8	

附表 2-2 变更设计预算对比表(2)

建设项目名称：×××公路改扩建工程(变更设计)　　　　第 1 页　共 2 页

项次	工程或费用名称	金额	预算金额/元					
			1 段变更前 K6+420～K6+780	1 段变更后 K6+420～K6+780	2 段变更前 K10+340～K10+375	2 段变更后 K10+340～K10+375	3 段变更前 K29+180～K29+70	3 段变更后 K29+180～K29+69
	第一部分　建筑安装工程费	元	799 904	909 862	75 738	85 820	2 575 156	1 023 880
二	路基工程	元	370 597	489 365	36 061	31 305	521 404	337 728
1	挖方	元	116 754	112 853	9 717	8 872	65 419	79 252
(1)	挖土方	元	4 435	4 245	362	324	8 641	10 431
(2)	挖石方	元	112 319	108 609	9 355	8 549	56 778	68 821
2	填方	元	367	344	78	78	10 555	17
(1)	路基填方	元	367	344	78	78	10 555	17
3	排水工程	元	250 602	366 763	26 266	19 733	85 284	187 127
(1)	边沟	元	250 602	366 763	26 266	19 733	85 284	187 127
4	防护与加固工程	元	2 874	9 404		2 622	360 146	
(1)	浆砌片石护肩	元	2 874	9 404		2 622	175 712	
(2)	浆砌片石路肩墙	元					184 434	
三	路面工程	元	429 307	405 118	39 676	39 136	846 040	665 856
1	路面底基层	元	45 188	43 671	4 168	4 165	86 291	67 341
(1)	15 cm 级配碎石底基层	元	45 188	43 671	4 168	4 165	86 291	67 341
2	路面基层	元	127 649	123 453	11 774	11 774	243 758	190 367
(1)	30 cm 水泥稳定碎石基层	元	127 649	123 453	11 774	11 774	243 758	190 367
3	透层、黏层、封层	元	24 910	24 091	2 298	2 298	50 081	39 662
(1)	透层	元	16 772	16 220	1 547	1 547	33 720	26 705
(2)	黏层	元	8 138	7 870	751	751	16 361	12 957
4	沥青混凝土面层	元	220 501	213 228	20 362	20 362	443 349	351 167
(1)	5 cm 中粒式沥青混凝土下面层	元	119 371	115 447	11 010	11 010	240 051	190 122
(2)	4 cm 细粒式沥青混凝土上面层	元	101 130	97 782	9 351	9 351	203 298	161 045
5	路槽、路肩及中央分隔带	元	11 059	676	1 075	538	15 974	10 731

附表 2-3　变更设计预算对比表

建设项目名称：×××公路改扩建工程(变更设计)　　　　第 2 页　共 2 页

项次	工程或费用名称	金额	预算金额/元					
			1 段变更前 K6＋420～K6＋780	1 段变更后 K6＋420～K6＋780	2 段变更前 K10＋340～K10＋375	2 段变更后 K10＋340～K10＋375	3 段变更前 K29＋180～K29＋70	3 段变更后 K29＋180～K29＋69
(1)	土路肩加固	元	11 059	676	1 075	538	15 974	10 731
6	凿毛原桥面调平层混凝土	元					6 588	6 588
四	桥梁涵洞工程	元					1 045 101	
1	涵洞工程	元					52 242	
(1)	钢筋混凝土盖板涵	元					52 242	
2	中桥元					992 859		
(1)	楚米中桥	元					992 859	
七	公路设施及预埋管线工程	元		15 380		15 380	162 611	20 296
1	安全设施	元		15 380		15 380	162 611	20 296
(1)	减速标线	元		6 373		6 373		12 746
(2)	各类标志牌	元		9 007		9 007		7 550
(3)	钢筋混凝土防撞护栏	元					162 611	
	第二部分　设备及工具、器具购置费	元						
	第三部分　工程建设其他费用	元	4 048 600		537 600		1 545 760	
一	土地征用及拆迁补偿费	元	4 048 600		537 600		1 545 760	
1	土地征用费	元	48 600		9 600		99 960	
(1)	旱地	元	48 600		9 600		99 960	
2	青苗等补偿和安置补助费	元	4 000 000		528 000		1 445 800	
(1)	砖混房	元	4 000 000		528 000		1 440 000	
(2)	电讯线	元					1 800	
(3)	混凝土电杆	元					4 000	
	第一、二、三部分费用合计	元	4 848 504	909 863	613 338	85 820	4 120 916	1 023 880
	预算总金额	元	4 848 504	909 863	613 338	85 820	4 120 916	1 023 880
	公路基本造价	元	4 848 504	909 863	613 338	85 820	4 120 916	1 023 880

附表 2-4　总预算表-4

建设项目名称：×××公路改扩建工程

编制范围：K0＋000～K12＋000　　　　第　页　共　页　01 表

项	目	节	细目	工程或费用名称	单位	数量	预算金额/元	技术经济指标	各项费用比例/%	备注
				第一部分　建筑安装工程费	公路公里	12.000	61 570 831	5 130 902.58	78.83	
一				临时工程	公路公里	12.000	423 569	35 297.42	0.54	
	1			临时道路	km	0.600	15 648	26 080.00		
		1		临时便道的修建与维护	km	0.600	15 648	26 080.00		
	2			临时电力线路	km	6.500	237 052	36 469.54		
	3			临时电信线路	km	3.500	20 740	5 925.71		
	4			平整施工场地	m^2	13 200.000	150 129	11.37		
二				路基工程	km	11.700	24 720 070	2 112 826.50	31.65	
	1			场地清理	km	11.700	326 619	27 916.15		
		1		清理与掘除	m^2		248 465			
			1	伐树、挖根、除草	m^2		248 465			
		2		挖除旧路面	m^2	780.200	77 657	99.53		
			1	挖除沥青混凝土路面	m^2	780.200	77 657	99.53		
		3		耕地填前压实	m^2	1 180.000	496	0.42		
			1	耕地填前压实	m^2	1 180.000	496	0.42		
	2			挖方	m^3	93 030.000	3 798 259	40.83		
		1		挖土方	m^3	21 141.000	133 397	6.31		
			1	挖路基土方	m^3	21 141.000	133 397	6.31		
		2		挖石方	m^3	71 889.000	1 545 633	21.50		
			1	挖路基石方	m^3	71 889.000	1 545 633	21.50		
		3		弃方运输	m^3	93 030.000	2 119 229	22.78		
	3			填方	m^3	49 397.000	947 682	19.19		
		1		路基填方	m^3	49 397.000	947 682	19.19		
			1	利用土方填筑	m^3	6 176.000	70 288	11.38		
			2	利用石方填筑	m^3	43 221.000	877 393	20.30		

续表

项	目	节	细目	工程或费用名称	单位	数量	预算金额/元	技术经济指标	各项费用比例/%	备注
	4			路基处理	公路公里	12.000	1 344 541	112 045.08		
		1		挖淤排水	m	230.000	20 128	87.51		
		2		高填深挖	m	250.000	800 898	3 203.59		
			1	坡面植物防护	m^3	10.000	96 498	9 649.80		
			2	锚杆框架植草	m^3	20.000	704 400	35 220.00		
		3		低填浅挖	m	240.000	80 802	336.68		
		4		桥头路基	处	1.000	27 203	27 203.00		
		5		陡坡路堤及填挖交界	m	840.000	336 011	400.01		
		6		软弱路基处理	m	80.000	79 500	993.75		
	5			排水工程	km	12.000	3 459 882	288 323.50		
		1		边沟	m^3	8 757/1 707.746	3 301 730	377.04/1 933.38		
			1	浆砌片石边沟	m^3	8 757/1 707.746	3 301 730	377.04/1 933.38		
		2		排水沟	m^3	260.500	74 846	287.32		
			1	浆砌片石排水沟	m^3	260.500	74 846	287.32		
		3		截水沟	m^3	162.500	50 065	308.09		
			1	浆砌片石截水沟	m^3	162.500	50 065	308.09		
		4		急流槽	m^3	105.000	33 241	316.58		
			1	浆砌片石急流槽	m^3	105.000	33 241	316.58		
	6			防护与加固工程	km	12.000	14 578 233	1 214 852.75		
		1		护肩、路肩	m^3	6 311.000	1 668 129	264.32		
		2		路地分界墙	m^3	231.500	61 190	264.32		
		3		喷播植草	m^2	1 418.000	44 161	31.14		
		4		拱形骨架护坡	m^3	471.600	296 641	629.01		
		5		主动防护网	m^2	2 983.000	429 085	143.84		
		6		挡土墙	m^3	27 518.000	12 079 028	438.95		
			1	浆砌片石挡土墙	m^3	10 676.500	3 275 840	306.83		
			2	片石混凝土挡土墙	m^3	16 841.500	8 803 187	522.71		

续表

项	目	节	细目	工程或费用名称	单位	数量	预算金额/元	技术经济指标	各项费用比例/%	备注
	7			改移沟渠	m	350.000	264 854	756.73		
三				路面工程	km	11.700	21 542 453	1 841 235.30	27.58	
	1			路面底基层	m^2	97 410.000	1 981 014	20.34		
		1		15 cm 级配碎石底基层	m^2	97 410.000	1 981 014	20.34		
	2			路面基层	m^2	97 410.000	6 586 769	67.62		
		1		33 cm 水泥稳定碎石基层	m^2	97 410.000	6 586 769	67.62		
	3			透层、黏层、封层	m^2	97 410.000	1 766 056	18.13		
		1		透层	m^2	97 410.000	585 326	6.01		
		2		黏层	m^2	97 410.000	283 214	2.91		
		3		封层	m^2	97 410.000	897 515	9.21		
	4			沥青混凝土面层	m^2	97 410.000	9 833 450	100.95		
		1		9 cm 沥青混凝土面层	m^2	97 410.000	9 833 450	100.95		
			1	5 cm 中粒式沥青混凝土下面层	m^2	97 410.000	4 928 890	50.60		
			2	4 cm 细粒式沥青混凝土上面层	m^2	97 410.000	4 172 247	42.83		
			3	拌和设施	座	1.000	732 312	732 312.00		
	5			路槽、路肩及中央分隔带	km	11.700	1 375 165	117 535.47		
		1		土路肩加固	m^3	4 192.000	1 375 165	328.05		
四				桥梁涵洞工程	km	11.700	2 866 004	244 957.61	3.67	
	1			涵洞工程	m/道	222.9/34	2 342 774	10 510.43/68 905	12	
		1		圆管涵	m/道	8.5/1	31 316	3 684.24/31 316.00		
		2		盖板涵	m/道	214.4/33	2 311 459	10 781.06/70 044	21	
	2			小桥工程	m^2/m	129.95/23	523 230	4 026.39/22 749.13		
		1		文家坝小桥	m^2/m	129.95/23	523 230	4 026.39/22 749.13		
			1	基础	m^2/m	129.95/1	142 984	1 100.30/142 984	00	
			2	下部构造	m^2/m	129.95/1	172 697	1 328.95/172 697	00	
			3	上部构造	m^2/m	129.95/1	184 190	1 417.39/184 190	00	
			4	附属工程	m^2/m	129.95/26	23 359	179.75/898.42		

续表

项	目	节	细目	工程或费用名称	单位	数量	预算金额/元	技术经济指标	各项费用比例/%	备注
五				交叉工程	处	23.000	1 658 105	72 091.52	2.12	
	1			平面交叉道	处	23.000	1 658 105	72 091.52		
		1		公路与公路平面交叉	处	23.000	1 658 105	72 091.52		
七				公路设施及预埋管线工程	公路公里	12.000	4 005 977	333 831.42	5.13	
	1			安全设施	公路公里	12.000	2 450 543	204 211.92		
		1		钢筋混凝土防撞护栏	m	1 400.000	1 023 203	730.86		
		2		波形钢板护栏	m	3 185.000	703 345	220.83		
		3		减速标线	m^2	222.000	29 485	132.82		
		4		交通标线	m^2	5 581.000	410 369	73.53		
		5		里程碑、百米桩、公路界碑	块	180.000	6 677	37.09		
		6		各类标志牌	块	73.000	241 760	3 311.78		
			1	单柱Ⅰ型	块	64.000	108 678	1 698.09		
			2	悬臂Ⅰ型	块	3.000	36 267	12 089.00		
			3	悬臂Ⅱ型	块	6.000	96 815	16 135.83		
		7		诱导标	块	24.000	35 702	1 487.58		
	2			服务设施	公路公里	12.000	320 823	26 735.25		
		1		停车区	处	1.000	320 823	320 823.00		
	3			其他工程	公路公里	12.000	1 234 610	102 884.17		
		1		公路交工前养护费	km	12.000	34 610	2 884.17		
		2		保通工程	km	12.000	1 200 000	100 000.00		
八				绿化及环境保护工程	公路公里	12.000	6 354 652	529 554.33	8.14	
	1			撒播草种和铺植草皮	m^2	10 593.000	295 704	27.92		
	2			种植乔、灌木	株	44 711.000	5 874 107	131.38		
		1		行道树(香樟)	株	17 033.000	4 054 966	238.07		
		2		乔木	株	3 178.000	258 291	81.27		
		3		金森女贞	株	24 500.000	1 560 850	63.71		
	3			取、弃土场防护	m	100.000	184 841	1 848.41		

续表

项	目	节	细目	工程或费用名称	单位	数量	预算金额/元	技术经济指标	各项费用比例/%	备注
				第二部分　设备及工具、器具购置费	公路公里	12.000	55 680	4 640.00	0.07	
三				办公及生活用家具购置	公路公里	12.000	55 680	4 640.00	0.07	
				第三部分　工程建设其他费用	公路公里	12.000	14 203 004	1 183 583.67	18.18	
一				土地征用及拆迁补偿费	公路公里	12.000	9 079 018	756 584.83	11.62	
	1			土地征用费	公路公里	12.000	6 430 088	535 840.67		
		1		旱地	亩	79.035	3 477 540	44 000.00		
		2		水田	亩	31.147	1 370 468	44 000.00		
		3		荒地	亩	10.794	222 356	20 599.96		
		4		林地	亩	24.124	841 928	34 900.02		
		5		灌木林	亩	4.796	167 380	34 899.92		
		6		菜地	亩	0.671	29 524	44 000.00		
		7		果园	亩	4.203	146 685	34 900.07		
		8		停车区	亩	0.930	32 457	34 900.00		
		9		避险车道	亩					
		10		临时用地	亩	22.500	141 750	6 300.00		
	2			青苗等补偿和安置补助费	公路公里	12.000	2 648 930	220 744.17		
		1		旱地	亩	73.235	307 587	4 200.00		
		2		水田	亩	29.707	124 769	4 199.99		
		3		灌木林	亩	4.796	23 021	4 800.04		
		4		果园	亩	4.073	24 438	6 000.00		
		5		板木房	m^2	109.000	112 270	1 030.00		
		6		砖混结构	m^2	253.000	283 360	1 120.00		
		7		砖瓦房	m^2	1 337.000	1 470 700	1 100.00		
		8		晒坝	m^2	908.000	36 320	40.00		
		9		沼气池	m^3	28.000	11 200	400.00		
		10		地坪	m^2	15.000	450	30.00		
		11		土坟	座	2.000	1 600	800.00		

续表

项	目	节	细目	工程或费用名称	单位	数量	预算金额/元	技术经济指标	各项费用比例/%	备注
		12		混凝土电杆	根	49.000	98 000	2 000.00		
		13		电力线	m	4 231.000	105 775	25.00		
		14		电缆线	m	1 648.000	49 440	30.00		
二				建设项目管理费	公路公里	12.000	2 912 681	242 723.42	3.73	
	1			建设单位管理费	公路公里	12.000	1 191 840	99 320.00		$xp_建管费累进办法[{A};xp_累进系数]
	2			工程监理费	公路公里	12.000	1 539 271	128 272.58		
	3			设计文件审查费	公路公里	12.000	61 571	5 130.92		
	4			竣(交)工验收试验检测费	公路公里	12.000	120 000	10 000.00		
四				建设项目前期工作费	公路公里	12.000	1 787 945	148 995.42	2.29	
	1			勘察设计费	项	1.000	1 687 945	1 687 945.00		
	2			工可编制费	项	1.000	100 000	100 000.00		
五				专项评价(估)费	公路公里	12.000	423 360	35 280.00	0.54	
	1			地质灾害评估费	公路公里	12.000	79 680	6 640.00		
	2			压覆重要矿床评估费	公路公里	12.000	79 680	6 640.00		
	3			环境评价及水土保持费	公路公里	12.000	144 000	12 000.00		
	4			林业资源评估报告及评审费	公路公里	12.000	60 000	5 000.00		
	5			用地预审及土地定界报告费	公路公里	12.000	60 000	5 000.00		
				第一、二、三部分费用合计	公路公里	12.000	75 829 515	6 319 126.25	97.09	
				预备费	元	1.000	2 274 885	2 274 885.00	2.91	
二				基本预备费	元	1.000	2 274 885	2 274 885.00	2.91	
				预算总金额	元	1.000	78 104 401	78 104 401.00	100.00	
				公路基本造价	公路公里	12.000	78 104 401	6 508 700.08	100.00	

附表 2-5 变更前后工程数量比较表(1)

×××公路改扩建工程第一合同段 K7+000～K12+000 路面结构层变更设计　　　　第1页　共1页　SB—3

序号	项目	单位	观坝段变更前后工程数量对比表						备注
			变更前工程量	变更后工程量	变更后增加量				
	里程桩号		K7+000～K12+000	K7+000～K12+000					
1	路线长度	km	5.000	5.000	0.000				
2	路面	m^2							
	厚 15 cm 级配碎石底基层	m^2	40 100.00	2 800	−37 300.00				
	厚 33 cm 水泥稳定碎石基层	m^2	40 100.00	0.00	−40 100.00				
	厚 38 cm 水泥稳定碎石基层	m^2	0.00	41 100.00	41 100.00				
	透层	m^2	40 100.00	40 100.00	0.00				
	黏层	m^2	40 100.00	40 100.00	0.00				
	4 cm 沥青混凝土上面层	m^2	40 100.00	40 100.00	0.00				
	5 cm 沥青混凝土下面层	m^2	40 100.00	40 100.00	0.00				

参考文献

[1] 中华人民共和国交通运输部．JTG 3830—2018 公路工程建设项目概算预算编制办法[S]．北京：人民交通出版社，2019.

[2] 韦敏，刘正发．公路工程造价[M]．北京：人民交通出版社，2010.

[3] 中华人民共和国交通运输部．交通建设项目可行性研究报告编制办法汇编(公路、港口、航道)[M]．北京：人民交通出版社，2010.

[4] 中华人民共和国交通运输部．公路工程基本建设项目设计文件编制办法[M]．北京：人民交通出版社，2007.

[5] 中华人民共和国交通运输部．公路工程造价管理暂行办法[M]．北京：人民交通出版社，2017.

[6] 中华人民共和国交通运输部．公路工程竣(交)工验收办法与实施细则[M]．北京：人民交通出版社，2010.

[7] 全国一级造价工程师职业资格考试培训教材编审委员会．建设工程造价管理[M]．北京：中国计划出版社，2013.

[8] 全国二级建造师执业资格考试用书编写委员会．公路工程管理与实务[M]．北京：中国建筑工业出版社，2020.

[9] 中华人民共和国交通运输部．公路工程标准施工招标文件(2018 年版·第一册)[S]．北京：人民交通出版社股份有限公司，2018.

[10] 梁金江．公路工程管理[M]．2 版．北京：人民交通出版社，2009.